| 개정판 |

일본 재판에 나타난 재일코리안

일본사회의 인종주의 극복을 위하여

| 개정판 |

일본 재판에 나타난 재일코리안

일본사회의 인종주의 극복을 위하여

초　판 발행　2010년 8월 29일
개정판 발행　2023년 8월 15일

－

편저자　재일코리안변호사협회
역　자　박인동
감수자　명순구
발행인　이방원

－

발행처　세창출판사
　　　　신고번호　제1990-000013호　**주소**　03736 서울시 서대문구 경기대로 58 경기빌딩 602호
　　　　전화　02-723-8660　**팩스**　02-720-4579　**이메일**　edit@sechangpub.co.kr　**홈페이지**　http://www.sechangpub.co.kr
　　　　블로그　blog.naver.com/scpc1992　**페이스북**　fb.me/Sechangofficial　**인스타그램**　@sechang_official

－

ISBN　979-11-6684-225-2　03910

ⓒ 박인동, 2023

裁判の中の
在日
コリアン

| 개정판 |

일본 재판에 나타난

재일코리안

일본사회의 인종주의 극복을 위하여

재일코리안변호사협회 **편저**
박인동 **역** | 명순구 **감수**

세창出版社

역자 서문

    재일코리안변호사협회(LAZAK)가 '일본재판에 나타난 재일코리안'이란 제목의 책을 2008년 출간했고, 2010년 제가 이를 번역하여 한국에서 출판한 지도 13년이 지났습니다. 그런데 2022년 이 책의 증보개정판이 나와 이번에도 이를 번역하게 되어 기쁘게 생각합니다.

    이 책은 초판 역자 서문에서도 이야기한 바와 같이, 가깝고도 먼 나라라고 일컬어지는 일본이라는 외국에서 재일코리안들이 민족차별과 국적차별이라는 부당한 대우에 항거하면서, 어떻게 자신들의 정체성을 확인하고 인간으로서의 존엄을 지켜 왔는가에 대한 기록입니다. 단순한 역사적 기록물이 아니라, 재일코리안들이 스스로 자신들의 인권을 보호받기 위하여 제기한 재판 및 인권활동 등에 대하여 재일코리안 변호사들이 알기 쉽게 풀이하여 쓴 생생한 이야기들입니다.

    그런데, 증보개정판의 저자 머리말에서도 지적하고 있듯이, 이 책의 초판이 출간되었을 당시보다 지금의 일본 내 재일코리안의 인권상황은 오히려 악화된 점이 있어 보입니다. 일본 내 혐한(嫌韓) 서적이 인기를 얻고, 재일코리안에 대한 헤이트 스피치가 횡행하는 분위기가 된 것은 우려할 일입니다. 이에 이번 증보개정판에서는 초판에서는 없었던 "혐오발언, 혐오범죄와의 싸움"이란 새로운 장(章)이 추가되어 있습니다. 이를 통하여 변화한 일본의 모습에 대해서도 확인할 수 있을 것입니다.

그런데 왜 이렇게 일본의 분위기가 변했을까요?

이는 지금까지 우리가 알아 왔던 일본도 변화하고 있다는 사실을 우리에게 알려 주는 측면도 있다고 생각합니다. 즉, 일본이 이제까지는 한국을 한 수 아래로 보다가 이제는 라이벌 내지 경쟁상대로 보기 시작한 측면도 일조한 것 아닌가 하는 생각도 해 봅니다. 그리고 일본 내의 재일코리안 역시 세대가 거듭되면서 이들의 상황 및 의식이 달라지고 있다는 사실도 알아야 할 것입니다. 따라서 한국의 우리는 일본의 변화하는 사회분위기를 잘 인식하면서 모두가 Win-Win 할 수 있는 관계가 되려면 어떻게 해야 할지 등도 깊이 생각해 보아야 할 것입니다.

최근 한일관계가 사상 최악의 상황으로 치닫다가 다시 조금씩 회복되는 기미를 보이고 있고, 이러한 때에 이 책을 한국의 독자들에게 소개할 수 있게 되었다는 점은 다행이라 생각합니다. 그리고 이 책을 읽을 한국의 독자들, 특히 우리의 젊은이들이 국가와 민족의 관계, 바람직한 한일관계는 어떤 모습일까 등에 대해서도 생각할 수 있는 기회가 되었으면 합니다.

어려운 재판 내용 및 자신들의 경험을 쉽게 전달하여 주신 재일코리안 변호사협회 저자분들께 감사드리고, 특히 징용공 판결, 귀화문제 등 예민한 부분에 대하여 칼럼으로 솔직하게 의견을 개진해 주신 점에 경의를 표합니다.

그리고 이 책을 귀하게 여기셔서 손수 감수하여 주신 고려대학교 법학
전문대학원 명순구 교수님께 감사를 드리고, 이번 한국에서의 출판과 관
련하여 많은 조언을 해 주신 다나카 히로시(田中宏) 히토쓰바시(一橋)대학
명예교수님 그리고 마지막 교정까지 세심하게 수고하여 주신 세창출판사
임길남 상무님께 감사의 말씀을 드립니다.

2023년 7월
광화문에서
박 인 동

머리말

이 책은 2008년에 간행된 초판을 대폭 증보개정한 것입니다.

이 책의 목적은 재일코리안을 당사자로 한 재판이나 사건을 제재로 삼아 재일코리안이라 불리는 민족적 마이너리티가 전후 일본사회를 어떻게 살아왔는지를 독자 여러분께 알려 드리고자 하는 점에 있습니다. 이 책의 특징은 이러한 재판과 사건에 대해 재일코리안 변호사들과 사건에 종사해 온 변호사들이 당사자의 시점에서 집필한 점입니다. 이러한 목적과 특징은 초판 당시와 같습니다.

초판이 간행된 이래 약 14년이 흐르는 동안 재일코리안을 둘러싼 일본의 환경은 크게 변화했습니다.

재일코리안 배척을 주장하는 우익단체가 활발하게 활동하기 시작하여 단체 구성원이 교토조선제1초급학교를 습격한 혐오범죄 사건이 일어난 것이 2009년 12월의 일입니다. 이후 한국과의 국교단절과 재일코리안 배척을 주장하는 과격한 시위 및 가두선전이 전국 각지에서 매주 진행되다시피 했습니다. 재일코리안을 차별하고 배척하는 언동은 '헤이트 스피치'라 불리게 되었고, 인터넷에는 재일코리안에 대한 헤이트 스피치가 넘쳐났습니다. 서점에서는 혐한(嫌韓) 관련 책을 쌓아 놓고 팔기 시작했습니다.

2013년에는 '헤이트 스피치'가 '유행어' 대상 후보가 되었습니다. 이러한 시대 상황을 반영하여, 2016년에는 이른바 헤이트 스피치 해소법이 제정되고 시행되었습니다.

우리 재일코리안 변호사들도 표적이 되었습니다. 2017년부터 2018년에 걸쳐 차별을 선동하는 블로그의 영향을 받은 약 1,000명의 사람들이 일본 전국의 재일코리안 변호사들에 대해 각자가 소속된 변호사회에 징계를 요구하는 청구를 했습니다. "대량징계 청구사건"이라 불리는 사건입니다.

이처럼 재일코리안을 둘러싼 일본의 인권상황은 이 책의 초판 간행 당시에는 상상할 수 없었을 정도로 악화되고 있습니다.

왜 재일코리안을 둘러싼 인권상황은 이렇게까지 악화된 것일까요? 애초에 일본사회에서 혐오발언이나 혐오범죄의 표적이 되고 있는 '재일코리안'이란 어떠한 사람들을 말하는 것일까요? 이러한 문제를 올바르게 이해하기 위해, 이 책과 같은 서적의 의의가 더욱 커졌다고 생각합니다.

이 책 제1장에서는 '재일코리안'이란 어떠한 사람들인지를 알려 드리기 위하여, 재일코리안의 성립, 재일코리안 형성의 역사에 대해 설명하였습니다. 제2장 이후에서는 전후부터 현재까지 소송을 통해 불합리한 차별과 싸워 온 재일코리안에 대해 다루었습니다. 특히 이번 증보개정판에서는 제8장 '혐오발언, 혐오범죄와의 싸움'을 신설하여 최근 과제인 혐오발언, 혐오범죄와 싸우는 재일코리안 재판을 다루었습니다. 일본에서 재일코리안이 정착한 후 1세, 2세, 3세, 4세로 세대가 바뀌면서 재일코리안이 놓인 사회상황이나 재일코리안의 의식도 바뀌고 있습니다. 독자 여러분은 그러한 변화도 감지해 주셨으면 합니다. 그 밖에 초판 이후 진전이 있었던 사건에 대해 내용을 더하는 등의 전반적인 개정을 하였습니다.

증보개정판에서는 칼럼도 충실을 기하였습니다. 전(前) '징용공'과 전 '위안부'에 관한 한국 대법원 판결을 계기로 이슈가 된 '한일청구권협정', 그리고 재일코리안의 정체성과 관련된 이름(본명과 통칭명)과 국적(귀화)의 문제에 대한 기재를 보충하였습니다.

이 책을 많은 독자들이 읽어 주기를 바라는 마음에 가능한 한 평이한 문장으로 작성하려고 노력했습니다. 특히 다음 세대를 담당할 중고생, 대학생들이 많이 읽어 주었으면 좋겠습니다.

일본사회의 다수자의 목소리는 선거를 통해 국회와 내각이 헤아려 줍니다(간접민주제, 의원내각제). 재판은 다수자에서 누락된 소수자(마이너리티)가 구원을 요구할 수 있는 유일한 수단입니다. 재판이 '사회를 비추는 거울'이라 불리는 이유입니다.

이 책을 통해 '사회를 비추는 거울'인 재판 속 재일코리안들이 전후 일본사회를 어떻게 살아왔는지, 그리고 지금 어떠한 상황에 놓여 있는지 생각해 보는 계기가 되었으면 합니다.

증보 개정 작업을 하였던 2021년은 도쿄 올림픽·패럴림픽이 개최된 해였습니다. 신국립경기장에서 개최된 개회식에서는 전 세계를 향해 올림픽·패럴림픽의 이념인 '다양성과 조화'를 크게 외쳤습니다. 여기서 말하는 '다양성과 조화'란 어떠한 것일까요?

재일코리안은 한반도가 일본의 식민지였던 역사 이후 약 100년 동안 몇 세대에 걸쳐 일본사회에서 살아온 존재입니다. 재일코리안이 나고 자란 일본사회 안에서 자신의 뿌리(출생)를 부정당하지 않고, 존엄을 가지고 살아가는 것이 보장되어야 비로소 일본사회의 '다양성과 조화'가 실현되지 않을까요?

올림픽·패럴림픽의 이념인 '다양성과 조화'가 개최기간 동안의 일시적인 캐치프레이즈로만 끝나지 않기를 간절히 바랍니다.

　마지막으로 초판에 이어 증보개정판에 대해서도 출판을 수락해 주시고 진력해 주신 현대인문사, 다수의 집필자들이 있는 어려운 상황에서도 편집책임자로서 편집작업을 총괄해 주신 김봉식(金奉植) 변호사님(오사카변호사회), 스스로의 집필뿐만 아니라 전체 원고에 대해 귀중한 코멘트를 주신 은용기(殷勇基) 변호사님(도쿄변호사회)과 임범부(林範夫) 변호사님(오사카변호사회)께 진심으로 감사 말씀 드립니다.

2022년 1월

재일코리안변호사협회(LAZAK) 대표 한아지(韓雅之)

차례

제3장 전후에도 해결되지 않는 문제들

제4장 일상생활에서의 차별

제6장 재일코리안의 정치참가, 사법참가

제7장 민족적 교육을 받을 권리

제8장 혐오발언·혐오범죄와의 싸움

제1장

재일코리안의 성립

재일코리안 형성의 역사

재일코리안[1]이 등장하는 수많은 판결은 일본사회에 뿌리 깊게 자리 잡은 민족차별과 편견이라는 병(病)을 반영하는 거울이라 할 수 있습니다. 19세기 후반 메이지유신(明治維新) 당시 일본은 모든 면에서 자신보다 앞서 있던 구미(歐美) 열강들에게 깊은 열등감을 느끼고 있었는데, 메이지유신을 통해 아시아를 벗어나 구미에 속하고자 하는 이른바 탈아입구(脫亞入歐)의 정신과 부국강병을 국가목표로 정합니다. 구미에 대한 열등감과 구미와의 차이를 따라잡으려는 일본의 노력은 구미와의 관계에서 일본보다 더 뒤처져 있던 다른 아시아 국가에 대해서는 우월감으로 나타나게 됩니다. 이 우월감은, 당시 구미를 따라잡으려 열심히 노력하는 일본과 달리, 조선과 중국을 포함한 아시아 각국은 진보가 없고 정체된 국가들이며 일본민족에 비하여 열등한 족속이라는 뿌리 깊은 차별의식으로 드러나게 됩니다. 일본의 이러한 의식은 20세기 초 일본이 조선반도를 식민지화하고 중국 등의 아시아 국가에 대한 침략을 정당화하는 근거로 작용했습니

---

1   이 장에서는 조선, 조선인, 한국, 한국인, 코리안 등의 용어가 사용되고 있어 독자에게 혼란을 줄 수 있다. 일본에서 1965년의 한일협정 체결 전에는 '조선반도' 혹은 '조선인'이라는 용어를 일반적으로 사용했기 때문에 그 관행을 답습했다. 다만 식민지화에 이용된 병합조약의 대상국은 한국이었고 분단국가가 된 한국인 및 조선인을 총칭할 적절한 단어를 찾을 수 없어 여기서는 적당히 '코리안'이라 표기했다.

다. 이후 일본이 아시아와의 관계에서 형성해 온 역사와 현대의 여러 문제도 근본적 원인이 이러한 일본사회가 품고 있는 민족차별과 편견, 그리고 그것을 극복하지 못하는 자정능력의 결여에 있습니다. 제2장 이하에서 개별 판결과 과제를 검토하기 전에, 제1장에서는 우선 각 판결의 시대배경을 알아보고자 합니다. 왜냐하면 이러한 작업 없이는 판결의 진정한 의미라든가, 광복 이후 약 80년이 지났음에도 불구하고 왜 이 문제가 여전히 해결되지 않고 남아 있는지를 이해할 수 없기 때문입니다.

우선 재일코리안, 즉 일본에 생활의 본거지를 두고 계속해서 거주하는 코리안은 역사적으로 어떻게 형성되어 왔는지를 되돌아보겠습니다. 이해의 편의를 위하여 1931년 만주사변에서부터, 1937년 중일전쟁, 1941년 태평양전쟁, 1945년 종전까지의 일련의 전쟁을 개별적으로 나누지 않고 '15년 전쟁'[2]이라 부를 것이며 이 '15년 전쟁'을 재일코리안 형성의 역사를 단락 짓는 기준으로 삼겠습니다.

15년 전쟁 전

18세기 후반 영국에서 시작된 산업혁명에 의한 공업화의 물결은 상품·자본·인구의 국제이동을 수반하였는데, 19세기에 들어서서는 프랑스·벨기에·독일 등의 유럽 각국뿐만 아니라 대서양을 넘어 미국에 이르고, 19세기 후반에는 러시아와 일본에까지 도달하게 됩니다. 공업화에 성공하고 열강이라 불리게 된 자본주의 국가들은 앞다투어 식민지 개척에 힘을 쓰게 됩니다. 천연자원, 값싼 노동력, 그리고 열강이 생산한 제품을 구입해 주는 시장을 식민지가 제공해 줄 것으로 기대했기 때문입니다. 그러한

---

2 1931년의 만주사변, 37년의 중일전쟁, 41년의 태평양전쟁, 45년의 종전까지의 일련의 전쟁을, 개별적으로 구분하지 않고 15년 전쟁이라고 부르고 있다.

열강 중에서 가장 후발 주자였고 다른 열강과 마찬가지로 식민지가 필요했던 일본은, 역사적·지리적으로 가장 가까운 관계에 있었던 조선반도와 중국에 관심을 두었습니다.

일본의 조선반도에 대한 진출과 지배는 19세기 후반까지 거슬러 올라가지만, 일본이 한국[3]을 병합하여 식민지로 만든 1910년 당시, 일본에는 유학생을 중심으로 약 800명의 코리안이 살고 있었습니다.

병합 후 일본은 조선총독부(朝鮮總督府)를 두어 조선반도를 지배하면서, 1911년부터 1918년까지 8년 동안 식민지로 만든 조선반도의 토지조사사업을 벌였습니다. 이 사업은 메이지(明治) 정부가 일본 본토에서 행한 지조개정(地租改正)[4]과 유사한 것이었는데, 조선반도에서의 토지조사사업의 목적은 일본의 조선통치 및 중국 등에 대한 침략을 위한 재원확보에 있었습니다. 총독부의 토지조사사업으로 토지의 권리관계가 근대화되었으나, 그 과정에서 많은 조선인들은 토지를 빼앗기고 유랑민이 됩니다. 이러한 과정을 거쳐 총독부의 손에 들어온 토지는 일본에서 온 이민자들에게 저렴하게 불하되었습니다. 한편 1918년에 일본 각지에서 일어난 쌀소동[5]에도 나타나 있는 일본 본토의 쌀 부족을 메우고자 조선총독부는 1920년 산미증산계획을 시작합니다. 이로 인해 조선의 농민은 이번에는 쌀을 수탈당하여 더욱 궁핍해졌으며, 결국 많은 농민이 또다시 토지를 잃게 됩니다. 토지조사와 산미증산계획에 의해 토지를 빼앗긴 조선인들은 생존을 위하여 중국의 동북지방이나 일본 본토로 이주하게 됩니다. 그 결과 재일코리

---

3 조선이 1897년에 정한 국호 '大韓'의 통칭이며, 현재 대한민국의 통칭 '한국'과는 다르다.

4 메이지 정부에 의한 토지·조세제도의 개혁, 토지의 사적소유를 인정하여 지가의 3%를 세금으로 하였는데, 에도(江戶)시대의 연공수입액을 유지하는 고액의 지조(地租)로서 이에 대한 경감을 요구하며 전국 각지에서 농민반란이 일어났다.

5 상승한 쌀값의 인하를 요구하며 사람들이 쌀집이나 부호 등을 습격한 사건으로, 이로 인하여 데라우치(寺內) 내각이 무너졌다.

오사카항에 상륙하는 조선인

1923년에 제주도⇔오사카 간 정기항로가 개설되었다. 배이름은 '기미가요마루'(『조선의 인구현상』 조선총독부, 1927년)(일본 재일한인역사자료관 제공)

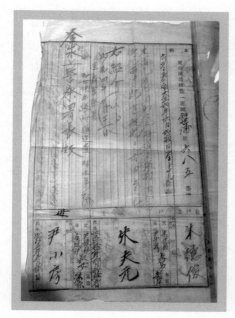

도항(渡航) 증명서

경상남도 거제군 출신자의 일본도항 시 발행된 도항증명서(1929년 3월 30일, 일본 재일한인역사자료관 제공)

안의 숫자는 1920년에는 약 30,000명, 1930년에는 약 300,000명으로 급증하게 되었고, '재일코리안'이라 부를 수 있을 정도의 유의미한 인구를 지니게 됩니다.

요컨대, 조선반도에서 일본인에게 토지를 빼앗긴 사람들을 비롯하여 식민지지배로 인해 궁핍해진 코리안들이 일본으로 건너간 것입니다. 그 결과 '재일코리안'이 탄생했습니다.

15년 전쟁 중

1931년 일본은 만주사변(15년 전쟁의 제1단계)을 일으켜 중국 침략전쟁에 돌입하였고, 1937년에는 중일전쟁(15년 전쟁의 제2단계)으로 중국 침략전쟁을 본격화합니다. 또한, 1941년 12월에는 진주만을 공격하여 태평양전쟁(15년 전쟁의 제3단계)을 개시함으로써 전선을 확대해 나갑니다.

이러한 전선 확대에 따라 일본은 조선반도를 중국 침략전쟁의 병참기지화[6]하려고 했습니다. 그 결과 조선반도에서의 식민지 수탈은 더욱 심해집니다. 한편 일본 내에서는 전선확대로 인해 가장 중요한 노동인구인 성인 남성 부족현상이 일어납니다. 이러한 노동인력의 부족을 보충하고자 일본정부는 조선반도에 있는 성인 남성을 강제적으로 일본으로 연행하는 '강제연행(强制連行)'을 실시합니다.

1939년 「국민징용령(國民徵用令)」이 시행되어 노동력을 조직적으로 모으는 계획이 세워졌고, 그 노동력의 일부로써 조선인 노동자를 중요 산업에 연행하는 결정이 이루어집니다. 1939년부터 1941년까지는 조선인 노동자를 요구하는 각 사업소가 직접 모집을 실시하였습니다(모집방식). 1942

---

6 전장(戰場)의 후방에 있으면서 전방에 대한 보급을 담당하는 기관.

강제연행
북해도(北海道) 탄광에 강제연행된 광부들(한국 국립일제강제동원역사관 소장, 제공)

년 이후 전쟁이 격화되고 노동력 부족현상이 심각해지자 국가권력이 일
원적으로 노동자 모집에 나서게 됩니다(관 알선방식). 1944년에는 「국민징
용령」이 조선인에게도 적용되어 조선인에 대한 징용이 시작됩니다(징용방
식). 이로 말미암아 불과 6년 동안 무려 720,000명의 조선인 성인 남성이
일본으로 연행됩니다. 이들 조선인 성인 남성들은 탄광 340,000명, 토목
공사 110,000명, 광산 70,000명 등으로 배치되어 노예와 같이 혹사당하여
60,000명에 이르는 사망자와 무수한 탈주자가 나왔습니다. 한편 강제연
행의 방식은 위에서 말한 바와 같이 관 알선방식, 징용방식 등으로 구분할
수는 있지만, 그 본질은 모두 본인의 의사를 무시한 강권적인 연행이었다
고 합니다.

조선인 노동자의 강제연행 외에도 조선인 성인 남성은 군인이나 군무

원[7]으로도 끌려나오게 됩니다. 1940년의 「육군특별지원병령」, 1943년의 「해군특별지원병령」에 따라 이미 약 10,000명의 조선인 군인이 나왔으나, 1944년에는 「병역법」이 적용되어 추가로 육군 187,000명, 해군 22,000명의 조선인 병사가 징집되었습니다. 또한, 140,000명 이상의 군무원을 주로 남방으로 보내어 비행장 건설 등의 공사에 종사하게 합니다. 그 밖에 조선인 여성이 '위안부'로서 전선에 다수 동원되었으며, 히로시마(廣島)와 나가사키(長崎)에서 원자폭탄에 피폭당한 조선인도 10,000명 이상에 달합니다.

이런 과정을 거쳐 재일코리안의 인구는 1940년에는 약 1,200,000명, 1941년에는 약 1,470,000명, 1942년에는 약 1,630,000명, 1943년에는 약 1,890,000명, 1944년에는 약 1,940,000명, 1945년에는 약 2,100,000명으로 격증합니다.

요컨대, 유랑민이 되어 일본으로 건너와 거주하고 있던 재일코리안에 강제연행 등에 의해 일본으로 유입된 코리안이 더해져 새로운 재일코리안이 형성되었다고 할 수 있습니다.

15년 전쟁 후

1945년 8월 15일 일본의 패전은 코리안들에게는 조국의 독립과 해방을 의미했습니다. 강제연행으로 일본에 온 재일코리안 중에는 고향에 처자(妻子)나 토지 등의 재산을 남겨 두고 온 사람이 많아, 광복 후 이러한 재일코리안들이 일제히 귀국을 시작하여 이듬해 3월까지 8개월간 약 1,400,000명이 귀국했다고 합니다. 그렇지만 조선반도의 불안정한 정치상

---

7   군인이 아니면서 군에 소속하는 사람. 육군이나 해군의 문관이나 기사 등의 총칭.

황, 일본에서 가져갈 수 있는 재산의 제한 등과 같은 사유로 약 650,000명의 재일코리안이 일본에 남게 되어 점차 일본사회에 정착하게 되었습니다. 이 사람들과 그들의 자손들이 현재의 재일코리안을 구성하고 있는 것입니다.

배훈(裵薰)

재일코리안의 법적 지위 변천

식민지시대(1910~1945)

1910년 한국병합에 의해 당시 재일코리안에게 일본국적이 강제적으로 부여되었습니다. 한국병합조약이 국제법상 유효했는지 여부에 대해서는 아직도 양국 국제법학자들 간에 다툼이 있습니다. 그러나 적어도 일본군이 총칼을 앞세우고 강제적으로 코리안의 의사에 반해 병합조약을 체결했던 것만은 틀림없는 사실입니다. 병합조약의 의도는 코리안을 일본정부의 통치 대상으로 하는 것이었고, 그것은 호적제도에서 코리안이 일본국민을 대상으로 하는 '내지호적(內地戸籍)'과 다른 '조선호적(朝鮮戸籍)'으로 관리되고 있었던 것에 상징적으로 나타나 있습니다.

일본정부가 시행한 조선정책의 특징의 하나로 '동화교육(同化教育)'이 있습니다. 조선반도에서는 1911년에 「조선교육령(朝鮮教育令)」이 제정되어 조선인을 천황(天皇)의 신민(臣民)으로 만드는 것을 목표로 일본어에 의한 교육을 강제했습니다. '동화교육' 정책은 그 후인 1938년의 조선교육령의 개정에 따라 '황국신민화교육(皇國臣民化教育)'정책으로 추진되어, 이른바 문화적 제노사이드[1](Genocide: 민족 말살)로 평가되는 역사적으로도 흔하지 않은 식민지정책이 행하여졌습니다. 이와 같은 동화정책의 목적은 식민지지배를 정당화하고 3·1 독립운동 등의 수많은 독립투쟁을 통해 저항하던 조선인들을 일본인화함으로써 식민지지배를 용이하게 하는 점에 있었습니다. 조선반도가 이러한 상황이었는데 일본에 거주하던 코리안들에게도 민족교육의 보장 따위는 전혀 없었습니다. 80년 이상 전의 이와 같은 일본정부의 코리안에 대한 동화정책은 기본적으로는 현재도 변함이 없습니다.

　재일코리안의 상황을 상징적으로 보여 주는 사건이 일어났습니다. 1923년 9월 1일에 발생한 매그니튜드 강도 7.9의 관동대지진입니다. 그 당시 일본에 거주하던 재일코리안 인구는 약 80,000명이었는데, 그중 도쿄(東京)에 12,000~13,000명, 가나가와(神奈川)현에 3,000명이 거주하고 있었다고 합니다. 이때 일본의 군대와 경찰뿐만 아니라, 자경단(自警團)을 중심

관동대지진 때의 조선인 학살
아카바네(赤羽) 부근에서의 자경단에 의한 학살(강덕상 씨 소장, 재일한인역사자료관 제공)

1　인종·민족·종교 등이 다른 집단을 박해하고, 살해하는 행위.

으로 한 일반인들까지 가세하여 6,000명 이상의 조선인을 학살했습니다. 조선인이 우물에 독을 넣었다든가, 폭동을 일으켰다는 등의 유언비어를 믿은 일본인에 의해 조선인이라는 이유만으로 학살당한 것입니다. 관동지방에 살고 있던 조선인의 약 반수에 필적하는 조선인이 학살된 무서운 민족 말살 사건이 약 100년 전에 발생한 것입니다.

실생활 면에서도 재일코리안은 열악한 상태에 놓여 있었습니다. 1927년의 도쿄부(東京府) 사회과(社會課)의 조사보고서는 재일코리안의 노동조건의 특징으로, 일본인과 비교해 볼 때 ① 저임금 ② 장시간 노동 ③ 소위 3D노동(위험하고, 더럽고, 힘든)의 세 가지를 들고 있습니다. 재일코리안 1세에 많았던 '넝마주이', '막노동' 등의 직업을 생각해 보면 쉽게 상상할 수 있을 것입니다. 현재, 합법·불법을 불문하고 일본에 취업하는 뉴커머(New-Commer)들의 상황은 재일코리안 1세의 상황과 유사한 면이 있습니다. 또한 재일코리안 1세들이 일하던 노동현장에서는 조선인의 생명이 벌레처럼 가볍게 여겨지던 경우도 적지 않았고, 댐 건설의 제물로 조선인 노동자가 생매장되거나 철도건설의 난공사 구간에서는 "철로 침목 하나에 조선인 한 명의 생명"[2]이라는 말까지 생겨났습니다.

1925년 일본에도 보통선거제도가 도입되어 25세 이상의 재일코리안 남성에게도 선거권과 피선거권이 주어져, 시읍면에서 재일코리안 의원이 다수 탄생하고, 중의원(衆議院)[3] 의원으로 당선되는 사례도 있었습니다. 이 밖에도 공무취임권과 의무교육을 받을 권리도 부여되었습니다. 그러나 이 모두는 일본인과의 동화를 촉진하려는 방편에 지나지 않는 것으로 진

2　침목 한 개를 까는 데 한 명의 코리안이 죽었다고 할 만큼 많은 희생자가 나왔다.

3　역자 주: 일본의 국회를 구성하는 양원 중의 하나로 하원(下院)에 해당한다. 일본제국 헌법이 시행되었을 때에는 귀족원과 함께 제국의회를 구성하였고, 일본국 헌법이 시행되고부터는 참의원과 함께 국회를 구성한다.

해방 1주년을 축하하는 후쿠이(福井) 시내에서의 기념 퍼레이드
(문공휘 씨 소장, 재일한인역사자료관 제공)

정한 의미에 있어서 재일코리안의 인권이 보장된 것은 아니었습니다.

전쟁 후(1945~1952)

1945년 8월 일본의 무조건항복에 의해 태평양전쟁(15년 전쟁의 제3단계)이 종결되고, 이로써 1910년부터 35년간에 이르던 식민지지배는 끝이 났어야 했습니다. 앞서 말한 바와 같이, 종전 후 8개월 동안 당시 일본에 거주하고 있던 약 2,100,000명의 재일코리안 가운데 약 1,400,000명이 귀국했습니다만, 여러 가지 사정에 의해 약 650,000명의 코리안이 일본에서 생활을 이어가게 되었습니다. 1952년 샌프란시스코 강화조약[4](이하 '강화조약'이

---

4   15년 전쟁의 종료, 강화의 조건을 정한 조약.

라 함)이 발효될 때까지는 재일코리안은 일본국민이었음에도 불구하고 일본정부는 코리안에 대한 처우를 빠르게 변화시켜 갔습니다.

일본정부의 재일코리안에 대한 정책을 뒷받침한 것은 'GHQ(연합국 총사령부)'였습니다. 태평양전쟁이 끝난 1945년 8월 15일부터 전쟁 상태가 법적으로 종료된 1952년 4월 28일 강화조약이 발효되기까지 약 7년간 일본은 연합군 점령하에 있었습니다. 따라서 재일코리안도 'GHQ'의 지배를 받게 되었는데, 'GHQ'는 재일코리안을 '특수 지위국에 속하는 사람'으로 규정했습니다. 즉 해방인민으로 일본인에 포함되지 않는다고 하면서도, 과거 일본국민이었다는 이유로 적국민으로서 처우하는 방침을 채택했습니다.

우선, 1947년 5월 2일 「외국인등록령」(칙령 제207호)을 공포·시행하였습니다. 이 칙령은 "조선인은 이 칙령의 적용에 관해서는 당분간 외국인으로 간주한다"(제11조)라 규정하여, 재일코리안을 사실상 외국인으로 취급하기 시작합니다. 또한 앞에서 말한 참정권에 대해서도 1945년 12월의 「중의원의원선거법」, 1947년 4월의 「참의원의원선거법」, 1947년 4월의 「지방자치법」, 1950년 4월의 「공직선거법」의 각 부칙에서 「조선호적령」의 적용을 받았던 재일코리안에 대해 "호적법 적용을 받지 않되 선거권 및 피선거권은 당분간 정지한다 …"고 규정하며 참정권을 박탈했습니다.

1945년 8월 종전 후, 일본정부의 동화교육, 황국신민화 정책에 의해 빼앗긴 언어·역사·문화를 되찾고자 재일코리안들은 각지에 민족학교를 설립했습니다. 그 결과 1947년 10월까지 귀국자의 편의를 도모하고 재류자의 생활 안정을 목적으로 조직된 재일본조선인연맹[5] 산하에 초등학교 541개소, 중학교 7개소, 고등학교 8개소, 청년학교 22개소가 설립되었습

---

[5]   전후 각지에 탄생한 재일코리안의 자주적 소조직의 전국적 규모의 연합체.

니다. 그리고 한국계의 거류민단[6] 산하에도 초등학교 52개소, 중학교 2개소가 설립되었습니다. 처음에 일본정부는 재일코리안 민족학교의 존재를 방임하였습니다. 그러나 냉전이 깊어짐에 따라 재일본조선인연맹 산하의 민족학교에 대해 공산주의 교육을 실시한다는 이유로 문부성은 1948년 1월 각 도지사 앞으로 보낸 학교교육국장 통달을 통해 재일코리안 학생들에 대해 일본 의무교육을 강제하고 민족교육을 부정할 것을 명백히 하였습니다. 이에 호응하여 일본 각 지방자치단체는 조선학교의 개편 내지 폐쇄를 요구했습니다. 이에 대해 재일코리안은 격렬한 항의 활동과 협상을 전개했으나, 당국은 다수의 경찰력을 동원하여 교실에 있던 학생들을 강제적으로 내쫓는 폭거도 서슴지 않았습니다. 1948년 4월 24일 재일코리안은 끈질긴 협상 끝에 효고(兵庫)현으로부터 학교폐쇄령 철회문서를 얻어 낼 수 있었으나, 그날 밤 GHQ는 비상사태를 선언하여 폐쇄명령 철회문서를 무효화시키고 2,000명 이상의 재일코리안을 체포했습니다. 또한 1948년 4월 26일 오사카(大阪)에서는 오테마에(大手前) 공원에서 집회를 하던 재일코리안에게 무장경관이 발포하여 당시 16세였던 김태일(金太一) 소년이 사망하기도 했습니다. 재일코리안 스스로가 자신의 아이들을 교육하는 민족교육권이 침해된 이 일련의 사건은 '한신교육사건(阪神教育事件)'으로 불리고 있습니다. 일본정부의 재일코리안에 대한 동화교육은 현재까지도 이어지고 있어 여전히 재일코리안이 극복해야 할 크나큰 과제입니다.

강화조약 이후 한일협정까지(1952~1965)

1952년 4월 28일 강화조약이 발효됨에 따라 일본은 조선반도에 대한 주

---

[6] 전후 조선반도의 남반부에 수립된 대한민국(한국)에 대한 정치적 지지를 표명한 재일코리안 조직.

권을 포기하고 35년간에 걸친 식민지지배도 끝났습니다. 그러나 강화조약 발효 후에도 계속해서 일본에 거주하는 재일코리안의 국적에 대해서는 강화조약에는 아무런 언급이 없었습니다. 그럼에도 불구하고 일본정부는 강화조약이 발효됨과 동시에 「평화조약[7]의 발효에 따른 조선인·대만인 등에 관한 국적 및 호적사무의 처리에 대하여」라는 법무부(현재의 법무성) 민사국장의 단순한 통달로써 "조선인 및 대만인은 일본에 거주하고 있는 사람을 포함하여 모두 일본국적을 상실한다"고 규정하여 재일코리안을 명실공히 외국인으로 취급하여 권리보장의 범위 밖으로 내쫓았습니다. 재일코리안과 유사한 처지에 있었던 독일에 거주하던 오스트리아인과 관련하여 독일정부가 영토 귀속의 변경에 따른 국적선택을 개인의 의사에 맡긴 것과 대조적으로, 일본정부는 일방적으로 재일코리안의 국적을 박탈하는 조치를 취한 것입니다. 게다가 일본국 헌법 제10조에 일본국민이 되는 요건(국적)은 법률로 정하도록 규정하고 있음에도 불구하고, 법률보다 하위에 있는 일개 민사국장통달로써 재일코리안의 일본국적을 상실케 하고 일체의 인권보장을 부정한 것이었습니다.

이와 같은 조치를 통해 약 550,000명의 재일코리안은 하룻밤 사이에 외국인이 되어 버렸는데, 재류자격에 대해서도 예외는 아니었습니다. 강화조약 발효 전인 1951년에 시행된 「출입국관리령」에는 「외국인등록령」에서와 같이 "재일코리안을 외국인으로 간주한다"는 규정을 마련할 수 없었습니다. GHQ의 반대가 있었기 때문입니다. 그러나 앞서 설명한 바와 같이 재일코리안은 일본 식민지정책의 결과 토지를 잃고 유랑민화되었거나 강제연행으로 끌려온 '구 일본인'(元日本人)이며, 일반 외국인의 출입국을 관리하는 「출입국관리령」이 규정하는 형식적인 재류자격 범주에 포함

---

7   일본정부는 강화조약을 '평화조약'(平和條約)이라고 이름을 바꾸어 부르고 있다.

되는 존재가 아니었습니다. 따라서 일본정부는 「포츠담선언의 수락에 따라 발하는 명령에 관한 건에 근거한 외무성 관계 제반 명령의 조치에 관한 법률」(법률 제126호)을 제정하여, 제2조 제6항에서 "일본국과의 평화조약 규정에 근거하여 동 조약의 최초 효력발생일(이하 '평화조약발효일'이라 함)에 일본 국적을 이탈한 자" 중에서 "1945년 9월 2일 이전부터 이 법률 시행일까지 계속해서 본국에 재류하는 자(1945년 9월 3일부터 이 법률 시행일까지 본국에서 출생한 그 자를 포함함)는 출입국관리령 제22조 제2항 제1호의 규정에 관계없이 별도로 법률에서 정하는 바에 따라 그 자의 재류자격 및 재류기간이 결정될 때까지의 동안 계속해서 재류자격을 보유하지 아니하고 본국에 재류할 수 있다"고 규정했습니다. 일방적으로 재일코리안의 일본국적을 박탈하면서 영주권을 부여하는 것이 아니라, 불안정한 재류자격 지위에 처하게 하였던 것입니다. 게다가 재류자격과 재류기간 이외의 사항에 대해서는 「출입국관리령」을 적용하여 일반 외국인과 마찬가지로 강제퇴거 대상으로 했습니다.

재일코리안이 그나마 일본국적을 보유하고 있었던 강화조약 발효 전에도 1947년의 「외국인등록령」에 의해 재일코리안은 외국인으로 간주되고 있었음은 이미 언급한 대로인데, 강화조약 발효에 맞추어 「외국인등록령」 대신 새로이 「외국인등록법」이 제정되었습니다. 이에 따라 첫째, 일본의 식민지정책의 결과 일본인으로서 일본에 거주하게 되었음에도 불구하고, 재일코리안은 일반 외국인과 마찬가지로 20항목에 달하는 등록사항을 관할 시구읍면에 신청하도록 했습니다. 그리고 둘째, 외국인등록증을 상시 휴대하여 경찰 등이 요구하면 제시하도록 하였습니다. 게다가 셋째, 신규 등록 시뿐만 아니라 전환 시에도 지문날인의무가 부과되었습니다(단, 지문날인의 강제는 외국인등록법 시행 3년 후인 1955년 4월 27일 이후). 재일코리안은 이 지문날인 의무에 대해서 오랜 시간에 걸쳐 끊임없이 철폐운동을 이어 나

갑니다.

지금까지 살펴본 바를 통해서도 명백하게 알 수 있듯이, 일본정부는 식민지 지배정책의 산물인 재일코리안에 대해 일본국적을 일방적으로 박탈했을 뿐만 아니라, 불안정한 재류지위에 있게 하였고, 외국인등록 의무, 등록증 상시휴대 의무, 지문날인 의무를 부과함으로써 재일코리안을 철저하게 관리하고, 강제퇴거 사유에 해당되면 즉시 강제적으로 추방한다는 기본방침을 채택했습니다. 이러한 방침에는 조선반도를 식민지로 만들고 코리안의 자유와 인권을 유린한 것에 대한 반성의 자세가 조금도 보이지 않았습니다.

이러한 일본정부의 기본 자세는 모든 면에서 분명하게 드러났습니다. 일본국 헌법 제25조가 "모든 국민은 건강하고 문화적인 최저한도의 생활을 영위할 권리를 가진다"고 규정하고, 세계인권선언 제22조에서 "모든 사람은 사회의 일원으로서 사회보장을 받을 권리를 보유한다"고 규정하며, 「경제적·사회적 및 문화적 권리에 관한 국제규약」 제9조에서 "모든 사람이 사회보험을 포함한 사회보장을 받을 권리를 가진다"고 규정하고 있는데, 재일코리안이 일본사회의 실질적 구성원으로서 일본인과 동일하게 노동과 납세를 통해 사회보장의 재정적 기반 형성에 기여하고 있었음에도 불구하고, 생활보호를 제외하고는 모든 사회보장 및 사회복지에서 재일코리안은 배제되었습니다(생활보호도 권리가 아닌 혜택으로 인정된 것에 지나지 않습니다).

명문 규정에 의하여 외국인을 공무취임에서 배제하는 법 규범[8]은 「공직선거법」 제10조, 「외무공무원법」 제7조 외에는 없습니다. 그리고 이러한 법률이 금지하는 것도 특별직 공무원이며, 이른바 일반직 공무원에 대

---

[8] 판단·평가·행위 등의 기준이 되어야 할 원칙으로서의 법.

해서는 「국가공무원법」이나 「지방공무원법」도 외국인의 취임을 제한하고 있지 않습니다. 그럼에도 불구하고 '조회(照會)'에 대한 '답변(回答)'이나 '정부답변(政府答辯)'이라는 형태로 외국인의 공무취임을 배제해 왔습니다. 일반적으로 정부견해로 여겨져 온 것은, 내각관방총무과장에 대한 1953년 3월 25일 내각법제국 제1부장의 답변입니다. 이 답변은 "법에 명문화된 규정이 존재하는 것은 아니지만, 공무원에 관한 당연한 법리로 공권력의 행사 또는 국가의사의 형성에 참여하는 공무원이 되기 위해서는 일본국적이 필요한 것으로 보아야 하며, 한편으로 그 외의 공무원이 되기 위해서는 일본국적이 필요하지 않는 것으로 해석할 수 있다"고 말합니다. 그런데 어떠한 행위가 공권력의 행사이며 국가의사 형성에 대한 참여가 되는지 극히 추상적이고 애매하여 도저히 행위구분의 기준이 될 수 없습니다. 가장 알기 쉬운 공권력의 행사라고 하면 군사력이나 경찰력이겠지만, 방위를 위한 것이라고 해도 일본에는 미군이 주둔하고 있어 미국인이 묵시적으로 군사력을 행사하고 있습니다. 어떻게 해석하든지 재일코리안에 대해서는 '공권력의 행사' '공적 의사형성에 대한 참여'에 해당된다 하여 교육·연구라는 전문적 직종에서도 배제되었습니다. 또한 이러한 공적 기관의 외국인 배제 논리는 민간의 국적·민족에 따른 취직차별을 조장하였고, 재일코리안의 직업선택의 자유를 계속적으로 침해하여 왔습니다. 그리고 유감스럽게도 이러한 경향은 현재까지도 바뀌지 않았습니다.

한일법적지위협정(1965)

1945년 8월 15일 이후, 해방을 맞이한 조선반도에서는 미국과 소련의 세계 전략이 격돌하여 신정부 수립을 둘러싼 대립이 일어납니다. 1948년 8월, 조선반도의 38선 이남에서는 미국이 지지하는 대한민국(이하 '한국'이라 함)이 독립을 선언하였고, 그해 9월 38선 이북에서는 소련이 지지하는 조선민주주의인민공화국(이하 '북한'이라 함)이 성립하여, 38선을 사이에 두고 동일 민족이 분단국가로 대치하는 최악의 사태가 벌어집니다. 1948년에 조선반도에 두 개의 조국이 분단국가로 생겨난 이후에도 양국 모두 일본과의 국교를 회복하지 않았으므로 재일코리안은 강화조약이 발효되어 명실공히 외국인 처우가 이루어진 후에도 외국인등록의 국적란에는 조선반도라는 지역을 의미하는 '조선'[9]이라 기재될 뿐 진정한 의미에서의 귀속국가는 기재되지 않았습니다. 재일코리안은 외국인임에도 불구하고 두 개의 분단국가가 탄생함으로 인하여 어중간한 입장에 처해지게 된 것입니다.

1952년 4월 강화조약이 발효되어 일본은 조선에 대한 모든 권리, 권한 및 청구권을 포기했지만, 식민지지배의 상대방 당사자인 조선반도 정부와 민중, 재일코리안 간에 법적·정치적·도덕적 청산은 전혀 이루어지지 않았습니다. 일본이나 한국도 친미정부라는 점에서는 동일했으나, 미국은 한국과 일본이 자유주의 진영의 일원으로서 미국과 함께 공산주의 국가들을 봉쇄하고 그 세력의 확대를 방지해 주기를 바라고 있었습니다. 또한, 냉전이 격화됨에 따라 GHQ의 일본점령 정책도 민주화에서 서방진영에서의 방공(防共: 반공산주의) 기지화로 변경되었습니다. 그 결과 과거의 식민지지배와 침략전쟁을 수행한 사람들과 이를 지지한 사람들이 일본의 정치와 사회의 중추를 다시 장악하게 되어, 조선반도의 식민지화 및 15년 전쟁에 대한 반성이나 책임 수행은 더 이상 문제 삼지 않게 되었습니다.

한국과 일본정부는 미국의 의향을 참작하여, 1951년 10월 이후 국교회

---

9   이 '조선'의 기재는 조선민주주의인민공화국(북한)을 의미하지 않으나, 이를 국적으로 오해하여 재일코리안에게는 '조선국적'과 '한국국적'이 있는 것으로 잘못된 이해를 하고 있는 사람도 많다(이 책 칼럼 '한국적'과 '조선적'(48면) 참조).

복을 위한 이른바 한일회담을 여러 번 열었습니다. 그러나 식민지지배를 정당화하는 일본정부 대표의 거듭되는 발언 등으로 회담의 결렬이 반복되었습니다. 양국에서는 문제가 많은 양국 간 조약체결에 많은 국민이 반대하였으나, 10여 년에 걸친 협상 결과 1965년 6월 22일 한일기본조약과 4협정(청구권·경제협력협정, 어업협정, 재일한국인의 법적지위협정, 문화재·문화협력협정)이 반대를 무릅쓰고 조인이 강행되었습니다. 그러나 거기에는 식민지화에 대한 사죄나 반성은 일절 없었습니다. 이 한일협정 중 하나로「일본국에 거주하는 대한민국 국민의 법적 지위 및 대우에 관한 일본과 대한민국 간 협정」(이하 '법적지위협정')이 있습니다. 여기에서 일본정부는 처음으로 "다년간 일본국에 거주하고 있는 대한민국 국민이 일본사회와 특별한 관계를 가지고 있음을 고려하여"(전문), 일정한 조건을 충족하는 재일코리안[10]에게 '영주권'(이하 '협정영주권')을 부여하는 것을 인정했습니다(제1조). 그러나 재일코리안 자자손손에게 영주권을 인정한 것은 아니고, 1991년까지 한국측이 일본측에 재협의를 요청하면 그 협의에 응한다는 정도였습니다(제2조). 강제퇴거 사유에 관해서는, 일본국에서 내란죄, 외환죄에 의해 금고형 이상의 형에 처해진 자, 무기 또는 7년을 초과하는 징역 또는 금고에 처해진 자를 제외하고는 강제퇴거의 대상이 아니게 되었습니다(제3조). 또한 "일본에서의 교육, 생활보호 및 국민건강보험"에 관해서는, 일본정부가 "타당한 고려를 한다"고 규정되었으나(제4조), 유감스럽게도 재일코리안의 취업차별 문제나 지문날인 문제 등에 대해서는 언급조차 없었

[10] 대한민국 국민으로 1945년 8월 15일 이전부터 신청 시까지 계속하여 일본에 거주하고 있고 협정이 맺어지고 나서 5년 이내에 신청한 자, 그 직계비속(자녀와 손자녀)으로서 1945년 8월 16일 이후 이 협정의 효력 발효일로부터 5년 이내에 일본국에서 출생하여 그 후 신청 시까지 계속해서 일본에 거주하고 있는 자, 그 자녀로 출생 후 60일 이내에 신청한 자를 말한다. 단, 일본과 한국의 양국 간 조약이었기 때문에, '협정영주권'이 인정된 것은 외국인등록 국적란의 국명 기재가 '한국'으로 되어 있는 자에 한정되었고, '조선'으로 표시된 자에게는 인정되지 않았다.

습니다.

이와 같이 재일코리안은 수많은 미끼와 함께 한국인가 북한인가의 선택을 강요당했습니다(이 책 칼럼 '한국적'과 '조선적'(48면) 참조). 말하자면 일본사회에도 38선이 생겨난 것입니다. 한국을 선택한 재일코리안에 대해서는 협정영주권이 부여되어 강제퇴거 사유가 제한되고 국민건강보험 가입(1965년)이 인정되었지만, 그 외의 사회보장 내지 사회복지에는 변화가 없었습니다. 이와 같이 일본 스스로의 반성에 따른 자정작용은 결국 한 번도 볼 수 없었습니다. 또한 미국의 주선에 의해 조인된 한일기본조약도 과거의 청산과는 거리가 먼 것이었습니다. 물론 재일코리안도 두 손을 놓고 있었던 것은 아닙니다. 이 책에서 다룬 히타치제작소 취직차별 재판투쟁의 승소(1974년: 이 책 138면 참조)나 사법연수생 채용운동(1977년: 이 책 225면 참조) 등, 재일코리안에 대한 부당한 차별에 대항하여 재일코리안은 일부의 양심적인 일본인과 함께 끈질기게 싸우고 있었습니다.

국제인권장전(1979)과 난민조약(1982)

유감스럽게도 일본사회를 본격적으로 개혁으로 나아가게 만든 것은 외압이었습니다.

우선 일본정부가 국제여론의 압력에 의해 뒤늦게나마 1979년에 국제인권장전[11]을 비준하였습니다. 국제인권장전에는 「경제적·사회적·문화적 권리에 관한 국제규약」(이하 '사회권규약'), 「시민적 및 정치적 권리에 관한 국제규약」(이하 '자유권규약') 및 「자유권규약의 선택의정서」의 세 가지가 있습니다. 일본정부는 사회권규약과 자유권규약을 비준하였고 두 규약은

---

[11]　세계인권선언의 내용을 기초로 이를 조약화한 것. 사회권규약을 국제인권 A규약, 자유권규약을 국제인권 B규약이라 부르기도 한다.

1979년 9월 21일에 발효되었는데, 외국인의 인권보장에 큰 영향을 주는 「자유권규약의 선택의정서」는 아직 비준되지 않았습니다. 「자유권규약의 선택의정서」란 자유권규약이 보장하는 권리가 침해되어 일본 국내 절차에 의해서 구제가 안 되는 경우에 규약인권위원회에 민원을 제기할 권리를 인정하는 것입니다. 즉 끼리끼리 대충 끝내지 못하게 하는 제도입니다. 일본정부가 선택의정서를 비준하지 않는 이유는, 재일코리안을 비롯한 재일외국인의 인권보장이 충분하지 않은 점을 지적받는 것을 우려하고 있기 때문입니다. 다만 일본이 비준한 사회권규약과 자유권규약도, 내외국인의 평등을 포함한 비차별평등을 기본원칙으로 하고 있어 한일협정 중 '법적지위협정'에서의 불완전한 결착을 시정하는 법규범이 될 수 있는 것이기에, 다음 해인 1980년에는 「주택금융공고법」, 「공영주택법」, 「주택도시정비공단법」, 「지방주택공급공사법」에 관한 국적조항의 해석에 변경이 이루어졌습니다.

그 후, 베트남 난민수용에 대한 일본정부의 소극적 태도에 대해 국제여론의 비난이 거세지자 일본정부도 난민조약을 비준하지 않을 수 없게 되었습니다. 마침내 1982년 1월 1일 난민조약이 발효되어 일본도 난민을 받아들이게 되었습니다. 난민조약은 정치적 박해 또는 전란 등을 피해 자국(自國)을 벗어난 사람들에게 입국과 거주를 인정하여 입법·행정 및 사회적으로 보호하려는 것이며, 특히 직업 및 사회보장에 대한 권리에 대해서는 내국민대우 또는 최혜국민대우[12]를 부여하고 있습니다. 난민조약은 일반 외국인에 대한 조약이 아닙니다. 그러나 일본에서 나고 자란 재일코리안이 가지는 권리와 난민에게 보장되는 권리 간에 불합리한 격차가 생겼습니다. 이에 난민조약이 발효된 1982년 1월 1일, 국민연금의 피보험자 자

---

12 일반적인 정의로서는, 외국인에게 부여하는 대우 중에서 가장 유리한 대우.

격이 "일본 국내에 주소를 가지는 일본국민"에서 "일본 국내에 주소를 가지는 자"로 개정되어 재일코리안에게도 가입자격이 인정되었습니다. 같은 해에 「아동부양수당법」, 「특별아동부양수당법」, 「아동수당법」부터 국적조항이 철폐되고, 「국공립대학의 교수임용 법안」이 성립되었습니다. 1984년에는 우정성 외무원의 국적조항이 철폐되었습니다. 난민조약의 비준은 협정영주권에서 제외된 재일코리안에게도 영향을 주어 일정한 요건을 충족하면 영주권이 부여되었습니다.

이와 같이 남은 과제들도 있지만 국제인권장전과 난민조약의 비준은 일본사회뿐만 아니라 외국인에게도 큰 영향을 주었습니다.

이후에도 1991년에는 전국 규모로 국공립 초중고교 교원채용 시험의 국적조항이 철폐되었습니다. 그리고 법적지위협정이 남긴 협정영주권 3세의 재류자격에 대해서는, 1991년에 일본과 한국 간에 재협의가 이루어져 (이른바 '91년 문제'), 1991년 11월에 특례법[13]이 제정되었습니다. 이에 따라 전쟁 전부터 재류하던 재일코리안 및 그 자손들은 모두 '특별영주자' 자격을 가지게 되어 재일코리안의 재류 자격이 일원화되었습니다. 또 1993년에는 외국인등록법이 개정되어 영주권자는 지문날인이 면제되었습니다.

지금까지 재일코리안의 약 100년을 '형성의 역사'와 '법적 지위의 변천'을 통해 살펴보았습니다. 재일코리안들은 도저히 필자의 짧은 문장력으로는 이루 다 표현할 수 없을 정도로 심각한 고통을 겪어 왔습니다. 다음 장부터는 일본 법원에서 드러난 재일코리안의 고통 중 극히 일부를 소개하겠습니다. 여러분은 재일코리안이 겪어 온 가혹한 상황을 이 책을 통해 처음으로 알게 될 수도 있지만, 이는 일본사회의 문제점을 비춰 주는 거울의 일부에 불과합니다.

---

13 일본과의 평화조약에 근거하여 일본의 국적을 이탈한 자 등의 출입국관리에 관한 특례법.

《참고문헌(일본어)》

渡部学編,『朝鮮近代史』, 勁草書房, 1968.

朴慶植,『在日朝鮮人運動史』, 三一書房, 1979.

姜在彦,『日本による朝鮮支配の40年』, 大阪書籍, 1983.

姜在彦,『朝鮮近代史』, 平凡社選書, 1986.

朝鮮史研究会編,『入門 朝鮮の歴史』, 三省堂, 1986.

長尾一紘,『日本国憲法〔新版〕』, 世界思想社, 1988.

中井清美,『定住外国人と公務就任権』, 柘植書房新社, 1989.

朴慶植,『解放後 在日朝鮮人運動史』, 三一書房, 1989.

浦部法穂,「日本国憲法と外国人の参政権」, 徐龍達先生還暦記念委員会編,
　　　　『アジア市民と韓朝鮮人』, 日本評論社, 1993, 693~706頁.

仲原良二,『在日韓国・朝鮮人の就職差別と国籍条項』, 明石書店, 1993.

姜在彦・金東勲,『在日韓国・朝鮮人 歴史と展望〔改訂版〕』, 労働経済社, 1994.

高崎宗司,『検証 日韓会談』, 岩波新書, 1996.

宮崎繁樹編著,『解説 国際人権規約』, 日本評論社, 1996.

日本弁護士連合会編著,『国際人権規約と日本の司法・市民の権利』, こうち書
　　　　房, 1997.

朴鐘鳴編,『在日朝鮮人――歴史・現状・展望〔第二版〕』, 明石書店, 1999.

松井茂記,『日本国憲法』, 有斐閣, 1999.

浦部法穂,『全訂 憲法学教室』, 日本評論社, 2000.

金東勲,『国際人権法とマイノリティの地位』, 東信堂, 2003.

金東勲,『共生時代の在日コリアン』, 東信堂, 2004.

日本弁護士連合会編,『第四七回人権擁護大会シンポジウム第一分科会基調
　　　　報告書』, 2004.

金敬得,『新版 在日コリアンのアイデンティティと法的地位』, 明石書店,

2005.

近畿弁護士連合会人権擁護委員会, 『外国人の司法への参加を考えるシンポ
　　ジウム報告書』, 2005.

《참고문헌(한국어)》

와타나베 마나부 편, 『조선 근대사』, 경초서방, 1968.

박경식, 『재일조선인 운동사』, 삼일서방, 1979.

강재언, 『일본에 의한 조선 지배의 40년』, 오사카서적, 1983.

강재언, 『조선 근대사』, 헤이본샤선서, 1986.

조선사연구회 편, 『입문 조선의 역사』, 삼성당, 1986.

나가오 가즈히로, 『일본국 헌법[신판]』, 세계사상사, 1988.

나카이 키요미, 『정주외국인과 공무취임권』, 척식서방신사, 1989.

박경식, 『해방 후 재일조선인 운동사』, 삼일서방, 1989.

우라베 노리호, 「일본국 헌법과 외국인의 참정권」, 서용달선생 회갑기념위원
　　회 편, 『아시아 시민과 한국 조선인』, 일본평론사, 1993, 693~706면.

나카하라 료지, 『재일 한국 · 조선인의 취업차별과 국적조항』, 아카시서점,
　　1993.

강재언 · 김동훈, 『재일한국 · 조선인 역사와 전망 [개정판]』, 노동경제사, 1994.

다카사키 소지, 『검증 한일회담』, 이와나미신서, 1996.

미야자키 시게키 편저, 『해설 국제인권 규약』, 일본평론사, 1996.

일본변호사연합회 편저, 『국제인권장전과 일본의 사법 · 시민의 권리』, 고우
　　치서방, 1997.

박종명 편, 『재일조선인―역사 · 현상 · 전망[제2판]』, 이카시서점, 1999.

마쓰이 시게노리, 『일본국 헌법』, 유비각, 1999.

우라베 노리호, 『전정 헌법학 교실』, 일본평론사, 2000.

김동훈, 『국제인권법과 마이너리티의 지위』, 동신당, 2003.

김동훈, 『공생 시대의 재일코리안』, 동신당, 2004.

일본변호사연합회 편, 『제47회 인권옹호대회 심포지엄 제1분과회 기조 보고
　　　서』, 2004.

김경득, 『신판 재일코리안의 아이덴티티와 법적 지위』, 아카시서점, 2005.

긴키 변호사연합회 인권옹호위원회, 『외국인의 사법에 대한 참가를 생각하는
　　　심포지엄 보고서』, 2005.

배훈(裵薫)

'한국적(韓国籍)'과 '조선적(朝鮮籍)'

● '재일 북조선인'

북조선(조선민주주의인민공화국)에 관한 최근 보도에서 '북조선인'이나 '재일 북조선인'이라는 말이 사용되고 있는 예를 볼 수 있습니다. 별로 사용되지 않는 표현인데, 이 말을 이용하는 사람은 38선을 경계로 한반도의 북부에서 온 사람이나 그 자손을 '재일(북) 조선인', 남부일 경우를 '재일 한국인'이라 생각하고 있는지도 모릅니다. 그러나 실제로는 원래 재일코리안(의 조상)은 한반도의 남부에서 온 사람이 압도적으로 많습니다.

● 한국적과 조선적

하지만 재일코리안 자신도 "나는 한국적이다" "조선적이다"라는 말을 자주 합니다. 이는 일본정부가 외국인에게 발행하는 특별영주자증명서·재류카드에 '국적·지역'란이 있어, 거기에 '한국(조선)'이라고 기재되어 있으면 한국(조선)적이라고 보통 말합니다. 그러니까 '국적·지역'란의 기재에는 매우 중요한 의미가 있다고 재일코리안 자신들도 생각해 온 것입니다. 남북한 양국의 국적을 의미한다고 이해하고 있는 재일코리안도 많은 것 같습니다.

그러나 정확히 말하면, 이는 오해가 있는 부분입니다. 한국이나 북한의 법률도 관련되기 때문에 까다로운 부분이 있는데, 법적으로는 한국은 평양에 살고 있는 주민도 한국 국민이라는 입장을 취하고 있고, 반대로 북한도 서울 주민을 북한 국민이라고 하고 있습니다. 이는 일본에 살고 있으면서 아직 일본국적을 취득하지 않은 코리안에 대해서도 해당되기 때문에, 그러한 의미에서는 일종의 이중 국적(남과 북)을 가지고 있는 것과 같은 상태가 됩니다. 다만 남과 북은 서로 승인하지 않았기에 '일종의' 이중 국적인 것입니다.

게다가 종전 후 얼마 지나지 않아 일본의 외국인등록제도가 생겼을 무렵에는 재일코리안의 '국적·지역'란의 표시는 '조선'으로 되어 있었고, 이후 '한국'이라는 표시가 인정되고 나서 조선에서 한국으로 표시를 전환하는 사람이 나왔다는 역사적인 경위가 있습니다. 그래서 종전 후 얼마 지나지 않은 무렵에는 한국 지지자의 '국적·지역'란에도 '조선'으로 표시되어 있었던 것입니다.

● 종전 후의 경위

한편 실은 남북 정부나 그 지원단체 자체가 애초에 '국적·지역'란의 표시가 자신에 대한 지지를 나타낸다고 생각하고 행동해 왔기에, 이러한 이해는 부득이한 부분도 있습니다. 현재도 예를 들어 '국적·지역'란이 조선 표시인 채로 있는 재일코리안에게는, 한국정부는 한국 여권을 원칙적으로 발급하지 않습니다(조선 표시여도 한국 국적을 가지고 있다는 입장이니 본래 발급받을 수 있어야 함에도 불구하고). 그런 의미에서는 '국적·지역'란 표시가 일정한 법적인 (게다가 큰) 의미를 가지는 경우도 있다고 할 수 있겠습니다.

다만 그래도 법적인 표현으로는 특별영주자증명서 등의 '국적·지역'란 표시를 두고 '한국적(사람)', '조선적(사람)'이라고 부르기보다는 '한국(조선)

표시(의 사람)' 정도로 말하는 편이 적절하다(이 정도로 말할 수밖에 없다) 할 것입니다.

꽤 오래된 뉴스인데, 북한의 핵실험을 계기로 조선학교 학생들에 대한 괴롭힘이나 협박이 많이 발생하고 있다는 보도 후에 아나운서가 "아이들이 북한 출신이라는 사실만으로 이러한 피해를 입는 것은 있어서는 안 되는 일입니다"라는 코멘트를 한 적이 있었습니다. 그러나 '조선 표시'의 재일코리안들을 북한 출신자라고 하는 것은 부정확하기에 시청자의 오해를 불러일으키는 발언이었다고 할 수 있을 것입니다.

은용기(殷勇基)

제2장

형사 사건과 차별

고마쓰가와(小松川) 사건—재일코리안 2세의 고뇌

고마쓰가와 사건이란?

1958년 4월과 8월에 에도가와구(江戸川区)에서 두 명의 여성이 살해되어 고마쓰가와 고등학교 야간반 1학년 이진우(李珍宇) 소년(일본명: 가네코 시즈오 金子鎭宇)이 체포되었습니다. 이진우는 가난한 생활 환경에서도 우수한 성적으로 중학교를 졸업한 소년이었는데, 이후 우여곡절이 있어 18세에 고등학교 야간반에 입학하였습니다. 체포 후, 도쿄가정재판소에서 심리를 받은 후, 1심 형사재판에서 사형 판결, 2심을 거쳐 최고재판소에서 상고가 기각되어 사형이 확정되었습니다(1961년 8월 17일). 소년법에서는 범행 시에 18세 미만인 자에게는 사형을 적용하지 않는다고 규정되어 있는데, 이진우는 범행 시에 18세가 되어 있었기 때문에 사형을 선고받은 것입니다.

1940년에 도쿄에서 태어난 이진우는 다른 재일코리안 2세들처럼 일본명을 사용하며 생활하고 있었습니다. 사건의 배경에 있던 빈곤이나 조선인 차별 문제로 오오카 쇼헤이(大岡昇平) 등 문화인들에 의한 구명청원운동이 이루어졌으나, 1962년 1월 16일, 미야기(宮城)형무소에서 사형이 집행되었습니다. 이때 이진우는 아직 22세였습니다.

사건 발생과 체포까지

1958년 8월 21일, 4일 전부터 행방불명이었던 16세 A씨(고마쓰가와 고등학교 야간반 2학년)의 부패된 시체가 동 학교 옥상의 스팀관 도랑 속에서 발견된 것이 이 사건의 시작이었습니다. 이날 아침, 고마쓰가와 경찰서에 젊은 남자의 목소리로 "A를 살해하여 고마쓰가와 고등학교 옥상 창고에 던져 넣었다"는 전화가 왔었고, 그 전날 요미우리 신문사에 "특종을 제보하겠다"고 유사한 전화가 왔었던 것이 판명되었습니다. 3일 후 A씨 자택으로 본인이 사용하던 빗이 우송되었고, 그 다음 날에는 경시청 앞으로 사진과 손거울이 송부되었는데, 이러한 물건들을 경시청 앞으로 보냈다는 전화가 신문사에 왔습니다. "매일 밤 잠을 잘 수가 없다. 미쳐 버릴 것 같다. 내일 자수하고자 한다." "나는 처음이 아니다. 예전에도 한 번 사람을 죽인 적이 있다."는 등 요미우리 신문사로의 전화는 여러 번 왔습니다.

같은 고등학교의 학생들과 직원들의 전화 녹음한 목소리가 비슷하다는 진술 등을 통해 이진우 소년이 체포되었고, 자택에서는 피해자가 소지하던 보자기에 쌓인 도시락통, 문학책, 일기 등이 압수되었습니다. 체포 당일 이진우 소년은 목을 졸라 죽였다고 자백합니다.

A씨 살해로 체포된 이진우 소년에 대해, 경찰은 4월 20일에 시체로 발견된 주방보조 B씨 교살 사건도 이 소년의 범행이라고 단정하고 자백하게 합니다. 경찰이 이 살인도 이진우 소년의 범행이라고 생각한 것은 이진우 소년의 자택이 100여 미터 떨어진 살해 현장 근처에 있었던 점, 범행시간대인 같은 날 오후 6시 반부터 7시 사이에 이진우 소년이 5, 6분 동안 집에 없었던 사실이 있었기 때문입니다(다만 경찰은 이진우 소년의 체포 전에는 이 사건의 범행을 30분 이상은 걸릴 것으로 판단하여 수사하던 것으로 보입니다).

가정재판소의 결정

범행 시에 18세였던 이진우 소년은 A씨에 대한 강간·살인, B씨에 대한 강간치사의 사실로 소년법에 의해 도쿄가정재판소에서 심리를 받게 되었습니다. 가정재판소의 소년심판에서는 범행 자체에 대해 심리할 뿐만 아니라, 그 소년이나 보호자의 품행·경력·성질·환경 등도 조사합니다.

가정재판소의 조사에서는 "부모 모두 무학 무교양" "아버지는 절도 전과 6범인 술꾼" "작은 아버지도 전과 9범이며 현재 후추(府中)형무소에 복역중" "조부는 도박 상습범이고 대주가(大酒家)" "어머니는 언어장애인"으로 조사되었고, 본인이 5살 때 전쟁으로 집이 불에 타 현주소의 허술한 판잣집으로 이전했다며 극빈 가정이었던 점이 배경에 있다고 지적하면서도 범행의 가장 큰 원인은 소년의 성격 이상이라고 결론을 내리고 있습니다. 그리고 소년의 범행은 "천인공노할 흉악무도한 일"이라며 검찰관송치 결정(성인과 동일하게 형사 재판을 받는 것)을 내렸습니다(1958년 10월 14일).

그러나 이진우 소년은 초등학교 성적은 좋아서 자치위원으로 선정된 적도 있었고, 중학교에서도 반 및 전교 위원장·부위원장으로 선정되고 밝은 성격이었다고 많은 친구들이 인정한 바 있었습니다. 중학교 졸업 후 야간고등학교에 다니면서 프레스공으로서 일하였고, 그 월급도 전부 어머니에게 드리고 자신은 400엔의 고등학교의 수업료와 600엔의 책값 및 영화관람료만을 어머니로부터 받는 성실한 생활을 했습니다. 중학교 때부터 외국문학, 특히 러시아 문학을 좋아했고, 스스로도 소설을 쓰는 적극성도 가지고 있었습니다.

가정재판소의 결정을 읽으면, 이진우 소년이 자란 환경에 대한 일응의 언급은 있으나, 그것이 범행에 어떻게 연결되었는지를 깊이 고찰하지 않고 본인의 악한 성질에 기인하는 것으로 판단하고 있습니다. 범행의 원인을 성장 환경에서만 찾을 수는 없겠지만, 소년의 특이성을 과도하게 강조한 가정재판소의 결정은 가정재판소의 심판 역할을 다한 것이라고는 볼 수 없습니다.

형사재판

형사재판 제1심(도쿄지방재판소)에서 이진우 소년은 법정에서 2건의 살인을 인정했습니다. 그러나 경찰·검찰의 조사에서 인정하였던 간음에 대해서는 공판에서 부인합니다. 이진우 소년은 변호인의 질문에 대해 조사에서 간음할 이유가 없다고 부정했는데 4명 정도의 취조관에게 둘러싸여 간음을 자백하도록 강요당하여 간음을 인정하는 조서가 작성되어 버렸다고 법정에서 진술한 것입니다.

변호인은 "피해자의 각 시체 감정 결과, 피고인의 정액이 어디에서도 발견되지 않았다는 과학적 사실, 피해자 B의 약혼자의 '복부는 가지런했다. 강간당한 것처럼 보이지는 않았다. 속옷은 단단하게 묶여 있었다'는 등의 증언, 피해자 A의 시체가 있던 통풍공 내의 풍향이 시체의 발쪽으로부터 불어오고 있던 사실 등으로 보아 감히 간음 사실은 없다고 단언하고 싶다"는 등 변론하여 간음에 대해서는 부정하였으나, 판결에서는 자백 조서를 주된 증거로 하여 강간·강간치사가 인정되었습니다.

또한 변호인이 심신미약을 주장하여 정신감정을 요구했으나 법원은 감정을 하지 않고 소년심판 시 책임능력에 문제는 없다고 한 감별소 기관·가정재판소 조사관의 보고서나 증언을 통해 책임능력 있음으로 판단하였습니다.

형사재판은 제1심(1959년 2월 27일 도쿄지방재판소 판결)에서 사형이 선고되었고, 항소심(1959년 12월 28일 판결)에서도 사형 판결이 유지되었습니다. 판결은 모두 이 사건 범행의 잔학성을 강조하여 사형으로 결론지었습니다. "인간적 양심의 가책을 추호도 느끼지 않았다" "동물적 냉혹함" "전혀 개전의 가능성을 인정할 만한 것이 없다"(제1심 판결), "피해자 집, 신문사, 경찰서에 전화를 걸거나, 피해자 집에 피해자 소지품을 보낸 것, 또한 전화를 건 것이 신문, 라디오에서 방송된 것에 자기만족을 느꼈다고 하는 것 등은, 보통 사람은 이해하기 힘든 바이다"라며 소년의 특이성을 많이 언급하고 있습니다. 불합리한 폭력으로 목숨을 잃은 두 명의 피해자의 고통을 생각하면 이 범죄를 직시하는 것은 매우 괴로운 일이나, 18세 소년에게 극형을 선고하는 판단으로서는, 이러한 판결들은 매우 형식적인 것으로 느껴집니다.

이진우 소년은 최고재판소 상고에 소극적이었습니다. 제2심 판결 후, 동양사학자 하타다 다카시(旗田巍) 씨의 제자였던 박창희(朴菖熙) 씨가 이진우 소년과 면회합니다. 박 씨는 우연히 면회일이 상고기한일임을 알고 바로 하타다 씨에게 연락을 합니다. 하타다 씨는 바로 구치소로 달려가 이진우 소년과 면회하여 상고하도록 촉구하였으나 이진우 소년은 상고를 거부합니다. 그래서 박씨가 이진우 소년의 부친에게 연락하여 부친으로부터 상고하는 것에 대한 동의를 받아 냅니다. 이를 수령하여 심야 11시에 상고 절차를 밟아 최고재판소에서 심리가 이루어지게 되었습니다. 이후 하타다 씨 외에 소설가 오오카 쇼헤이(大岡昇平) 씨, '유즈루(夕鶴)' 등의 대표작이 있는 극작가 기노시타 준지(木下順二) 씨 등이 발기인이 되어 "이진우 소년을 돕는 모임"이 만들어져 감형운동이 펼쳐졌습니다.

그러나 최고재판소에서도 항소심이 인정한 사실에 오류는 없고, 사형을 부과하는 것도 부당한 양형이 아니라며 1961년 8월 17일에 상고를 기각, 사형이 확정되었습니다.

재판에서 밝혀진 이진우의 피차별 체험

이진우 소년이 중학교 졸업 후 취업을 희망했을 때 조선인이라는 이유로 이를 거절당한 것이 판결에 명기되어 있습니다. 재판에서는 어느 일본 기업에 대한 취업을 희망했음에도 불구하고 원서를 접수하는 것조차 거부되었다고 진술했습니다.

법정에서는 "피고인은 현재의 사회라든지 그러한 것에 대해 불만이나 반감 등을 가지고 있습니까?"라는 질문에 대해, "제가 중학교를 졸업할 때, 어느 큰 회사에 근무하게 되었을 때, 외국인, 제 경우 한국인이라서 채용되지 못했던 적이 있습니다. 그때 조금 그러한 감정을 가졌습니다."라고 소극적으로 진술하고 있습니다. 초등학교·중학교를 통틀어 학업성적은 중간 이상, 특히 국어·역사 등의 과목을 잘했고 수많은 세계 문학책을 애독하였다는 소년이 자신이 조선인임을 이유로 모든 것을 부정당했을 때, 큰 타격을 받았음에 틀림이 없습니다.

식민지 시대에 조선에서 일본으로 건너온 재일코리안 1세들과 달리, 재일코리안 2세들은 위화감 없는 일본어를 말하고, 행동거지도 일본인과 구별되지 않고, 일본인인 척을 하면서 살아갈 수 있습니다. 다른 한편으로 취직이 안 되거나 혹은 조선인임을 숨기고 채용되어도 사실이 발각되어 채용이 취소되어 버리는 현실에 직면합니다. 식민지 시대에 오사카에서 나고 자란 한 재일코리안 남성은 미국의 흑인이 부럽다고 했습니다. 피부색으로 차별되는 사람들과 달리 피부색이 같기 때문에 숨기면 일본사회에서 살아갈 수 있다는 것입니다. 진정한 자신을 숨기고 살아갈 수 있는 재일코리안 2세의 괴로움은 재일코리안 1세와는 또 다른 고뇌였을 것이라 생각됩니다.

'조선인의 범행'이라 부추기는 보도

이진우 소년이 체포되었을 때에는 다음과 같이 보도되었습니다(당시의 보도에서는 피의자·피해자·가족은 실명).

"고마쓰가와 고등학교의 A씨를 살해한 범인은 조선인 18세 야간 학생, 이진우였다"(1958년 9월 2일 요미우리 신문), "체포된 동 학교 야간반 제1학년 조선인 공원(18)은 수사 1과 데우시 경부의 조사에서 마침내 주방보조 살해의 범행 일체를 진술했다"(1958년 9월 1일 아사히 신문), "조선인 부락 내 일용직 인부 L씨(59)의 차남, 고마쓰가와 고등학교 야간반 제1학년 가네코 시즈오, 즉 이진우(18)를 살인 혐의로 자택에서 체포"(1958년 9월 1일 요미우리 신문), "가난한 18세 조선인의 야간 고교생이라는 숙명은 언어장애인인 어머니를 생각하는 것이 유일한 양심"(1958년 9월 2일 요미우리 신문). 당시 보도에서는 체포 시에 범인 취급을 하는 것은 지금 이상으로 당연한 일이었으며, 잔혹한 범인이 조선인이라는 점이 강조되었습니다.

이러한 자극적인 보도가 피의자가 소년이라는 것을 알게 된 후에도 공격적인 여론을 구성하였고, 갱생이 아닌 엄벌을 선택하는 판결로 이어진 것이 아닐까 생각됩니다.

피해자 유족에 대한 공격

피해자 A씨의 아버지가 보여 준 이진우 소년에 대한 마음은 지금 읽어도 감명을 받습니다.

이진우 소년과 편지를 주고받으며 지원한 박수남 씨는 유족과의 교류를 다음과 같이 기록하고 있습니다.

"소년법의 적용도 정신감정도 일절 무시된 채의 사형이다. 나는 고마쓰가와 사건 유족 댁에 방문하여 "사죄와 구명운동을 허용해 주셨으면 한다"고 부탁드렸다. 이때 양친으로부터 뜻밖의 사죄를 받게 된다. "그 관동대지진 때, 이 에도가와 일대는 다수의 조선 분들이 학살된 땅입니다. 에도가와 강물이 여러 날에 걸쳐서 핏물이었습니다. 우리는 그렇게 끔찍한 일을 해 놓고도 지금까지 한 번의 사과도 한 적이 없습니다. 이번에 딸의 사건을 알게 된 조선 분들로부터 사죄의 편지와 부조금 등을 받곤 합니다. 오늘도 당신이 찾아오셨습니다. 진우군이 사형이 되어 죽는다고 우리 딸이 살아 돌아오는 것은 아닙니다. 부디 훌륭하게 성인이 되어야 속죄받는 것이라 믿고 있습니다." 이후에 진우군과 어떻게 마주해 나갈지 가르쳐 주신 것 같은 생각이 들었다. 나아가 아버님은 "만약 진우군이 형기를 마치고 나올 수 있게 된다면, 우리 공장에서 맞이하고 싶다"라고도 말씀하셔서 이를 들은 기자가 전국지에 기사를 게재했다. 이후, ○○가에는 엄청난 협박이 매일 같이 날아 들어오게 되었다. "조선인에게 딸을 살해당한 네 놈은 정녕 야마토 혼을 지닌 일본인이 맞느냐? 죽어라"라는 협박이다. 그 후, 1년이 되기도 전에 아버님은 돌아가셨다. 이진우가 처형되기 전 해이다"(비실명 처리는 필자에 의함).

재판 후에 피해자의 부친이 이야기한 담화로서 "… 인간으로서 성장해 나갈 가능성이 있는 소년이라면, … 살아서 자신을 개선해 주는 것이야말로 딸의 명복을 진정으로 비는 것이 되겠지요 …"라는 발언이 신문에 보도되었을 때에는 유족들에게 여론의 공격이 쇄도하여 "비국민(非国民)! 정녕 너희는 조선인에게 딸을 욕보이고 죽임을 당한 일본인이 맞는가! 죽어라!"라 쓰여진 검은 테두리의 엽서가 송부되었습니다. 이 또한 언론이 "조선인에 의한 범죄"임을 강조한 것이 하나의 원인입니다.

범인에게뿐만 아니라 피해자와 유족에 대해서도 이러한 공격이 이루어졌습니다. 이와 같은 행동을 한 사람들이 성폭력이나 살인 피해에 진정으로 가슴 아파하였다고는 도저히 생각되지 않습니다. 자신의 폭력 충동을 해소하고 싶거나 피의자와 피해자를 폄하하여 우월감을 느끼고 싶다는 감정에 의한 행동이라고밖에 생각할 수 없습니다. 자신들의 감정을 드러내고 범죄의 피해자에게조차 공격을 가하는 행위, 이러한 행동이 인터넷 사회에서 더욱 증폭하고 있음을 우리는 통감할 수 있습니다.

구명탄원과 박수남과의 교류

앞서 언급했듯이 항소심 판결 즈음부터 오오카 쇼헤이 씨 등 많은 사람들이 이진우 소년의 구명탄원활동을 했습니다. 이진우 소년이 진심으로 회개하고 있는 점, 미성년자 범죄인 점 외에도 재일조선인 소년이 일으킨 사건이었던 점이 다양한 일본인을 움직이게 한 것입니다. 또한 다수의 재일조선인이 이 사건을 자신의 문제라고 여긴 것입니다.

"이진우 소년을 돕기 위한 부탁"(1960년 9월)이라는 성명문에는 다음과 같이 기재되어 있습니다.

"우리 일본인은 과거의 일본과 조선의 불행한 역사에서 눈을 가릴 수는 없습니다. 이진우 소년 사건은 이 불행한 역사와 깊은 연관이 있는 문제입니다. 이 사건을 통해 우리는 일본인과 조선인 간의 상처의 깊이를 알고, 일본인으로서의 책임에 대해 생각해 보고자 합니다. 따라서 이 사건의 심리에 대해서는 특별히 신중한 취급을 해 주셨으면 합니다."

1961년 2월 이후, 박수남 씨가 이진우와 편지를 주고받기 시작했습니다 [이후에 『이진우 전(全)서간집』(신인물왕래사, 1979년)으로 간행].

이진우 소년은 민족의식이라는 것을 가지고 있지 않았습니다. 일본에서 나고 자란 자신에게 조국이란 무엇을 의미하는지, 조국애란 무엇인지라며 솔직한 심정을 박수남 씨에게 토로합니다. 박수남 씨는 민족의식을 가지는 것과 조국을 아는 것의 소중함을 이야기합니다. "조국이라는 것을 상실한 채 성장하는 것은 매우 불행한 일입니다. 그것은 '조선인'으로서의 자신의 얼굴을 상실한 채 자라는 것과 같습니다."

이진우 소년은 점차 '조국'과 마주하게 됩니다.

"제가 조선인이기 때문에 제가 살아가는 것은 동시에 '조국을 위하는 것'이 되고 있는 것입니다. 저 스스로 살아 있다는 것은 동시에 조선인으로서 살아가는 것이 되기도 합니다." 그리고 자신의 이름을 '가네코 시즈오'에서 '이진우'라 칭하고 '진우'라 서명하는 것으로 변화해 나갑니다. "나는 자신을 '진우'라고 인정한 것이다. 나는 '시즈오'로 살아가기보다 '진우'로 죽는 자기자신을 자랑스럽게 생각한다"고 확언하게 되었습니다.

박수남 씨와의 편지 왕래로 조선인임을 강하게 의식하게 된 이진우 소년은 1962년 11월 16일에 교수형이 집행되었습니다. 집행 반년 전에 도착한 편지입니다.

"나는 막 22살이 되었다. 드디어 어떻게 살았어야 했는지 알게 되려고 합니다. 산다는 희망도 여지도 없지만 저는 지금 우리말 공부를 하고 싶습니다. 국어는 민족의 혈육이라고 생각합니다. 한 마디라도 살아 있는 동안에 익혀 나가고 싶습니다. 참고서를 보내 주세요."

이진우 소년의 사후, 박수남 씨에게 도착한 유서에는 "누나, 부디 슬퍼하지 말아 주세요. 저는 가네코 시즈오로서 죽는 것이 아니라 이진우로서 죽는 것입니다. 누나, 고마워요. 슬퍼하지 말아 주세요."라고 쓰여져 있었습니다. 자신을 배제하는 일본사회에 절망하고, 타인의 목숨을 앗은 이진우 소년은, 박수남 씨와의 교류를 통해 조선인으로서 살고 싶다는 의지를 강하게 지니게 되었으나, 사형으로 인해 최후를 맞이하게 된 것입니다.

이진우의 삶과 죽음

이진우 소년은 처형 3개월 전 박수남 씨에게 보내는 편지에서 자신이 유죄 판결을 받은 살해행위를 되돌아보며 다음과 같이 말했습니다.

"내가 그것을 한 것이었다. 그것을 생각하는 내가 그것을 한 나인 것이다. 그런데도 그녀들은 나로 인해 죽임을 당했다는 생각이 왜 이렇게 베일을 통해서만 느껴지는 것일까?"

피해자의 소유품이 자택에서 압수된 A씨의 사건과 달리, B씨의 사건은 이진우 소년과 살해를 연결지을 물증은 없었으며, 적어도 이 사건에 대해서는 무관하지 않을까라는 견해도 유력한데, 본인은 재판에서 유죄가 되는 것에 큰 저항을 하지는 않았습니다. 고마쓰가와 사건의 재판으로부터 사형 집행까지의 경위를 보면, 이진우 소년 자신이 모든 것을 받아들인 것처럼 보이기도 합니다. 그것은 자신의 죄를 죽음으로써 속죄하려는 것과는 다른 것이라는 생각을 지울 수가 없습니다.

한편 이진우 소년은 이러한 가치관에 이르게 됩니다.

"나는 살고 싶다. 나는 21살이다. 어떻게 살지, 살아야 했는지를 막 자각하기 시작했다. 누나가 말하는 것처럼, 우리 젊은이들에게 필요한 것은 민족의식이다. 문제는 많다. 그러나 가장 필요한 것은 민족의식인 것이다."

"나는 누나처럼 자유롭지 않다. 내 인생은 이미 한정되어 있다! 나에게는 어떻게 살 것인지의 여지는 없는 것이다. 나는 조선의 것을 읽을 때 항상 가슴에 고통을 느끼면서 그것을 읽는다. 내가 그들과 함께 살 수 없다는 것, 함께 손을 잡고 일할 수 없다는 것, 이것이 고통스럽다."

19세에 사형 판결을 받고 2년 남짓에 사형이 집행된 이진우 소년. 극빈의 환경에서 살기를 강요당한 재일코리안 모두가 범죄를 행하는 것은 아니고, 하물며 살인이라는 큰 죄를 범하는 사람은 거의 없습니다. 그럼에도 불구하고 이 소년의 범행을 개인의 성질에 의한 것이라 단정 지을 수는 없습니다. 성적이 좋았고 친구들로부터 신뢰를 받았던 밝은 성격이었고, 빈곤생활 중에서도 효성이 지극하고 성실한 생활을 하던 소년이, 왜 이러한 범죄를 범했는지를 명확화할 수는 없으나, 차별받으며 살 수밖에 없었던 조선인이 아니라면, 혹은 불합리한 차별을 받으면서도 조선인으로서의 긍지를 가질 수 있는 만남이 있었다면, 전혀 다른 인생을 살아갈 수도 있었던 것이 아닐까 하는 생각을 지울 수가 없습니다. 고마쓰가와 사건은 조국에서 태어난 재일코리안 1세와는 다른, 일본인이 될 수도 없는데 이 나라에서 살 것을 강요당한 재일코리안 2세 소년들의 공통된 삶의 모습이 강하게 느껴지는 사건이라고 할 수 있습니다.

《참고문헌(일본어)》

小笠原和彦, 『李珍宇の謎―なぜ犯行を認めたのか』, 三一書房, 一九八七年.
朴壽南編, 『李珍宇全書簡集』, 新人物往来社, 一九七九年.

《참고문헌(한국어)》

오가사하라 가즈히코, 『이진우의 수수께끼―왜 범행을 인정했는가』, 삼일서
　　　방, 1987.
박수남 편, 『이진우전서간집』, 신인물왕래사, 1979.

긴 류스케(金竜介)

스마타협곡(寸又峽) 사건—차별에 대한 '사전(私戰)'

스마타협곡 사건, 즉 김희로(金嬉老) 사건이란?

1968년 2월 20일 밤, 재일코리안 2세 김희로는 시즈오카(静岡)현 시미즈(清水)시(현 시즈오카시 시미즈구)의 카바레 '민쿠스(みんくす)'에서 소가(曽我) 등 두 명의 폭력단원을 사살한 후, 같은 날 심야, 남알프스 남부의 스마타협곡 온천가[현 카와네혼초(川根本町)]에 있던 여관 '후지미야(ふじみ屋)'의 여관 경영자와 그 가족 및 숙박객들 13명을 '인질'로 잡아 농성에 들어갔습니다.

김희로는 4일 후인 24일 오후 3시경 체포되었으나, 88시간에 걸쳐 경찰과 대치하는 동안 소총과 다이너마이트를 가지고 공공연히 자신이 과거에 받은 조선인에 대한 차별을 호소하였고, 시미즈 경찰서(이하 "시미즈서")의 고이즈미(小泉) 형사에 대하여 조선인을 멸시하는 폭언에 대해 사죄를 요구했습니다. 이러한 김희로의 행동은 취재하러 온 매스컴을 통해 전국적으로 보도되어 일본사회에 큰 충격과 영향을 미쳤습니다. 사건 직후부터 다수의 유명 문화인들이 사건의 의미에 대해 발언하였고, 김희로의 형사재판에 관여한 지식인들이 재일조선인의 '민족문제'를 제기하는 사회운동을 일으켰습니다. 이 밖에 TV 드라마·다큐멘터리·영화·연극·소설 등 다양한 장르에서도 거론되었고, 2000년 이후에도 관련 DVD의 발매,

TV 특집 프로그램의 방영, 잡지 보도, 인터넷상 언급이 이루어지는 등 사건에 대한 관심이 지속되고 있습니다.

김희로의 성장과정 및 피차별 체험

김희로는 1928년 11월 20일에 아버지 권명술(權命術), 어머니 박득숙(朴得淑)의 아들로서 시즈오카현 시미즈시에서 태어났습니다. 김희로에 따르면 아버지는 집에서 정한 결혼이 싫어서 일본으로 건너왔으며, 어머니와 사귀게 되어 결혼한 것으로 보입니다.

아버지는 시미즈항에서 목재 하역 공사에 대한 용역 파견을 하였고, 김희로 일가는 유복한 생활을 하였는데, 김희로가 3살 때 아버지가 떨어지는 목재에 가슴을 맞아 뜻밖의 죽음을 맞았습니다. 김희로는 아버지의 사망으로 행복했던 가족의 삶이 암울하게 바뀌었다고 말합니다. 어머니는 아이들을 데리고 처음에는 아버지의 친가에 들어갔으나 그 친가에서 나오게 됩니다. 김희로는 그 이유에 대해 어머니가 아버지의 호적에 들어가 있지 않았고, 아버지가 남긴 유산을 둘러싸고 아버지의 친족과 다툼이 있었다고 자서전에서 말하고 있습니다.

김희로의 가족은 어쩔 수 없이 시미즈진조(清水尋常) 초등학교 운동장에서 노숙생활을 하게 되었는데, 초등학생들이 김희로 가족을 두고 "조센진, 조센진"하며 놀렸습니다. 이후 어머니는 구입한 리어카에 어린 김희로를 태우고, 골판지와 고철 등을 모아 그것을 고물상에 팔아 생계를 꾸리게 되었는데, 일본인 아이들은 김희로와 어머니를 놀리기만 한 것이 아니라 돌까지 던졌습니다.

김희로는 입학한 초등학교에서도 견딜 수 없는 차별을 받게 됩니다. 시도 때도 없이 "조센진, 조센진"이라는 소리를 듣고, "조센진은 불쌍해. 왜

냐하면 지진 나서 집이 납작하게 짜부라졌거든. 야 조센진! 야만인!"이라며 다수의 동급생들에게 놀림을 당했습니다. 초등학교 3학년 때 동급생이 김희로의 도시락을 엎어 김희로와 상대방이 싸우게 되었는데, 담임 선생님은 싸움의 이유도 묻지 않고 김희로의 옆구리를 걷어찼습니다. 그 충격으로 똥을 지린 김희로는 모두에게 "구린 내, 냄새 나"라고 매도당하는 심한 차별을 받게 되어 등교를 거부하게 됩니다.

1933년에 어머니가 재혼을 합니다. 김희로의 성 '김'은 이 의붓아버지의 성에서 유래합니다. 김희로는 의붓아버지와의 사이가 좋지 않아서 10살에 집을 나와 친척이 운영하는 도쿄(東京) 긴시초(錦糸町)의 지갑공장에 견습생으로 가게 되는데, 오래 일하지 못하고 시미즈로 돌아옵니다. 12살 때에도 도쿄 아오야마(青山)의 야채가게에서 일하게 되었으나, 거기서도 주인집 아들이 "조센진은 더러우니까 저쪽으로 가"라고 말했고, 가게의 마늘을 먹어 버렸을 때 점주로부터 "이런 걸 생으로 먹으니까 네가 마늘 냄새 나는거야"라는 소리를 듣는 등 차별을 받았습니다. 그 후에도 김희로는 의붓아버지와의 갈등 때문에 집을 나와 일하러 나가서는 오래 하지 못하고 집으로 돌아왔다가 다시 집을 나가는 것을 반복했습니다. 견습 근무처였던 사탕가게·과자가게·가구점·인쇄점·세탁소·연탄공장 등에서 조선인 차별은 항상 꼬리표처럼 따라다녔다고 김희로는 자서전에서 말하고 있습니다.

경찰에 의한 굴욕, 경찰에 대한 증오

김희로는 12, 13세의 어느 날, 집을 뛰쳐나와 역 대합실 벤치에서 자고 있었는데, 경찰관에게 '불량소년'으로서 끌려가 얼굴이 바뀔 정도의 폭행을 당하고 유치장에 넣어졌습니다. 경찰은 김희로를 데리러 온 어머니에게 "너희 조선인은 일본 덕분에 제대로 된 생활을 할 수 있는 거니까 고맙게 생각해야 한다"며 조선인을 모욕하는 폭언을 내뱉었습니다.

13, 14세 무렵, 김희로는 "훌륭한 어른이 될 때까지는 집에 돌아가지 않겠다"며 가출하였고, 공복에 괴로워하면서 시모노세키(下関)와 히로시마(広島)를 방랑한 후, 나고야(名古屋)에 다다르게 됩니다. 짐 운반을 도와서 잔돈을 받아 입에 풀칠을 하고, 밤에는 역 대합실에서 자는 생활을 하고 있던 김희로는, 손목시계를 훔친 혐의로 경찰서에 연행되었고, 유도장에서 경관으로부터 메치기 기술로 여러 번 던져지는 등의 심한 폭행을 받은 후 소년원에 보내집니다. 김희로는 경찰관에게 폭행을 당했을 때 경찰에 대한 분명한 증오가 끓어오르기 시작했다고 말합니다. 김희로는 그 소년원에서 탈주하지만 공복 때문에 범한 도둑질로 체포되어 다시 소년원으로 보내집니다. 그 와중에 김희로는 일본의 패전을 맞이합니다. 이후에도 김희로는 경찰에 체포되어 감옥에 들어가는 것을 반복하지만, 그 과정에서 경찰의 조선인 차별을 여러 번 경험합니다.

김희로는 여관 '후지미야'에서 시미즈서 고이즈미 형사가 조선인을 멸시하는 폭언에 대한 사과를 요구했다고 앞서 소개하였는데, 그 폭언이 있었던 것은 1967년 7월의 일이었습니다. 김희로가 시미즈시 아사히초(旭町)의 번화가를 지나고 있는데, 현지 폭력단과 재일조선인 그룹이 다투고 있었습니다. 그 다툼 사이에 들어간 형사는 조선인 그룹에게 "네놈들 조선인은 일본에 와서는 문제만 일으키지!" "조선인은 조선으로 돌아가라"라며 재일조선인 그룹에게 일방적으로 호통을 하고, 경멸로 가득 찬 눈빛으로 노려보았습니다. 김희로는 재일조선인 그룹에 있던 사촌으로부터 그 형사의 이름이 '고이즈미'임을 듣게 됩니다. 분노를 느낀 김희로는 인근 고기집에서 시미즈서로 전화를 걸어 고이즈미 형사를 불러내었고, "아까 소란 중 옆을 지나던 사람인데, 아무리 경찰이어도 그런 말을 하면 안 되는 거 아닙니까?"라며 화를 누르고 항의했으나, 고이즈미 형사는 첫마디에 "이 새끼가 뭐라는 거야!"라고 말했고, "너희 조선인들은 그 정도 말을 들어 마땅하다"며 노골적으로 조선인을 모욕하는 폭언을 내뱉었습니다. 이에 격노한 김희로는 "이 문제를 반드시 큰 사회 문제로 만들어 보이겠다"고 소리를 질렀고, 고이즈미 형사는 "그래, 어디 한 번 해봐, 기대하고 있겠어"라며 우습다는 듯이 응대합니다.

김희로는 이 고이즈미 형사의 폭언에 대해 자서전에서 "내가 지금까지 받은 나 자신의, 아니 어머니와 누나, 여동생, 모든 가족 그리고 동포가 받아 온 모욕을 이미 생긴 상처에 새삼 소금을 문지르는 식으로 다시 생각나게 했다"고 말합니다. 그리고 김희로는 가지고 있던 총이나 다이너마이트로 경찰을 습격한 후 청산가리를 먹고 자살하자는 충동에 사로잡히게 되었다고 말합니다. 고이즈미 형사의 조선인을 모욕하는 폭언은, 김희로의 '후지미야 여관' 농성으로 이어집니다.

폭력단원 사살에서 '후지미야'에 이르기까지

김희로가 사살한 소가 등 두 명은 시미즈 등을 관할하던 이나가와구미(稲川組) 오이와(大岩)지부 소속 폭력단원이었습니다. 김희로는 어머니가 운영하고 있던 음식점 '마쓰야(松屋)'의 단골손님이었던 오카무라(岡村)에게 빚을 져서 약속어음을 맡겼었는데, 빚을 다 갚았음에도 불구하고 어음이 이나가와구미로 넘어가 버린 것입니다. 소가 등 7, 8명이 김희로에게 몰려와 김희로를 차 안에 가두고 억지로 이유도 없는 빚에 대한 증문(證文)을 쓰게 했습니다. 소가 등의 빚 독촉은 살벌하여, 김희로는 당시 교제하던 여성의 고향이었던 아오모리(青森)에 몸을 숨겼으나, 소가로부터 "네가 어디로 가든 이나가와 일가가 주시하고 있을 것이다"라는 협박 편지가 아오모리까지 날아옵니다. 벼랑 끝에 몰린 김희로는 소가와 '끝장'을 봐야겠다고 각오하고, 소총과 다이너마이트를 들고 시즈오카로 돌아와 1968년 2월 20일 카바레 '민쿠스'로 소가를 전화로 불러냅니다.

　김희로는 소가를 죽일 결심을 하였으나, 소가와 이야기하던 중 소가가 당분간은 봐주지 않을까? 라며 주저하게 됩니다. 그리하여 김희로는 돈이 나올 곳이 없어졌다고 소가에게 말합니다. 이에 격노한 소가는 "조선인 놈 주제에 까불지 마라!"라고 소리쳤습니다. 그 말을 들은 순간 김희로는 소가를 죽이겠다는 의지를 다졌으며, 가게 밖에 세워 두었던 차에서 소총을 꺼내 가게 안에서 소가에게 6발의 총탄을 발포하였고 소가는 즉사했습니다. 김희로는 소가가 데리고 온 부하에게도 발포했고, 부하는 병원에서 사망했습니다.

　'민쿠스'를 나온 김희로는 곧바로 차를 몰아 시미즈서로 향합니다. 김희로는 시미즈서에 쳐들어가 다이너마이트를 던져 폭파시키고 조선인에 대한 폭언을 내뱉은 고이즈미 형사와 함께 죽을 결심이었습니다. 그러나 김희로는 시미즈서에 다가갈수록 경찰 지프차가 갓길에 몇 대씩 세워져 있는 것을 보고 경찰에게 발각되지 않고 시미즈서에 도착할 수 없다고 생각하게 되었고, 정처 없이 산속으로 차를 몰다가 심야에 스마타협곡에 이르게 됩니다.

　김희로는 여관 '후지미야'에 틀어박혀 시미즈서에서 이루지 못했던 경찰과의 '전쟁'에 임하게 됩니다. 소총을 등에 맨 김희로는 현관의 미닫이문을 열고 "안녕하세요"라고 말하면서 안으로 들어가 일어나 있던 숙박객들에게 "실은 제가 지금 시미즈에서 폭력단과 문제를 일으켜 사람을 한 명 죽이고 왔다" "이제부터 꼭 경찰을 상대로 하고 싶은 일이 있는데, 당신들에게는 절대 해를 끼치지 않을테니 협조해 주었으면 한다"고 말하고, '후지미야'에 있던 숙박객, 여관 경영자 및 그 가족 13명 전원을 2층 '후지 방'

에 모이게 합니다. 김희로는 무릎을 꿇고 고개를 숙이며 그 13명에게 "관계도 없는 여러분에게 제가 왜 이런 일을 벌어야 하는지를 생각하면 죄송하게 생각한다. 죄송하다로 끝날 일은 아닐 것이다. 그 책임은 제가 스스로 목숨을 내놓고 사과하겠다. 다만, 죽기 전에 조선인이기 때문에 모욕을 가해 온 일본 경찰에게 마지막 사죄를 요구하고 싶다. 여러분에게 해를 끼치는 일은 절대로 하지 않을테니, 용서해 주세요"라고 호소했습니다.

농성 88시간

김희로는 '후지 방'에서 다다미 바리케이드를 치고 150개의 다이너마이트를 '인질들'에게 옮겨달라고 한 후 시미즈서에 전화를 걸어 "내가 소가를 죽인 사람이다. 지금 스마타협곡에 있다"고 전합니다. 다음 날인 2월 21일 아침 8시경, '후지미야'를 찾아 온 안면이 있던 오하시(大橋) 순사에게 김희로는 시미즈서의 고이즈미 형사가 자신에게뿐만 아니라 조선민족에게 사죄할 것, 살해된 소가들은 폭력단원이었고 '민쿠스' 사건의 원인이 소가의 악랄한 방식 때문이었음을 공표할 것이라는 두 가지 요구를 전달했습니다. 오하시 순사는 김희로의 요구를 상사에게 전달하겠다고 약속합니다.

김희로는, 오하시 순사에게 부탁하여 보내 달라고 한 NHK와 시즈오카 신문 기자에게 "자수는 하지 않겠다. 내 요구가 받아들여지면 소총으로 머리를 쏘아 자살하겠다. 내 요구는 경찰이 우리 조선인들에게 취해 온 태도에 대해 고이즈미 형사와 본부장을 비롯하여 관계자들이 TV를 통해 사죄를 하는 것이다"라고 전하여 조선인에 대한 민족차별을 호소했습니다.

이에 시미즈서의 고이즈미 형사가 같은 날 심야 11시 52분, NHK 지역 방송에 등장합니다. 그러나 고이즈미 형사의 발언은 "나는 조선인을 모욕한 기억이 없으나 만일 그러한 일이 있었다면 사과하겠다"는 것으로 김희로가 납득할 수 있는 내용이 전혀 아니었습니다. 시즈오카현경 본부장도 출연했으나, 김희로가 납득할 수 있는 구체적인 사죄가 없었던 점은 동일했습니다.

김희로는 그 다음 날인 22일, 현장을 찾아온 십여 명의 기자들의 기자회견 요청에 응하여 "내가 사람을 죽인 것은 달라지지 않으므로 그 책임을 다하는 방법으로서 자폭할 생각인데, 그러나 그 전에 예전에 자신을 조선인이라고 바보 취급한 시미즈서 고이즈미 형사가 사과해 줄 것을 요구한다"고 다시 전했습니다. 그리고 김희로를 설득하러 찾아온 안면이 있는 니시오(西尾) 순사부장들에게, 시미즈서 고이즈미 형사의 TV 방송을 봤는데, 구체적이지 않아서 나 이외의 사람들에게는 무엇을 사죄하고 있는지 알 수가 없다, 더 구체적으로 사과해 달라고 요청했습니다. 김희로는 23일, 다카마쓰(高松) 시즈오카현경 본부장에게 전화를 걸어 최종적으로 자살하려는 마음에는 변함이 없다고 하면서 "세상 사람들에게 역시 인종차별 같은 건 해서는 안 된다, 서로 손을 잡고 상호이해로 나아가야 한다, 인종차별 때문에 짓밟힌 마음의 인간들이 얼마나 많았는지 알아주었으면 하고, 일본 분들도 좀 더 이해와 따뜻한 눈으로 우리 조선 사람들과 접해 주셨으면 한다"고 호소하여 본부장과 고이즈미 형사의 구체적인 사죄를 요구했습니다.

한국민단 중앙본부단장·변호사·종교인·문화인 등 많은 사람들이 설득을 위해 '후지미야'에 찾아와 김희로와 대화를 나누지만 경찰에 대한 두 가지 요구가 실현되면 혼자 자살하겠다는 김희로의 결심에 변함은 없었습니다.

농성 4일째가 된 24일 오후 3시가 지나면서 김희로는 허리를 숙인 채 '후지미야' 현관 앞으로 나와 '인질' 중 한 명을 내보냅니다. 그때 현관 앞에 몰려 있던 보도진 속에 섞여 있던 7명의 형사가 일제히 김희로를 덮쳤습니다. 김희로는 입고 있던 점퍼 주머니에 넣어 두었던 청산가리를 입에 털어 넣으려 했으나 형사들이 오른팔을 잡아 바닥에 때려눕혔습니다. 쓰러진 김희로는 혀를 깨물고 죽으려 했으나 형사가 입에 손가락을 집어 넣는 등 하여 자살을 이룰 수가 없었습니다.

김희로 체포 후, 고이즈미 형사는 차별 발언에 대해 "누명"이라며 그 존재 자체를 부정했습니다. 시즈오카현경도 체포 전에는 다카마쓰 본부장이 "민족의 자긍심에 상처를 입히는 '조선인 바까야로(바보)' 발언에 대해서는 진심으로 죄송하게 생각한다"고 사죄하는 장면을 촬영하여 그것을 두 번에 걸쳐 TV에서 방영하였으나, 체포 후에는 "김희로 사건과 차별 문제는 무관하다"며 말을 바꿉니다. 이에 대해 김희로는 1975년 11월 최고재판소에서 무기징역이 확정될 때까지 형사재판 법정에서 민족 차별에 대한 '전쟁'을 계속하게 됩니다.

맺으며

김희로의 행동은 매스컴에 의해 널리 보도되어 일본사회에 강한 충격을 주었고, 김희로의 행동에 대한 공감을 호소하는 일본인도 나타나게 되었습니다. 문화인·변호사들 그룹은 '후지미야'에서 농성을 계속하는 김희로에 대해, NHK를 통해 다음과 같이 메세지를 보냈습니다.

"당신의 목소리는 우리에게 닿았습니다. … 이러한 형태로 보내진 당신의 목소리가 지닌 중대한 의미를 지금 밤새도록 계속 생각하고 있습니다. … 우리는 이번에 당신의 행동을 통해 일본인의 민족적 편견과 관련된 통렬한 고발을 알게 되었습니다.

우리는 만약 당신이 목숨을 잃게 된다 하여도, 당신이 계속 외치고 계시는 문제를 그 본질에 있어서 받아들이고 고민해야 한다고 생각합니다."

일본사회에서 재일조선인이 받고 있던 가혹한 차별에 대한 항의는, 김희로의 항의를 고이즈미 형사가 일축한 것처럼, 합법적인 방법으로는 거론조차 되는 일이 없었습니다. 조선인 차별에 대한 김희로의 '고발'은 '후지미야'에 있던 13명의 무관한 제3자를 감금하는 비합법적인 형태로 인해 아이러니하게도 널리 일본사회에 알려지게 된 것입니다.

그럼에도 불구하고 일본사회의 민족차별은 해결되지 않았습니다. 현재 외국인에 대한 혐오가 일본사회에 가득하다는 것은 본서에 소개된 다수의 사건에 나타나 있는 대로입니다. 전 요미우리 신문 기자인 혼다 야스하루(本田靖春)는, 김희로 사건에 대한 논픽션 '사전(私戰)'에서 이와 같이 기재합니다.

"인간을 인간답게 살지 못하게 하는 부정한 사회에 대한 문제의식은 대체 어디로 가 버린 것일까? … 그에게 속죄를 요구한 우리 사회가, 이후에 조금이라도 달라졌는가?"

다수의 재일코리안들이 김희로 사건의 형사재판에 나와 증언을 했습니다. 그중 한 명이었던 시인 김시종(金時鐘)은 경찰서에서 조사를 받았을 때 형사가 "먼지 같은 조선 놈"이라며 욕설을 퍼붓고 "도저히 듣고 있을 수 없는 벌레 취급"을 받았다며, 자신이 받은 이러한 혹독한 피차별 체험의 아픔 때문에 김희로 사건에 매우 공감했음을 법정에서 인정했습니다.

다른 한편 김시종은 "자신을 이렇게 만든 것은 외부만이 아니고 그것을 수동적으로 받아들인 자기 자신에게도 있다는 데까지 의식이 도달했으면 한다는 것이, 내가 조선에 다가가는 행위라고 생각한다"며, 차별에 대해 저항하는 수단으로서 범죄에 이른 것이 "진정한 조선에 도달하는 조선인이 되는 행동"이 아니라면서 엄히 김희로를 비판했습니다.

이 김시종은 후년에 차별 일반에 대해 다음과 같이 말하고도 있습니다.

"차별이 심하다고 하는 것은 본질적으로는 이런 것입니다. 차별 받는 것에 익숙해져 버리면 또는 차별이라는 인간 소외가 계속 이어지면 소외되는 사람은 스스로 자신을 돌아볼 여유를 잃어버립니다. 사면의 모든 사람들로부터 미움받는 사람이 되어 가는 것이지요. 용모와 차림도 미워지고, 말과 행동도 거칠어집니다. 차별이란 이러한 것입니다. 다시 말해 사람을 더러운 것으로 만들어 버리지요."

《참고문헌(일본어)》

金嬉老公判対策委員会編,『金嬉老の法廷陳述』, 三一書房、一九七〇年.

金嬉老,『われ生きたり』, 新潮社、一九九九年.

本田靖春,『私戦』, 河出文庫、二〇一二年.

鄭鎬碩,『金嬉老事件』のエコーグラフィー―メディア、暴力、シティズンシップ, 東京大学博士論文、二〇一四年.

《참고문헌(한국어)》

김희로 공판대책위원회 편,『김희로의 법정 진술』, 삼일서방, 1970년.

김희로,『나는 살았다』, 신조사, 1999년.

혼다 야스하루,『사전』, 가와데문고, 2012년.

정호석,『김희로 사건』의 에코그래피―미디어, 폭력, 시티즌십, 도쿄대학 박사논문, 2014년.

김봉식(金奉植)

제3장

전후에도 해결되지 않는 문제들

재일코리안 · 일본군 '위안부' 소송과
한국조선인 BC급 전범 소송

2개의 전후 보상 재판

재일코리안 · 일본군'위안부' 소송[송신도(宋神道) 씨], 한국조선인 BC급
전범 소송[이학래(李鶴来) 씨 등]이라는 2개의 재판은 모두 전후보상재판이
라 불리는 재판입니다. 일본의 전후보상책임, 즉 전후보상을 일본이 게을
리해 온 책임을 추궁하는 재판입니다.

전쟁 중 일본은 여러 국가와 그 나라의 국민에게 큰 손해를 끼쳤는데,
1945년에 전쟁이 끝난 후 일본이 충분한 배상이나 보상[1]을 하지 않은 채
방치한 피해자, 그중에서도 일본국적을 가지지 않는 외국인 피해자들이
있었습니다. 전후보상재판은 그 피해자들이 일본정부(정확하게는 일본국)에
게 배상이나 보상을 요구한 재판을 말합니다.

전쟁 중 '위안부'로서 구 일본군에 의해 '동원'된 피해자인 재일코리안 여
성 송신도 씨가 보상이나 사죄 등을 요구하며 제기한 소송이 재일코리안
일본군 '위안부' 소송입니다. 그리고 전쟁 중 군인·군속으로 일본군에 의

---

1   '배상'과 '보상'은 비슷한 의미의 용어이나, '배상'은 가해자에게 법적 책임이 있어서 지급하는
    금전, '보상'은 가해자에게 법적 책임이 있다고는 할 수 없으나 피해자를 구제하기 위하여 지급
    하는 금전으로 구분된다. 본항에서는 엄밀하게 구분하지 않고 '보상'이라는 말을 사용한다.

해 동원된 후, 일본의 적국이었던 연합국에 전범으로서 심판을 받아 사형이 되거나 형무소에 복역한 이학래 씨 등 한국조선인과 그 유족들이, 동원한 일본국의 책임을 물은 재판이 한국조선인 BC급 전범 소송입니다.

2개의 소송은 모두 1990년대에 제기되었는데, 결국 일본 법원은 둘 다 원고들을 패소시켰습니다. 재판으로는 패소한 후에도, 송신도 씨나 이학래 씨 등, 나아가 지원자들은 보상 등을 요구하며 운동을 계속하였는데, 결국 생전에는 보상 등을 받지 못한 채 송신도 씨는 2017년에, 이학래 씨는 2021년에 각각 사망했습니다. 그러나 지원자들은 지금도 운동을 계속하고 있습니다.

피해는 전후로 끝나지 않는다

두 소송은 제기된 지 벌써 30년 가까이 지났습니다. 1990년대 당시, 그리고 그 이후에도 일본에서는 이러한 소송들은 '전후보상재판'으로 이해되어 왔습니다. 그러한 시점은 지금도 물론 중요하나, 최근에는 한국조선인이 피해 보상을 요구한 이러한 재판에 대해 '전후보상재판'이라고만 생각해도 되는지, 그렇게 함으로써 놓치게 되는 관점이나 피해가 있는 것은 아닌지 라는 의문도 제기되고 있습니다.

그 이유는 '전후' 보상이라는 것은, '전쟁 중'의 피해를 제대로 보상하지 않았다, 다시 보상해야 한다는 것인데, 일본의 식민지였던 한국 조선이나 대만 피해자들의 경우 '전쟁 전'부터의 피해라는 관점이 필요하다는 의식이 있기 때문입니다.

여기서 문제가 되고 있는 일본이 일으킨 '전쟁' 자체의 시작을 언제로 보는가에 대하여 몇 개씩 거론할 수 있습니다. 영미와의 전쟁으로 본다면

1941년부터가 되지만, 중국과의 전쟁으로 본다면 1937년부터(중일전쟁)가 되고, 나아가 중국과의 만주사변부터라고 본다면 1931년부터가 됩니다. 1931년부터 전쟁은 계속되고 있었다는 사고방식으로 보면, 전쟁기간은 1931~1945년으로 '15년 전쟁'이 됩니다. 그러나 일본이 대만을 식민지로 삼은 것은 1895년, 조선을 식민지로 삼은 것은 1910년이기 때문에, 둘 다 1931년부터로 본다 해도 그 이전 사건입니다(반대로 말하자면 이러한 식민지화는 청일전쟁, 러일전쟁에 의한 것이었는데, 문제가 되고 있는 '전쟁'에는 이 전쟁들과 그 이전의 전란, 전쟁은 포함되어 있지 않다고 볼 수도 있습니다).

　일본정부와 일본군이 '위안부'나 군인 · 군속(이 책 88면 참조)으로서 수많은 조선인을 전쟁 중에 '동원'한 것은 오로지 일본측의 필요에 의한 것이었습니다. 일본은 일본측의 필요를 위해 '국책'(국가 총동원 정책 · 계획)으로서 '위안부'나 군인 · 군속의 '동원'을 실행했습니다. 특히 '위안부' 피해자의 경우 폭력적인 납치, 폭행에 의한 연행도 있었는데, 속이거나 달콤한 말로 피해자들을 '동원'한 예도 많이 있었습니다.

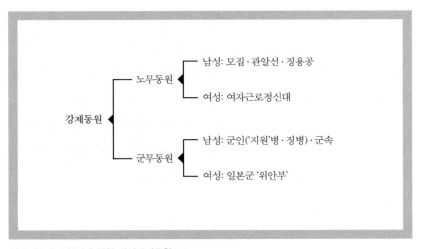

일본정부가 조선인에 행한 전시강제동원

일본은 '위안부' 피해자에 대한 '동원'[2]을 '국책'으로서 조직적으로 실행했습니다. 군인·군속으로 조선인을 동원할 경우, 일본은 동원에 필요한 법령을 제정하는 등 하여 동원을 실시했습니다.

식민지 (지배) 책임이라는 사고방식

납치는 폭력적이었지만 사기나 법령에 의한 동원은 폭력적이지 않았다는 견해도 있습니다. 그러나 모두 일본측의 필요에 따라 일방적으로 조선인을 동원한 점에서는 다르지 않다는 점에 유의해야 할 것입니다. 그리고 일본이 일본 측 필요에 따라 일방적으로 수많은 조선인들을 동원할 수 있었던 것은, 일본의 식민지 체제가 존재했기 때문이었습니다. 반대로 말하면, 식민지 체제란 종주국(여기서는 일본)의 사정이나 필요를 우선시하고, 식민지배 하의 사람들(여기서는 조선인)의 권리를 뒤로 밀리게 하는 체제였던 것입니다.

위에서 "그중에서도 일본국적을 가지지 않는 외국인 피해자들이 있었다"고 했습니다. 다만 정확하게 말하자면, 일본정부는 예를 들어 한국조선인에 대해서는 1910~1952년까지 일본국적을 가지고 있는 것으로 취급하였습니다. 1910년의 식민지화에 따라 강제적으로 일본국적을 부여하고, 그 일본국적을 일본의 법령이나 일본군의 명령 등에 한국조선인이 복종해야 할 근거로 삼았던 것입니다. 그러므로 한국조선인 피해자들을 "일본국적을 가지지 않은 외국인"이라고만 보는 것은 식민지화의 역사를 간과하는 것으로 이어지게 됩니다.

2　여기서 '동원'이라고 인용부호를 붙여 표기한 것은 납치나 속임수 등에 의해 연행된 것까지 '동원'이라 하기에는 위화감이 있기 때문이다. 다만 국책으로서 조직적으로 실행한 것인 이상, 넓은 의미에서 '동원'이라 할 수 있을 것으로 생각된다.

이상과 같은 것을 의식하게 되자 '전후' 보상이라고 칭하게 되면 전쟁 중의 피해에만 눈이 가고, 전쟁 전부터의 피해, 전쟁 전부터의 식민지 체제라는 문제점에 눈을 돌리기 힘들어지지 않을까, 라는 것을 의식하게 되었습니다. 이러한 생각을 가진 사람들은 "전쟁책임" "전후보상책임"과는 별도로 "식민지 책임" "식민지 지배 책임"이라는 용어도 사용하게 됩니다.

이상과 같이 피해의 원인은 전쟁 전에도 존재하였는데, 피해가 직접적으로는 "전쟁 중"에 발생하였고, 그 전쟁 중 피해를 일본 측이 방치해 왔다는 시점도 물론 여전히 중요합니다.

일본에 의한 전후 배상과 미국의 영향

일본이 연합국 점령에서 벗어나 일본의 주권을 회복하기 위한 강화조약에는 전쟁 중에 일본이 끼친 손해에 대한 배상청구권을 피해국이 포기한다는 조항이 미국의 강력한 설득에 힘입어 포함되었습니다(1951년 9월에 조인된 샌프란시스코 강화조약 14조). 이 강화조약의 효력 발생은 이듬해인 1952년 4월 28일로, 이날이 연합국에 의한 전후 점령에서 일본이 독립을 회복한 날이라 일컬어지고 있습니다.

다만 전쟁 중 일본에게 점령당한 필리핀과 남베트남은 미국의 설득에도 불구하고 배상청구권을 포기하지 않았고, 중국·대한민국(이하 '한국')·조선민주주의인민공화국(이하 '북한')은 애초에 회의에 초대받지도 않았습니다. 결국 일본은 필리핀, 남베트남 등과 개별 협상을 하여 배상을 했습니다.

일본은 한국과도 강화조약과는 별도로 협상을 했습니다. 다만 일본은 한국을 일본의 전쟁 상대국으로 인정하지는 않았습니다. 일본의 식민지로서 일본의 일부였다는 이유에서입니다. 전쟁의 상대국으로 인정하지 않는 이상, 전쟁으로 인한 손해를 생각할 여지가 없다는 것이 일본의 견해였습니다. 한편 한국 측은 일본에 의한 식민지화와 이후의 식민지 지배 자체가 불법이라는 견해였습니다.

결국 일본과 한국은 10년 이상 협상이 난항을 겪은 후 1965년 「일본과 대한민국 간의 기본관계에 관한 조약」('한일조약')에서 식민지 지배의 합법성 문제를 미루어 둔 채 일본이 한국에게 경제협력을 하는 것으로 결착되었습니다. 결착되었다고는 하나, 식민지 지배의 합법성이라는 근본적인 문제를 미루어 둔 채로 '애매한 결착'이었다고 할 수 있습니다(이 책 99면 참조). 그래도 어떻게든 '결착'된 것은 아시아 서방 진영의 결속을 중시하는 미국 정부의 강력한 설득이 있었기 때문이라고 합니다.

결착 시 일본은 한국 측에 경제협력을 하게 되었는데, 이는 일본의 책임을 인정한 "배상"이 아니라는 것이 일본 측 견해였습니다. 또한 중국과는 1972년의 중일공동성명으로 중국이 배상청구권을 '포기'하였고(이 책 105면 이하 참조), 한편 이후 일본은 중국에 경제협력을 실시했습니다. 북한과는 국교가 수립되어 있지 않기 때문에 아직도 결착이 이루어지지 않았습니다.

그러나 일본이 한 배상, 경제협력은 금액 자체가 충분하지 않았던 부분이 있고, 이 아시아 국가들은 대부분 미국의 지원을 받은 반공독재정권이었습니다. 정권은 일본의 돈을 자신들의 정책을 위해 사용해 버렸고, 충분한 배상이 피해자 개인에게 도달하지 못한 예가 많았습니다. 게다가 독재 정치였기 때문에, 각국의 국민이 이러한 정권의 방식에 반대의 목소리를 내기가 어려웠습니다.

재일한국인 일본군 '위안부' 소송

일본군 '위안부'란?

재일코리안 송신도 씨가 제기한 소송은 "재일한국인·일본군 '위안부' 소송"이라 불리고 있습니다. 1993년에 제소되어 이후 최고재판소까지 다투어졌으나, 2003년에 상고가 기각되어 결국 소송으로서는 패소라는 형태로 종결되었습니다.

일본군 '위안부'란 일본군이 설치한 시설(위안소)에 납치당하거나 속아서 연행되어, 성적 행위를 강요당한 여성을 말합니다. 송신도 씨가 이 재판에서 호소한 것은, 송신도 씨가 1938년부터 1945년까지 약 7년 동안에 걸쳐 성적 행위를 강요당했다는 점, 그리고 그것은 일본군이 조직적으로 관여하였던 성 노예의 강요였다는 것이었습니다. 이러한 입장에서 '위안부'라는 용어 자체가 군측 관점에 의한 것이라며, '전시·성폭력' '일본군·성 노예 제도'의 피해자, '서바이버(피해에서 살아남은 사람)' 등의 말을 사용해야 한다고 주장하는 사람도 있습니다. 또한 송신도 씨의 제소 당시에는 "재일한국인 종군 '위안부' 소송"이라 불리기도 하였는데, '종군'이라고 하면 '위안부' 피해자들이 자발적으로 일본군을 따랐다는 뜻으로 해석될 수 있어 오해를 초래할 우려도 있기에, 여기서는 "재일한국인·일본군 '위안부' 소송"이라 칭하고 있습니다.

송신도 씨의 가혹한 피해

송신도 씨는 1922년생으로, 16세 때 부모가 10세 이상 위인 남성과의 결혼을 강요하여 그것이 싫어서 도망쳤고, 인근 마을에서 아이들을 돌보며 생계를 꾸렸습니다. 이듬해 40대 정도의 조선인 여성의 "결혼따위 하지 않아도 전쟁터에 나가서 일을 하면 돈을 벌며 혼자 살아갈 수 있다"는 말

재판의 보고집회에서 이야기하는 송신도 씨

을 듣고 '위안부' 일이라고는 알지 못한 채 전쟁터로 가는 것을 승낙했습니다. 그리하여 모집된 수많은 여성들과 함께 멀리 중국 무한(武漢)까지 연행되었고, 거기서 처음으로 '위안부'의 일임을 알고 울면서 저항했으나, 군의관에 의한 성병 검사를 받은 후 일본 군인을 상대하지 않을 수 없게 되었습니다.

너무 싫어서 도망가려고 하면 그때마다 잡혀 와 때리고 발로 차는 등의 폭행을 거듭 당하였고, 송신도 씨는 그러한 와중에 오른쪽 청력을 잃게 되었습니다. 군인이 위안소로 오는 시간대는, 병사가 아침부터 저녁까지, 하사관이 저녁부터 오후 9시까지, 장교가 그 이후로 정해져 있었으며, 하루에 수십 명을 상대하게 되는 경우도 있었습니다.

군인들의 피임구 사용이 의무화되어 있었으나, 사용하지 않는 자도 있었기 때문에, 성병에 걸리거나 임신하는 '위안부'도 있었습니다. 송신도 씨는 두 번 임신을 했고, 첫번째는 조산이어서 사산했습니다. 이후 1941

년경에도 임신했었는데, 무한 위안소에서 쫓겨나 다른 위안소로 연행되어 갔습니다. 거기서 출산했으나 스스로 키우는 것은 불가능했기에, 그 아이의 양육을 포기하고 양자로 보냈습니다.

송신도 씨는 이후, 중국 각지의 위안소를 전전하였고, 이는 일본이 패전한 1945년까지 계속되었습니다. 일본군은 패전 시에 송신도 씨 등 '위안부'를 방치하여 송신도 씨는 자력으로 귀환할 수밖에 없었습니다. 송신도 씨는 일본 병사였던 일본인 남성의 지원을 받아 일본으로 귀환하였고, 이후에도 일본에 거주하였습니다.

국책으로서의 '위안부' 제도

'위안부' 제도는 일본군이라는 국가 기관이 조직적으로 입안·실행한 제도입니다. 일본군은 일본제국의 중추기관이었으므로 '위안부' 제도는 일본제국이 '국책'으로서 입안하고 실행한 제도라고 말할 수 있습니다. 일본군은 '위안부'를 모집하여 일본군 군인들의 성행위 상대를 시키기로 결정했습니다. 이로 인해 많은 '위안부'를 조직적으로 모집할 필요가 발생했습니다. 위안소는 일본군이 설치한 시설이었고, '위안부'를 모집하여 수송하고 관리하는 것이 국책으로서 실시되었습니다. 앞에서 본 바와 같이 '위안부'의 성병 예방 검진 등을 일본군 군의관에게 실시하도록 하거나, 이용규정을 정하는 등 일본군은 조직적으로 관여했습니다. 특히 조선인 여성에 대해서는 '위안부'라는 '일'의 내용을 사전에 알려 주고 '위안부'에 자발적으로 응모하도록 하는 것이 아니라, 일의 내용에 대해 속이거나 감언으로 조선에서 멀리 떨어진 외국 등에 있는 위안소로 데리고 가는 예가 많았습니다. 여성의 연행에 대해 일본 정부의 관헌이 직접 가담하는 예도 있었습니다. 여성들이 위안소에서 자발적으로 퇴거하는 것은 불가능했습니다.

'동원'된 '위안부'[3]의 수는 2만 명에서 40만 명 사이 정도이며, 여러 설이 있습니다. 전체 수를 알 수 있는 일본 정부의 자료는 현재 없습니다. 따라서 위 숫자는 추정입니다. 국책으로서 동원했으면서 전체 수도 확정할 수 없다는 것 자체가, '동원'한 여성들의 권리를 일본정부·일본군이 업신여기고 있었음을 단적으로 나타내고 있다고 볼 수 있습니다.

'동원'된 '위안부' 중 조선인 여성이 어느 정도 비율을 차지하였는지에 대해서는, 조선인 '위안부'는 많았으나 절대 다수를 차지할 정도는 아니었다, 일본인 '위안부'도 많지 않았을까 라는 등 이 또한 추정에 머물고 있는데, 다만 당시의 일본 인구비(일본 내지 7000만 명, 조선 2000만 명)에 비추어 볼 때 '위안부'에서 조선인 여성이 차지하는 비율이 높았다는 것만은 확실히 말할 수 있으며, 이는 식민지 체제하에 조선인의 권리가 구조적으로 멸시당하고 있었음을 나타내는 것이라고도 할 수 있습니다.

'위안부' 피해자에 의한 재판

송신도 씨와 같이 일본의 식민지·점령지하에서 당시 '위안부'라 불리던 분들이 1990년대에 잇따라 소송을 제기했습니다. 이는 1980년대가 되어, 필리핀, 대만, 한국에서 정치의 민주화가 진행된 것과도 관련되어 있습니다. 일본군 '위안부'에 관한 소송은 1991년에 제소된 한국에 사는 한국인 피해자의 재판이 최초였으며, 이후 한국 부산, 필리핀, 송신도 씨(재일), 네덜란드, 중국, 대만의 '위안부' 출신 피해자들이 소송을 제기했습니다. 그러나 결국 일련의 '위안부' 소송에서 승소 판결은 관부 사건(関釜事件) 1심 판결[4]뿐입니다.

이러한 재판에서 법원이 피해자의 피해나 일본군의 조직적인 관여를 적극적으로 부정한 것은 아닙니다. 예를 들어 법원은 송신도 씨가 '위안부'를

3　조선인 '위안부'뿐만 아니라 일본인 '위안부' 등도 포함한다.

4　일부 승소. 야마구치(山口)지방재판소 시모노세키(下関) 지부, 1998년 4월 27일.

강요받고 심각한 피해를 받은 사실이 있었음을 인정했습니다. 그럼에도 불구하고, 왜 거의 모든 재판에서 패소했느냐 하면, 그 이유로서는 크게 ① 국가 무책임 원칙, ② 시효·제척기간이라는 2개의 논리가 있었습니다.

① 은 일본의 전쟁 전 법률에서는 국가(=정부)가 행한 행위에 대해서는 손해배상 청구를 할 수 없게 되어 있었다는 것입니다. 다만 이후의 판례에서는 이 논리를 부정하는 사례도 나타났습니다.

② 는 송신도 씨들이 너무 늦게 소송을 제기했다는 것입니다. 송신도 씨가 소송을 제기한 것은 일본의 패전(1945년)으로부터 40년 이상이나 경과한, 송신도 씨도 70세를 넘은 1993년이었습니다. 법원은 "한일조약이 체결된 1965년부터 20년 후인 85년 사이에 제소해야 했다"(도쿄고등재판소)는 식으로 송신도 씨의 주장을 배척했습니다.

그러나 송신도 씨 등 재판의 제소까지 40년 이상이나 걸린 데에는 이유가 있기 때문에, 애초 이러한 논리는 피해자 송신도 씨 등에게는 혹독한 결론입니다. 우선 앞서 언급했듯이 아시아 국가들에서는 독재정권이 진행하는 정책에 반대하여 피해자 본인에게 배상금을 지급하도록 주장하는 것은 어려웠습니다. 무엇보다 재일코리안인 송신도 씨에게는 이것은 들어맞지 않는 것입니다만, 더 중요하다고 생각되는 것은 일본사회에서는 1980년대경까지는 스스로의 가해 책임을 문제 삼는 사고방식이 희박했다는 사실입니다. 그때까지는 전쟁 피해라고 하면 주로 일본인의 피해 쪽에 의식이 집중되어 있었다고 할 수 있었습니다. 또한 피해가 성적인 것이었기 때문에, 일본사회뿐만 아니라 재일코리안들 대부분도 피해자인 '위안부'들을 진지하게 지원하려는 자세가 부족했던 점이 있었던 것으로 생각됩니다.

'위안부' 소송은 상기와 같이 일본 국내 재판으로서는 2003년 패소로 종결되었습니다. 그러나 일본 국내 '위안부' 소송은 예를 들어 현대의 보스

니아나 아프리카 분쟁에서의 여성에 대한 조직적인 가해와의 공통점이 의식되는 등, '여성에 대한 전시 성폭력'이라는 관점에서 세계적으로 선구적 위치에 있다고 평가할 수 있을 것입니다.

송신도 씨 소송 이후의 '위안부' 문제 상황

송신도 씨는 2017년에 사망하였으나, '위안부' 문제는 송신도 씨 소송의 종결로부터 20년 가까이 지난 현재도 일본 국내에서, 또한 한국 등 근린국과의 사이에서, 그리고 세계적인 '전시 성폭력' 사안으로서 미해결된 큰 문제로 남아 있습니다.

1993년에는 일본정부는 '위안부' 피해를 일본이 발생시킨 것을 인정하는 고노(河野) 관방장관 담화를 발표했습니다. 그러나 고노 담화에 대한 일본 국내의 반발은 지금도 끈질기게 존재합니다.

1995년에는 '여성을 위한 아시아평화국민기금'(소위 '아시아 여성기금')이 일본정부의 결정에 따라 설립되었습니다. 이 기금에서는 '보상금'과 일본 총리명으로 된 '사과 편지'를 '위안부' 피해자들에게 전달하고 의료복지 지원을 했습니다. 그러나 '위안부' 출신 여성들을 지원하는 여러 단체들은 이 기금에 반대했습니다. 국책으로 실행한 이상, 일본은 국가로서 사죄하고 법적인 배상금으로서 지급을 해야 마땅한데, 이 기금은 '속임수' 기금이라는 것입니다. 다시 말해 이 기금을 일본정부가 만든 것이라고 해도 어디까지나 민간의 기금이라고 말하는 일본정부의 자리매김 때문이었습니다. 일본정부로서의 공식 사과와 배상을 회피하기 위한 '속임수' 기금이라는 것입니다.

2007년에는 각국 의회가 '위안부'에 관한 결의를 했습니다. 예를 들어 미국 연방 하원은 "일본군이 성노예제도를 강제한 것에 대해 명확하고 애매함이 없는 형태로 역사적 책임을 정식으로 인정하고, 사죄하고, 받아들여야 한다"고 결의했습니다.

2015년, 한일 양 정부는 '위안부 문제'에 대해 합의했습니다. 이 합의에서는 일본 측이 10억 엔을 지불하는 것 등이 합의되었는데, 이 10억 엔이 배상인지 아닌지 등을 둘러싸고 합의 후에 다시 분규가 있었고, 이후 사실상 계속 보류 상태에 있습니다.

BC급 전범 소송

BC급 전범이란

BC급 전범(전쟁 범죄인)이 된 이학래 씨가 스가모 형무소[5]로부터 석방된 것은 패전 후 11년이 지난 1956년 10월의 일이었습니다. 이학래 씨는 17세였던 1942년 여름에 일본군 군속[6]인 포로 감시원으로 반(半)강제적으로 응모하여 이후 태면(泰緬)철도(타이-버마 간 철도)의 부설 공사에서 포로 감시 임무를 맡게 됩니다. 이때 일본군은 포로에 관한 대우를 정한 제네바 조약에 대해서 이학래 씨에게 알리지 않았습니다.

태면철도 부설 공사는 영화 〈콰이강의 다리〉(1957년)로도 유명한 것처럼, 포로 또는 포로 이외의 아시아인 노동자들에 대한 가혹한 노동의 강제로 알려져 있으며, 조악한 의식주, 의약품의 결핍이라는 열악한 환경으로 인해 다수의 포로와 노동자들이 사망했습니다. 그 때문에 패전 후 포로 학대 등의 전쟁범죄가 행해졌다는 이유로 현장의 많은 포로 감시원들이 BC급 전범으로 소추되었습니다. 전범은 A, B, C로 구분되었으며, 각각 대상이 된 혐의를 나타내는 것입니다. 따라서 ABC 순서는 죄의 무게를 의미

---

5 스가모(巣鴨) 형무소. 제2차 대전 후에 전범들이 수용되었다. 현 이케부쿠로(池袋) 선샤인시티 자리에 있었다.

6 군대 소속이지만 군인이 아닌 사람. 문관이나 여러 작업에 종사하는 사람을 말한다.

하는 것은 아니지만, A급 전범이 된 것이 일본군이나 정부의 고위 지도자였던 반면, BC급에는 포로 감시원과 같은 하급 군인과 군속도 포함되었습니다. 그리고 포로 감시원으로는 일본 식민지였던 조선과 대만 청년들도 종사하고 있었습니다. BC급 전범이 된 조선인은 148명, 그중 23명은 처형되었습니다.

상황이 좋을 때는 일본인, 상황이 안 좋으면 조선인

이학래 씨도 병든 포로를 무리하게 노동시킨 점 등을 이유로 전범으로서 호주군에 체포되어 이후 기소장을 수령했습니다. 다만 그 기소장이 일단 기각되어 석방되었기에, 이학래 씨는 일본으로 향했습니다. 그러나 도중 홍콩에서 1947년 1월 19일 다시 구속되어 싱가포르로 보내졌습니다. 그리고 같은 해 3월 10일에 기소되어 3월 18일과 20일에 재판을 받고, 이 20일 재판에서 사형 판결을 받았습니다. 다만 같은 해 11월에는 감형되어 구금 20년 형이 되었습니다.

이학래 씨는 일본의 독립 회복 4년 후인 1956년에 석방되었는데, 일본은 불합리한 대우를 했습니다. 이학래 씨 등을 한편으로는 "지금은 일본인은 아니지만 예전에는 일본인이었으니까" 하면서 계속 복역시켰으면서, 다른 한편으로는 "예전에는 일본인이었지만 지금은 일본인이 아니니까"라며 지원 등의 대상에서 제외한 것입니다.

앞서 언급한 바와 같이 1910년의 한국 병합(식민지화)으로 인해 한국 조선인은 일방적으로 일본국적이 되었는데, 1952년 4월 28일의 일본 독립(샌프란시스코 강화조약의 효력 발생) 시 일본 정부는 또다시 일방적으로 이번에는 구 식민지 주민인 한국 조선인, 대만인의 일본국적을 박탈[7]했습니다. 샌

---

7   법무부(현 법무성) 민사국 1952년 4월 19일자 민사국장 통달. 이 책 36면 참조.

프란시스코 강화조약이 발효한 4월 28일부터 한국 조선인 등은 일본국적을 '상실'하였다, 일본국적을 '이탈'했다는 등의 단어를 일본정부는 사용하고 있는데, 그게 아니라 일본정부가 일본국적을 '박탈'한 것입니다.

그런데 강화조약에는 독립 회복 후에도 일본국민인 전범에 대해 일본정부가 계속 형을 집행할 것을 약속하는 조항이 들어 있었습니다. 따라서 복역 중이던 한국 조선인 BC급 전범들은 옥중에서 석방 청구소송을 제기했습니다(1952년 6월). 일본의 독립 회복으로 일본국적이 박탈된 이상, 이제 '일본국민'이 아니라는 이유에서입니다. 그러나 일본 대법원은 "형이 내려졌을 때에는 일본인이었으니까"라는 이유로 청구를 기각했습니다(동년 7월). 그리하여 이학래 씨 등은 '일본인'으로서 계속 복역해야 했습니다. 그러나 한편으로 일본정부는 일본군 군속으로서 지원 등을 받을 수 있는 것은 일본국적을 현재 가지고 있는 사람만이라며, 이학래 씨 등에 대한 지원 등은 거부했습니다.

일본정부(및 국회)는 일본군 군인·군속과 그 유족들에게 독립 회복 2일 후인 1952년 4월 30일에 작성한 「전상병자 전몰자 유족 등 원호법」에 따른 연금이나, 군인은급제도에 따른 은급 등을 지급해 왔습니다. 이렇게 지급된 총액은 약 60조 엔에 달한다고 합니다. 이학래 씨 등도 일본군 군속으로 동원된 것이니 당연히 지원 등의 대상이 되어야 했습니다. 그러나 일본정부는 이학래 씨 등에 대해서는 일본국적이 없는 것을 이유로 지원 등의 대상에서 제외했습니다. 일본측은 일방적으로 강요한 일본국적이 있는 것을 이유로 일본군 군속으로서 이학래 씨 등을 차출하여 형이 내려졌을 때에는 일본국민이었다면서 석방을 거부한 반면, 이번에는 강제적으로 일본국적을 박탈한 후 일본국적이 없는 것을 이유로 지원 등을 거부한 것입니다.

일본정부와 일본군이 군인(병사), 군속으로 동원한 조선인은 확정적인 숫자는 아니지만 40만 명 정도라고 합니다. '위안부'와 동일하게 국책으로서의 동원이었습니다. 그럼에도 불구하고 일본은 지원 등의 대상은 일본인만으로 한정하여 구 식민지 주민(한국 조선인, 대만인)을 대상에서 제외한 것입니다.

이학래 씨 등에 의한 보상운동과 재판

구 일본군 군인, 군속으로 BC급 전범이 된 한국인들은, 긴 식민지 지배로부터 드디어 독립을 이뤄낸 한국에서는 전후에 배신자로 보는 분위기가 있었습니다. 명예가 회복되고 강제동원 피해자였음을 한국정부가 이를 인정한 것은 2000년 이후였습니다. 일본 형무소를 출소한 한국인 BC급 전범들은 생활비 지원도 받지 못한 채 형무소에서 방출되어, 생활고로 자살을 한 사람도 있었습니다.

이학래 씨 등은 이후 일본정부와 일본 국회의원들에게 한국 조선인 BC급 전범에 대한 보상을 요구해 왔습니다. 그러나 여전히 보상은 전혀 실현되지 않았습니다. 일본정부는 앞서 언급한 바와 같이 1952년에 일본국적을 상실했기 때문이라며 보상을 거부했는데, 1965년에 한일청구권협정이 체결되자 이 협정에서 "완전히 최종적으로 해결"했다는 것을 거부의 이유로 삼았습니다(이 책 95면 참조). 이유가 바뀌어도 거부한 것은 동일했습니다.

이학래 씨의 석방으로부터 30년 이상이 경과한 1991년, 이학래 씨나 사형된 분들의 유족들이 보상과 사죄 등을 요구하면서 일본국에 대해 소송을 제기하였고(제소는 도쿄지방재판소), 이후 최고재판소에서까지 다투었습니다. 이것이 여기서 말하는 BC급 전범 소송입니다. 그러나 이학래 씨 등은 1999년에 패소가 확정되어 소송은 종결되었습니다. 이학래 씨 등은 일본정부가 "이학래 씨 등에게 보상을 할 근거가 되는 법률이 없으니 보상할 수 없다"고 해서 "그렇다면 법률이 없어도 일본 법원은 '조리'(=상식)에 따라 보상을 명해야 한다"고 주장하였고, 나아가 "근거가 되는 법률이 없다면, 애초에 일본 국회는 법률을 만들어야 하는 게 아닌가? 그러한 법률을 만들 의무(입법의무)가 일본 국회에는 있을 것이니, 그러한 의무를 이행하지 않는 것은 위법이라고 확인하는 판결을 요구한다"고 주장했습니다. 그러나 법원은 전쟁과 같은 국가의 존망과 관련된 비상사태에서의 피해에 대해서는 국민이 똑같이 수인(受忍)해야 한다, 또한 그러한 피해에 대해 보상을 할지 여부는 국회의 재량에 맡겨져 있다는 식으로 이학래 씨 등의 주장을 배척했습니다. 국회의 재량에 맡겨져 있다는 것은, 피해를 보상하여 피해자를 구제하는 것도 국회의 자유이고, 구제하지 않는 것도 국회의 자유, 누구를 얼마나 구제할지도 국회의 자유, 그 국회가 구제를 안 했으니 법원은 아무 말도 할 수 없다는 것입니다.

그러나 '국민이 똑같이 수인'한다는 것도 이학래 씨 등은 현재 '국민'이 아닌 것으로 되어 있으니, 일본인에게는 총액 60조 엔이 지급되었는데 이학래 씨 등은 0엔이라는 것은 설사 누구를 지원하고 누구에게 보상할지는 국회의 재량이라고 해도 불공평함이 과도하다고 그 부당성·차별성을 문제로 삼은 것이 이 재판이었던 것입니다. 법원의 이러한 그럴듯하게 갖다 붙인 이유는 이학래 씨 등에게는 궤변으로 느껴졌을 것입니다.

법원에서 일본정부와 국회로 넘어간 공

일본정부와 일본국회가 움직이지 않아서 제기한 소송인데, 법원은 국회의 재량을 이유로 구제를 거부했습니다. 결국 공은 법원에서 다시 일본정부와 국회로 넘겨졌습니다.

이학래 씨 등 소송의 2심 고등재판소 판결도 그랬지만 전후보상 재판에서 일부 법원들이 원고를 패소시키면서도 보상을 위한 새로운 법률을 만들 필요성에 대해 언급을 했습니다. 이학래 씨 등이 패소한 후인 2000년

6월에는 「평화조약 국적 이탈자 등인 전몰자 유족 등에 대한 조위금 등의 지급에 관한 법률」이 만들어졌습니다. 그러나 이러한 법률에 의한 조위금 등[8]의 금액은 일본인 군인과 군속에 대한 연금[9] 등보다 훨씬 소액이며, 또한 대상이 전사자 유족과 중증 전상병자에 한정되어 있었습니다. 이학래 씨나 일본군 '위안부', 강제동원에 의한 강제노동('징용공' 등)의 피해자들은 대상에 포함되어 있지 않습니다.

국제인권조약 관계에서는 이학래 씨 등과 유사한 경우로 전 프랑스군 병사 세네갈인 게이에 씨 등의 연금액이 프랑스인보다 소액인 것을 이유로 게이에 씨 등 약 700명이 프랑스 정부를 상대로 「시민적 및 정치적 권리에 관한 국제규약」(자유권규약)의 인권위원회에 제보한 사건이 있으며, 동 위원회는 1989년 4월 3일, 개인제보제도에 따른 "견해"를 채택하여 자유권규약 26조(=인간의 평등을 규정) 위반을 인정했습니다. 또한 보상요구운동이 활발해짐에 따라 미국에서는 전시 중 적성인종으로 강제수용한 일본계 미국인에 대해 사죄와 보상(1인당 2만 달러)을 하는 법률이 1988년에 만들어졌습니다.

처형되거나 자살을 한 동료들의 명예회복을 위하는 마음 하나로 이학래 씨는 90세가 넘어서도 국회에 입법 해결을 촉구하는 등 보상을 요구하는 운동을 계속해 왔습니다. 이학래 씨는 일본 여론에 대해서도 '일본의 양심과 도의심'으로 보상을 실현해 달라고 호소해 왔습니다. 운동의 성과로서 국회의원들이 법안을 만들었으며, 특히 2016년의 법안은 여당 의원도 함께 만든 것으로 외국적 BC급 전범에 대해 특별급부금(1인당 260만엔)을 지급하는 것 등을 규정하였습니다. 이학래 씨는 이 법안을 법률로 성립시키

---

8   전사자 유족에게는 조위금 260만 엔, 중도전상병자에게는 위로금 등 400만 엔을 1회만 지급한다.

9   본인에게, 나아가 본인이 사망하여도 유족에게, 지속적으로 지급된다.

기 위해 이후에도 운동을 계속해 왔습니다. 그러나 전술한 수인론 등을 이유로 삼는 이 법안에 대한 신중론도 뿌리 깊이 존재하여 이 법안은 아직도 법률 성립에는 이르지 못하였습니다. 이학래 씨는 법률 성립을 보지 못하고 2021년에 96세로 사망했습니다.

은용기(殷勇基)

한일청구권협정 – 한국의 사법 판단은 '국제법 위반'인가?

● 「한일청구권협정」을 둘러싼 한일정부의 대립

일본의 전 '징용공' '위안부'에 대한 배상문제를 둘러싸고, 일본정부와 한국정부의 견해가 대립하고 있는 점에 대해 신문이나 텔레비전에서 자주 다루어집니다. 일본정부는 1965년에 체결된 한일청구권협정에 따라 해결 완료되었다는 입장을 취하고 있으며, 배상 청구에 응하지 않고 있습니다.

한편 한국 법원에서는 전 '징용공' '위안부'의 손해배상(위자료) 청구권은 한일청구권협정 대상 외로서 배상청구를 인정하는 판결이 내려졌으며, 한국정부는 그 "사법 판단을 존중한다"는 입장을 표명하고 있습니다. 이에 대해 일본정부는 "국제법 위반"이라며 비난하고 있습니다.

이와 같이 한일 양국에서 한일청구권협정에 대한 의견이 대립하고 있는데, 구체적으로 어떠한 논점에 대해, 어떠한 견해로 대립하고 있는지, 이 칼럼에서 살펴보고자 합니다.

● 「한일청구권협정」이란?

일본정부와 한국정부는 한반도의 식민지 해방(1945년)으로부터 20년이나 경과한 후에 양국의 관계를 '정상화'하기 위한 한일(기본)조약을 체결했습니다. 한일청구권협정은 그 한일(기본)조약과 함께 체결된 네 가지 협정

중 하나입니다(조약은 국가와 국가가 체결하는 '계약'을 말하며, 협정이란 조약의 일종입니다).

그렇다면 한일청구권협정이란 무엇에 대한 '협정'일까요? 한일 양국의 관계를 '정상화'하는 데 있어서 일본정부는 일본의 한국에 대한 '청구권'을, 한국정부는 반대로 한국의 일본에 대한 '청구권'을 각각 주장하였고, 양국 정부가 주장한 '청구권'을 어떻게 취급할지가 문제가 되었습니다.

일본의 한국에 대한 '청구권'이란, 예를 들면 식민지 지배 때 일본국이 부설한 철도나, 일본인이 남기고 온 공장 등의 재산에 대한 청구권입니다. 일본정부는 1945년에 식민지 지배가 끝난 후, 조선에 두고 온 재산을 한국인이 지금 사용하고 있으니 한국정부가 그만큼을 일본인에게 보상해야 한다고 주장했습니다.

한편, 한국의 일본에 대한 '청구권'은 여러 다양한 것이 있었는데, 그중 하나로서 일본이 조선을 식민지 지배한 것에 유래한 청구권 문제가 있었습니다. 예를 들어 식민지 시대 말기, 전쟁의 격화로 인력이 부족해져 일본정부와 일본기업은 '징용공' 등이라 하여 조선인을 강제적으로 노동하게 하였는데, 그 사람들과 관련된, 지급되지 않은 급료분의 청구권이나 전쟁 피해에 대한 보상 등의 청구권이 문제가 되었습니다.

● 한국 법원의 5개의 판결과 일본정부의 반발

① 2011년 8월 30일, 한국 헌법재판소(대법원과는 별도로 헌법재판소가 있습니다)는 한국정부(외교통상부 장관)를 상대로 청구한 '위안부' 피해자의 주장을 인용하는 결정을 내렸습니다. 한일청구권협정에 대해 한국과 일본 간에 사고방식 차이가 있는데, 한국정부가 그대로 방치하고 있다, 그 방치가 헌법 위반이라는 결정이었습니다.

② 2012년 5월 24일 나아가 ③ 2018년 10월 30일, 한국 대법원은 '징용공'으로서 전쟁 중에 일본기업이 일을 시켰던 원고들에 대해 판결을 내렸습니다. 원고들은 2심에서 패소했으나, 2012년 판결은 그것을 환송했습니다. 환송심에서 패소한 피고 일본기업이 다시 상고했으나, 2018년 판결은 원고 승소 판결을 내렸습니다(원고 1인당 1억 원약 1000만 엔의 지급을 명령).

그리고 ④ 2021년 1월 8일, 한국 서울중앙지법은 '위안부' 피해자들이 일본정부를 상대로 소송을 제기한 사건에서 '위안부' 피해자들에게 승소 판결을 내렸습니다.

한편 ⑤ 2021년 4월 21일, 서울중앙지법의 다른 판사들은 다른 '위안부' 피해자들이 일본정부를 상대로 소송을 제기한 사건에서 '위안부' 피해자들에게 패소 판결을 내렸습니다.

이러한 재판에서 문제가 된 것이 「한일청구권협정」입니다. 특히 ③ 2018년 판결(피고는 일본의 신일철주금[현 일본제철])에 대해 일본정부는 아베 신조(安倍晋三) 총리(당시)가 "1965년의 한일청구권협정으로 완전하고 최종적으로 해결되었다" "국제법에 비추어 있을 수 없는 판단이다"라고 언급하였고, 또한 고노 타로(河野太郎) 외무대신(당시)도 "판결은 한일의 기본적인 관계를 근본으로부터 뒤집음과 동시에 국제법에 따라 질서가 성립되는 국제사회에 대한 도전이며, 있을 수 없다"고 하는 등 격렬하게 반발했습니다.

● "완전하고 최종적으로 해결"

한일청구권협정은 "완전하고 최종적으로 해결"을 분명히 규정하고 있긴 합니다.

2조 1항

양 체약국은 양 체약국 및 그 국민(법인을 포함함)의 재산, 권리 및 이익과 양 체약국 및 그 국민 간의 청구권에 관한 문제가 1951년 9월 8일에 샌프란시스코 시에서 서명된 일본국과의 평화조약 제4조 (a)에 규정된 것을 포함하여 완전히 그리고 최종적으로 해결된 것이 된다는 것을 확인한다.

여기에는 "재산·권리·이익·청구권"에 관한 한일 양국과 한일 양국민의 문제에 대해(후술하는 ❶ '해결'의 대상), "완전히 그리고 최종적으로 해결"되었다(후술하는 ❷ '해결'의 법적 의미)고 기재되어 있습니다. 즉 이 협정이 체결되기 전, 한일 양국과 한일 양국민 간에는 "재산·권리·이익·청구권"에 관한 문제가 존재하고 있었으나, 그것이 완전히 그리고 최종적으로 해결되었다는 것입니다.

이를 가지고 일본정부는 전 '징용공' '위안부'에 관한 배상 문제도 "재산·권리·이익·청구권"에 관한 문제에 포함되며, 그것이 "완전히 그리고 최종적으로 해결"된 이상, '징용공' '위안부'였던 사람은 더 이상 청구를 할 수 없어야 한다. 그런데 청구를 인정한 한국 법원의 판결은 "국제법에 비추어 있을 수 없는 판단이다"와 같이 반발한 것입니다.

그러나 이러한 일본정부의 이해는 옳은 것일까요? '해결'이라고 되어있는 이상 옳은 것처럼 보이기도 하지만, 한일청구권협정 2조 1항의 해석을 검토할 필요가 있습니다. 한일청구권협정에는 "재산·권리·이익·청구권"에 관한 어떠한 '문제'가 한일 간에 있었던 것인지, '해결'이란 법률적으로 어떠한 의미인지에 대해 기재되어 있지 않기 때문입니다.

● 한일청구권협정 2조 1항의 '해결'의 대상

한일청구권협정 2조 1항을 검토하기 위해서는 두 가지 문제를 구분하는 것이 이해에 도움이 될 것입니다. ❶ '해결'의 대상, ❷ '해결'의 법적 의미입니다.

예를 들어 A씨가 교통사고를 내서 B씨에게 부상을 입혔다고 합시다. A씨와 B씨는 합의를 했습니다. 합의란 교통사고 부상으로 인한 손해를 A씨가 B씨에게 지급하고, B씨는 교통사고의 손해에 대해서는 향후 더 이상 A씨에게 청구를 하지 않는다고 A씨와 B씨가 합의하는 것입니다. 이 예에서 말하면, ❶ '해결'의 대상은 '몇년 몇월 며칠에 어디에서 일어난 이 교통사고에 의한 모든 손해'입니다. 구체적으로 무엇이 '합의'의 대상이 되었는지는 중요한 일입니다. 해결의 대상이 아닌 것에 대해서 합의는 이루어지지 않았기에, 합의 후에도 B씨는 A씨에게 청구할 수 있기 때문입니다. 그리고 해결의 대상이 무엇인지는 A씨와 B씨가 합의하여 비로소 정해지는 것입니다.

그렇다면 한일청구권협정에서는 무엇이 '해결'의 대상이었을까요? 반복이 됩니다만, '해결'의 대상이 아닌 권리에 대해서는 한일청구권협정 후에도 청구할 수 있는 것입니다. 그 '해결'의 대상에 관한 견해는 크게 다음과 같이 나눌 수 있습니다.

❶(i) 위법한 식민지 지배에 대한 배상의 권리?
❶(ii) (일본 통치로부터의 이탈 시) 이탈 전 한일 양국 간의 재정적 · 민사적 채권
❶(iii) 한일정부의 조약 협상에 오르지 않은 주제와 관계되는 권리는 '해결'의 대상 외

❶(ⅳ) 반인도적인 행위를 이유로 하는 손해배상청구권은 '해결'의 대상 외

우선 ❶(ⅰ) "위법한 식민지 지배에 대한 배상의 권리"가 대상이 되었는지 여부가 문제가 됩니다. 만일 '해결'의 대상이 ❶(ⅰ)이면 한일청구권협정 후에는 이러한 배상에 대해 한국 측은 더 이상 청구할 수 없게 되는 것입니다. 그러나 ❶(ⅰ)은 '해결'의 대상이라고는 할 수 없습니다. 그 이유는 한일청구권협정을 체결할 때의 협상에서 일본 측은 조선 식민지 지배는 합법이었지 위법이 아니었다고 하였고, 반대로 한국 측은 식민지 지배가 위법이었다고 각각 주장하여 서로 이견을 좁히지 못했기 때문입니다. 위법한 식민지 지배에 대한 배상의 권리를 해결의 대상으로 삼았다는 합의는 한일 양 정부 간에는 성립하지 못했습니다.

그리하여 한일청구권협정의 '해결' 대상은 ❶(ⅱ) "(일본 통치로부터의 이탈 시) 이탈 전 한일 양국 간의 재정적·민사적 채권(여기서는 돈에 관한 권리를 말함)'이 되었습니다. 굳이 비유한다면, 이혼할 때 부부가 결혼 중의 부부의 재산을 나누는 것(재산 분할)과 유사합니다. 즉 식민지(여기서는 조선)가 독립하여 종주국(여기서는 일본)으로부터 이탈할 시, 일본정부나 일본국민이 한반도에 가지고 있던 재산이나, 반대로 조선인이 일본정부나 일본국민에 대해 가지고 있던 재산과 권리에 대해 '청산'하는 것이 한일청구권협정이라는 협정의 목적이었던 것입니다.

따라서 한국측에는 ❶(ⅲ) "한일정부의 조약 협상에 오르지 않았던 주제와 관계되는 권리"는 (❶(ⅰ)의 문제도 포함하여) 예외적으로 '해결'의 대상 외였던 것이 아닐까 라든지 ❶(ⅳ) "반인도적인 행위를 이유로 하는 손해배상청구권" 역시 예외적으로 '해결'의 대상 외였던 것이 아닌가 라는 의견이 있으며, 이를 놓고 일본 측과 한국 측 의견이 일치하지 않습니다. 이 또한 굳이 비유하자면, 무리하게 식민지로 만들었다는 의미에서 한국 측

은 일본과 '강제 결혼'당했다, 또는 애초에 그 '결혼'은 무효였다, 그러한 것에 관한 책임 문제는 남아 있다는 등의 의견이 한국 측에는 있는 것입니다. 한일청구권협정에서 '이혼'에 따른 재산분할 처리(❶(ⅱ))는 했을지 몰라도 애초에 강제 결혼당한 것에 대한 책임이나 강제 결혼 중의 위법행위에 대한 책임 문제는 ❶ '해결'의 대상이 아니었기 때문에 아직 남아 있다는 것입니다.

한국 측에는 일본군 '위안부' 문제(이 책 82면 참조) 등 일본정부와 일본군이 '국책'으로 관여한 반인도적 불법행위나 사할린에 남겨진 한국인의 문제(이 책 110면 참조), 나아가 한국인 원폭 피해자 문제와 BC급 전범 문제(이 책 88면 참조)에 대해서는 ❶ '해결'의 대상에 포함되어 있지 않다는 의견이 있습니다.

이에 반해 일본정부는 그렇게 대상 외가 된 문제는 없다는 견해입니다. (다만 정확히 말하면, 한일청구권협정 2조 2항은 재일 한국인의 "재산, 권리 및 이익" 등만은 협정에 의한 '해결'의 대상 외, 라고 명기하고 있으니, 일본측으로서도 이들만은 별도라는 의견입니다).

● 한일청구권협정 2조 1항의 '해결'의 의미

또한 ❷ '해결'의 법적 의미라는 문제가 있습니다. 이 문제는 한일청구권협정에 의해 일본인·한국인의 개인청구권이 법적으로 어떻게 되는 것인가라는 것입니다. '해결'의 대상과 같이, '해결'의 법적 의미에 관한 견해도 나누어져 있어 크게 다음과 같이 나눌 수 있습니다.

❷(ⅰ) 정부의 외교보호권 포기+피해자의 개인청구권은 소멸
❷(ⅱ) 정부의 외교보호권 포기+피해자의 개인청구권은 그대로 잔존

❷(ⅲ) 정부의 외교보호권 포기＋피해자의 개인청구권은 잔존하고 있지만, "구제 없는 권리"로 변화

결론으로서는, ❷에 대해 일본 측은, 한일청구권협정에서 '해결'의 대상으로 된 "재산·권리·이익·청구권"이라도, 그중 "청구권"에 대해서는, 피해자 개인 청구권리는 남아 있다는 견해를 취하고 있습니다.

이 일본 측의 견해에 의하면, 전 '징용공' '위안부'의 배상청구권이 '해결'의 대상에 포함되어 있든 없든, 결국 피해자 개인의 청구권은 남아 있는 것입니다. 그렇다면 ❶ '해결'의 대상을 열심히 논의해도 그다지 실익이 없는 것은 아닐까 생각합니다. ❶에서 '해결'의 대상에 포함되어 있어도, ❷에 대해서, 결국 피해자 개인의 청구권이 남아 있다면, 한일 청구권 협정이 있어도, 피해자는 일본 기업이나 일본정부에 청구할 수 있다는 것이 되기 때문입니다.

한편, 그렇다고 하면, 왜 일본정부는 자신들의 견해의 문제점은 문제삼지 않으면서, "국제법에 비추어 있을 수 없는 판단이다"라는 등 반발했는지 의문이 생깁니다. 일본정부의 견해와 한국의 법원의 판결은 피해자 개인의 권리가 남아 있다는 점에서는 일치하고 있기 때문에, 일본정부의 반발은 이유가 없다고 할 수밖에 없습니다.

그렇다면 원래 한일청구권협정에서 '해결'을 규정했음에도 불구하고 책임을 추궁받는 입장인 일본정부 쪽도 왜 피해자 개인의 청구권이 남아 있다고 하는 걸까요?

● 어느 신문의 기사

2018년 10월 한국 대법원의 판결로부터 1년이 지난 2019년 10월 한 일

본 신문에 다음과 같은 기사가 나왔습니다. "징용공 꼬이는 일한" "개인의 위자료 해결되지 않았다"라고 하는 표제로, 다음과 같이 써져 있었습니다 (아사히 신문 2019년 10월 1일).

"대법원은 판결로 전시 중의 노동은 식민지 지배와 연관된 '반인도적인 불법행위'라고 지적. 65년의 한일청구권협정이 '해결되었다'고 한 사항에 불법행위에 대한 개인의 '위자료' 청구권은 포함되지 않는다는 판단을 내렸다" "일본정부도 개인의 청구권이 있는 것은 부정하지 않지만, 협정에 의해 이 문제는 양국 간에 해결이 끝났고, 판결은 "국제법 위반"(고노 타로 전 외상)이라는 입장이다"

"'해결 완료'로 한 사항에 불법행위에 대한 개인의 '위자료' 청구권은 포함되지 않는다고 하는 판단을 나타냈다"는 것은 ❶ '해결'의 대상 문제입니다. 한편, "일본정부도 개인의 청구권이 있는 것은 부정하지 않지만, 협정에 의해 이 문제는 양국 간에 해결이 끝난 상태"라고 하는 것이, ❷ '해결'의 법적 의미 문제입니다. 다만, 이 기사에서는, 독자는 문제가 어디에 있는지 이해가 어려울 것입니다. 기사는 "개인의 청구권이 있는 것은 부정하지 않는다" → "그러나, 이 문제는 양국 간에 해결이 끝난 상태"라고 하는 차례로 설명하고 있기 때문입니다. 이는 반대로 "이 문제는 해결되었다고 한다" → "그러나, 그 '해결'에는 피해자 개인의 청구권은 포함되지 않았다라고 하는 것이 일본 측의 견해"라고 하는 차례로 설명해야 했습니다.

이 신문 기사는 한일청구권 협정의 문제점의 알기 어려움, 이해하기 어려움을 보여 주는 좋은 예라고 생각합니다.

● 이해를 위한 첫 번째 포인트

❷ '해결'의 법적 의미를 이해하는 데는 두 가지 포인트가 있습니다. 먼

저, 보통의 일본어와 법률 용어의 의미가 어긋나는 일이 있다라고 하는 것이 포인트입니다.

평상시, '해결'이라고 하면 개인의 권리도 없어져 청구할 수 없는 상태라고 생각할 것입니다. 즉, ❷(ⅰ) "정부의 외교보호권의 포기+피해자의 개인청구권은 소멸"이 됩니다.

그런데 일본정부의 견해는 그렇지 않습니다. 일본정부는 한일청구권협정 2조 1항의 '해결'이라는 말을 ❷(ⅱ) "정부의 외교보호권 포기+피해자의 개인청구권은 그대로 잔존"이라는 뜻이라고 1965년 이후 이해해 왔습니다. 외교보호권이란 정부 대 정부의 협상권이라는 의미입니다. 즉, 한일청구권협정 2조 1항의 '해결'이라는 것은 한국정부에 대한 일본정부의 협상권을 포기하고, 또 일본정부에 대한 한국정부의 협상권도 포기하지만 피해자 개인의 청구권은 남아 있다라는 것이 '해결'의 의미라고 일본정부가 이해해 왔다는 것입니다.

❷(ⅱ)는 어중간한 견해처럼 느껴집니다. 왜 이런 견해를 일본정부가 취한 것인가 하면, 미국, 소련과의 문제와 균형을 맞추었기 때문입니다. 일본정부는 미국, 소련과의 문제에 대해서도 이미 ❷(ⅱ)의 견해를 취하고 있었던 것입니다.

그렇다면, 원래 미국과의 문제에 대해, 왜 일본정부는 ❷(ⅱ)의 견해를 취하고, ❷(ⅰ)의 견해를 취하지 않았던 것인가 하면, 일본 국민으로부터의 청구를 봉쇄하기 위해서였습니다. 일본은 미국에 대한 청구권을 포기했지만 그것이 ❷(ⅰ)의 의미라면 "일본정부가 개인의 권리를 무단으로 포기했기 때문에 일본정부가 개인에게 배상해야 한다"는 주장을 일본 국민이 일본정부에게 할 여지가 발생해 버립니다. 일본정부는 이 주장을 봉쇄하기 위해 "포기한 것은 일본정부의 외교 보호권만으로 개인의 청구권은 포기하지 않았다. 따라서 일본정부에는 일본 국민에게 배상책임은 없다"라는 논법(❷(ⅱ))을 취한 것이었습니다.

한일청구권협정(1965년) 전에 이미 이런 전례가 있어, 일본정부는 그것과의 균형을 맞출 필요가 있었던 것입니다.

● 이해를 위한 두 번째 포인트

❷의 이해를 위한 두 번째 포인트는, 일본정부는 1965년 이후의 견해를 2000년경에 마음대로 변경했다는 것입니다.

2000년경 일본정부는 '해결'에 대한 견해를 지금까지의 ❷(ⅱ)에서 ❷(ⅲ)으로 변경했습니다. 즉, "정부의 외교보호권의 포기+피해자의 개인청구권은 잔존하고 있지만, 그것은 '구제 없는 권리'로 변화했다"는 의미라는 것이었습니다.

'구제 없는 권리'란 피해자 개인의 권리는 있지만 그 권리는 재판은 할 수 없는 권리라는 의미입니다. 그렇다고 해도 실제로 재판을 일으킬 수 있습니다. 다만, 법원이 수리해도 결국, 심리하지 않은 채로 돌려보내 패소가 된다는 것입니다.

즉, 피해자가 재판할 수 있다고 하는 견해를, 2000년경을 경계로 일본정부가 일방적으로 변경해 재판을 할 수 없다는 견해를 취한 것은 일본정부의 편의주의라고밖에 말할 수 없습니다.

일본 법원도 중국과의 관계이지만 일본정부가 변경한 견해에 따른 판결을 내고 있습니다. 중국인의 전 노동자들 5명이, 일본에 강제적으로 끌려와 히로시마현의 수력 발전소의 건설 현장에서 가혹한 노동을 하게 되었다고 해서, 니시마츠 건설을 상대로 손해배상을 요구한 소송입니다. 이 소송에서 대법원은 2007년 4월 27일 "중화인민공화국 정부는 중일 양국 국민의 우호를 위해 일본국에 대한 전쟁 배상청구를 포기한다고 선언

한다" 라는 일중 공동성명 5항에 근거해 중국인 전 노동자들의 청구를 배척하는 판결을 내렸습니다. 그 판결 이유로 최고재판소는 "샌프란시스코 평화조약의 틀에 있어서의 청구권 포기의 취지가 … 청구권의 문제를 사후적·개별적 민사재판상의 권리행사에 의한 해결에 맡기는 것을 피한다는 점에 있다는 것을 참작하면, 여기서 말하는 청구권의 '포기'란, 청구권을 실체적으로 소멸시키는 것까지를 의미하는 것이 아니고, 해당 청구권에 근거해 재판상 소구하는 권능을 소실시킨 것에 머문다"(밑줄은 필자)라고 한 다음, "일중 공동성명에 있어서, 전쟁 배상 및 청구권의 처리에 대해, 샌프란시스코 평화 조약의 틀과 다른 약정이 된 것으로 해석할 수 없다" 라고 설시하고 있습니다.

● 한국의 법원과 일본정부의 견해의 일치점

이와 같이 "구제 없는 권리"는 '재판은 할 수 없다'(반드시 패소시킬 수 있음)는 것이지만 가해자가 자발적으로 지불해 온 배상금은 받을 수 있고 그렇게 하면 구제되기 때문에, 전혀 "구제 없는 권리"라 할 수는 없습니다.

❷(iii)이라는 현재의 일본정부 견해에서도, 피해자는 일본기업 등의 가해자가 배상금을 지불한다면 피해자는 그것을 받을 수 있다는 점에서는 ❷(ii)의 견해와 일치하고 있는 것입니다. 그러면 피해자에게 권리를 인정하고 가해자에게 배상금의 지불을 명한 한국 법원의 판결과 일본정부의 현재의 견해(❷(iii))와는 일치하는 부분이 있는 것입니다. 견해가 일치하는 부분이 있다는 것을 강조하는 것도 가능했을 것입니다.

❷(iii)은 한일청구권협정이라는 '국제법'이 규정하고 있는 '해결'에 대한 일본정부의 견해입니다. 그러나 실제로는 원래 ❷(ii)의 견해를 취하고 있었던 것, 나아가 현재의 스스로의 견해(❷(iii))조차 문제삼지 않은

채, 일본정부는 위와 같이 한국의 법원의 판결을 "국제법에 비추어 있을 수 없는 판단이다" 등으로 반발한 것입니다.

● 피해자의 개인청구권을 국가가 '처분'할 수 있는지

덧붙여 한일청구권협정에 대해서는 ❸피해자의 개인청구권을 국가가 '처분'할 수 없다는 주장도 있습니다. 피해자 개인과 국가란 법적으로 말하면 다른 주체이기 때문입니다. 국가라는 다른 주체가 피해자 개인의 권리를 마음대로 '처분'할 수 없는 것은 아닐까 하는 주장입니다.

이것은 앞서 말한 미국과 소련과의 문제에 있어서도 공통되는 문제입니다만, ❷(ⅱ)나 ❷(ⅲ)은, 마음대로 '처분'할 수 있는 경우도 있을 수 있다라는 견해를 취하고 있는 것이 됩니다.

● 한일청구권협정과 재일코리안 문제

원래, '징용공'이나 '위안부'로서 피해를 입은 피해자에는 재일코리안도 있었다고는 해도, 재일코리안의 문제와 '징용공'이나 '위안부'의 문제와의 사이에는 간격이 있는 것이 아닌가라고 느끼시는 독자 여러분이 계실지도 모릅니다. 그러나 재일코리안의 문제와 '징용공' '위안부'의 문제는 이어지는 연장선상에 있는 문제라고 생각합니다.

앞의 기술과 같이, 1965년의 한일조약 때, 4개의 부속 '협정'도 함께 체결되었습니다. 그중 하나가 한일청구권협정, 다른 하나가 「재일한국인법적지위협정」이었습니다. 재일한국인법적지위협정은 재일한국인에게 일본의 영주권을 인정하는 것 등을 정하는 것이었습니다.

당시 일본의 주요 신문의 대부분은 한일조약과 그 부속협정에 대해 비판적이었고, 예를 들어 재일한국인의 영주권에 대해서도 그랬습니다. "한국병합이라는 사실도 앞으로 20년, 30년의 앞을 생각하면 대다수의 일본인에게는 먼 과거의 사실 이상의 것이 아닐 것이다. 독립국가의 국민인 한국인이, 어째서 일본 국내에서 특별 취급되는지, 그 설명에 그야말로 고생해야 할 시대가 오는 것은 아닐까" "좁은 국토 안에, 이상하고 해결 곤란한 소수민족문제를 안게 되어 버리는 것은 아닌지"(아사히 신문 1965년 3월 31일)라는 논조였던 것입니다.

조약 교섭 일본 측 수석 대표도, "일본 측도 '한국 측에 대해' 보상을 요구할 권리를 가진다. 왜냐하면 일본은 '식민지 지배의' 36년 동안에, 민둥산을 녹색의 산으로 바꾸었고, 철도를 깔았고, 논을 늘리는 등의 방식으로 많은 이익을 한국인에게 주었기 때문이다"(1953년 10월 15일. 구보타 간이치로 발언) "일본은 조선을 지배했다. 하지만, 좋은 일을 하려고 했다" "창씨개명도 좋았다" "착취와 압박은 없었다"(1965년 1월 7일, 다카스기 신이치 발언)라는 인식이었기 때문에 식민지지배 자체를 위법으로 생각하는 한국 측과는 당연히 의견이 맞을 수 없고, 한일조약이나 그 부속협정은 기본적인 부분만을 봉합하여 체결된 정치적 타협의 산물이었다고 할 수 있습니다.

이 정치적 타협은 한일청구권협정에 관한 한일 양국의 해석의 변천(다음 페이지의 표 참조)과 오늘날까지 이어지는 한일의 불안정한 관계, 재일코리안의 취약한 지위의 출발점이었습니다. 타협이 쌓아 온 중대한 '숙제'라는 점에서 재일코리안의 문제와 전 '징용공' '위안부'의 문제는 공통점을 가지고 있습니다.

은용기(殷勇基)

한일청구권협정에 관한 한일의 해석의 변천

	일본	한국
1951~	샌프란시스코 평화조약(1951), 일소(일본-소련)공동선언(1956)의 청구권 포기 조항에 관한 소송에서의 일본국의 주장: 조약에 의해 포기한 것은 일본정부의 외교보호권이며 개인(피폭자, 억류피해자)의 손해배상청구권은 상실되지 않았기 때문에 일본국은 보상책임을 지지 않는다 → ❶ 대상: 모든 개인의 청구권, ❷ 권리의 성질: 외교보호권 포기+개인청구권 잔존	
1965~	청구권협정 체결 시 외무성 당국자의 설명: "완전히 그리고 최종적으로 해결"이란 외교보호권의 포기를 의미하는 것에 불과하며, 개인의 청구권은 상실되지 않기 때문에, 한반도에 자산을 남기고 온 일본국민에 대해 일본국이 보상할 책임은 지지 않는다 → ❶ 대상: 모든 개인의 청구권, ❷ 권리의 성질: 외교보호권 포기+개인청구권 잔존	「대한민국과 일본국 간의 조약 및 협정 해설」: 한국인의 대 일본정부 및 일본국민에 대한 각종 청구 등이 모두 완전히 소멸된다(1965년7월5일) → ❶ 대상: 모든 개인의 청구권, ❷ 권리의 성질: 외교보호권 포기+개인청구권 소멸
1990~	「외무성 조사 월보」 1994년도 No.1: "청구권 포기 조항에서 포기한 것은 외교보호권이라는 것이 일본정부의 일관된 견해" → ❶ 대상: 모든 개인의 청구권, ❷ 권리의 성질: 외교보호권 포기+개인청구권 잔존	공노명 외무부장관 국회답변: 외교적 보호권의 포기를 인정하는 한편 개인적 청구권은 정부가 이를 인정하고 있다. (1995년9월20일) → ❶ 대상: 모든 개인의 청구권, ❷ 권리의 성질: 외교보호권 포기+개인청구권 잔존
2000~	전후 보상 문제는 조약의 청구권 포기 조항으로 해결 완료됨 → ❶ 대상: 모든 개인의 청구권, ❷ 권리의 성질: 외교보호권 포기+개인청구권 잔존도 구제 없는 권리 ※참고: 최고재판소 2007년4월27일 판결(일본과 중국 간 전후 보상에 관한 판결)	이정빈 외무부장관 국회 서면답변: "피징병·징용자의 배상 등 양국간 청구권에 관한 문제를 해결하기 위해"1965년 청구협정을 체결하고 "정부로서는 '청구권협정'이 개인의 청구권 소송 등 재판을 제기할 권리에는 영향을 미치지 않는다"(2000년10월25일) → ❶ 대상: 모든 개인의 청구권, ❷ 권리의 성질: 외교보호권 포기+개인청구권 잔존
		이해찬 국무총리 주재 '민관공동위원회': 일본군 위안부 문제 등, 일본 정부·군 등의 국가권력이 관여한 반인도적 불법행위에 대해서는 청구권협정에서는 미해결, 사할린 잔류 한국인 문제, 재한 피폭자는 청구권협정 대상외(2005년8월25일) → ❶ 대상: 개인의 청구권 중 반인도적 불법행위·사할린 문제·피폭자 문제는 청구권협정 적용외, ❷ 권리의 성질: 외교보호권 포기+개인청구권 잔존
		대법원 2018년5월24일 판결, 대법원 2018년10월30일 판결(전 징용공 등의 일본기업에 대한 손해배상청구권), 서울중앙지방법원 2021년1월8일 판결(위안부의 일본국에 대한 손해배상청구권): 반인도적 불법행위에 의한 손해배상청구권으로 청구권협정 적용 대상에 포함되지 않는다 → ❶ 대상: 개인의 청구권 중 반인도적 불법행위는 청구권협정 적용외(❷ 권리의 성질: 외교보호권 포기+개인청구권 잔존)

사할린 잔류한국인 귀환문제―시민외교의 성과

필자(다카기 겐이치)가 변호사 일을 한 지 50년이 다 되어 갑니다. 그 기간 동안 가장 오래 몰두한 것이 사할린 잔류 한국인 문제와 한국 태평양 전쟁 유족회(전 종군위안부 포함) 등의 전후 보상 재판이었습니다. 여기서는 사할 린 잔류 한국인 문제만을 다루겠습니다.

재판 제기

제가 변호사 일을 시작한 1973년경, 일본에서도 한국에서도 사할린 잔 류 한국인 문제를 아는 사람은 거의 없었습니다. 전쟁 전, 사할린(가라후토, 樺太)에는 약 30만 명의 일본인이 살고 있었는데, 전시 체제로 들어서고 탄 광 및 목재산업의 노동력 부족으로 일본은 한반도로부터 다수의 노동자 를 모집하거나 연행했습니다. 전쟁이 끝났을 때의 조사로는 43,000명의 한국인·조선인이 잔류해 있었다고 하는데, 그 후 사할린의 일본인들은 「소련지구 인양에 관한 미소협정」에 의해 거의 전원이 귀국할 수 있었으 나, 한국인·조선인(그들의 고향은 대부분 한국)은 귀환하지 못하고 남겨졌습니 다. 이 문제를 동포단체인 민단도 다루지 않았고, 일본인 중에서도 '진보 파'는 사회주의 국가 소련에서 군사정권 하에 있는 한국으로의 인적 이동에 반대하였습니다. 오히려 저에게 왜 이런 운동을 하는지, 반소련적·반 공적이라고 비판하던 동기 변호사가 있었을 정도였습니다. 홋카이도(北海 道) 왓카나이(稚內)에서 불과 40킬로미터 거리에 있는 사할린이었으나, 미 국과 소련의 냉전 하에서는 소련의 사할린과 한국이나 일본의 가족 간에 전화는커녕 편지조차 자유롭게 주고받을 수 없었습니다. '미그 25 전투기 망명사건'이나 '대한항공 격추사건' 등이 터질 때마다 악영향이 미쳤습니 다. 그러나 사할린 잔류자들이 고향으로 돌아가 처자식 및 부모님과 재회 하고 재결합하는 인도(人道)의 중요성을 부정할 수 없다는 확신으로 저는 운동을 계속해 왔습니다.

이 문제를 해결하기 위해 저는 우선 일본인 처와 함께 일본으로 귀환한 사할린 귀환 한국인회(박노학 회장, 朴魯学 會長)를 기반으로 사할린에 위임장 을 송부하여 원고들을 모집했습니다. 한국에서 원고의 처(목 빠지게 기다리 고 있는 할머니)와 만나 사할린 도항 상황을 조사했습니다. 사할린에서 보내 온 60장이나 되는 위임장(그중에는 혈판을 찍은 위임장도 있었습니다) 중에서 빨 리 재판을 제기하기 위해 4명을 원고로 선정하였습니다. 이와 동시에 제 동기(25기)인 동료 변호사 약 10명, 우리 사무소 대표와 10기 전후의 중견 변호사[하라고 산지(原後山治) 변호사도 있었습니다]가 합류하였고, 단장 취임을 일본변호사연합회 회장을 경험하신 가시와기 히로시(柏木博) 변호사께 부 탁하여 정치색이 없다고 볼 수 있는 변호단을 구성했습니다. 이 재판은 KCIA(한국중앙정보부)에서 돈을 받았다는 등의 비난을 하는 세력도 일부 있 었기 때문입니다. 당시 제2도쿄변호사회[이시이 세이이치(石井成一) 회장]는 전 적으로 지원하겠다고 성명을 내주셨습니다. 또한 이 변호단의 부산물이 있습니다. 이 변호단의 하라고 산지 변호사와 다나카 히로시(田中宏) 교수 가 중심이 되어 김경득(金敬得) 씨의 의뢰를 받아, 사법연수생의 국적조항 철폐협상을 최고재판소 사무국을 상대로 강력하게 진행한 것입니다(이 책

227면 참조). 이것이 효과를 발휘하여 김경득 씨는 1979년에 변호사가 되었습니다. 당연히 김경득 변호사는 사할린 변호단에 들어왔고, 저와 함께 일본변호사연합회 위원이 되기도 했습니다. 어떤 의미에서는 김경득 변호사는 사할린 재판과 변호단이 낳은 '부산물'이라고 할 수 있습니다. 이처럼 재일코리안 변호사의 원점이 사할린 변호단이었음을 아는 사람은 많지 않을 것입니다.

우리 변호단은 1975년 12월, 일본국을 피고로 하여 본국으로 귀환할 수 있는 지위 확인을 구하는 소를 제기했습니다. 이 재판을 아사히(朝日) 신문이 크게 보도해 주었기에 사회적 인지도가 급격하게 올라갔습니다. 그리고 일본변호사연합회 인권위원회에 구제 신청을 하고 조사한 후 1981년에 보고서를 작성하여 발표했습니다. 또한 한국에서 돌아오기를 기다리고 있던 가족(한국에 거주하는 사할린 잔류 한국인의 가족)이 일본에 방문했을 때, 함께 국회의원을 찾아가 구제를 호소하여, 구사카와 쇼조(草川昭三) 의원과 도가노 다이지(梅野泰二) 의원(제2도쿄변호사회 회원) 등 몇몇 의원들이 열심히 국회에서 질문을 해 주었습니다. 수많은 국회 대질 내용 중 가장 생각나는 것은, 1978년 3월 2일, 도가노 의원의 질문에 대해 소노다 스나오(園田直) 외무대신이 "조금 전에 사무당국이 인도적 견지에서라고 했는데, 인도적, 나아가 법률적 이상의 도의적 책임, 정치적 책임이 있다"(방점은 필자)고 단언한 점입니다. 이로써 일본정부는 사할린 잔류 한국인의 원상복귀에 대해 법률적 책임 이상의 국가 도의상의 무거운 책임이 있음을 인정했기에, 이후에도 큰 영향을 미쳤습니다.

'전후 책임을 생각하는 모임'과 의원간담회의 활약

이러한 꾸준한 운동이 이어지던 가운데, 1983년 "전후 책임을 생각하는 모임"[대표: 오누마 야스아키(大沼保昭) 도쿄대학 교수]을 결성했습니다. 이듬해인 1984년 8월에는 한국의 학자 및 변호사들과 사할린 잔류 한국인 문제에 대한 국제 심포지엄도 개최했습니다. '전후 책임'이라는 말은 이때 의식적으로 사용된 말이며, '전쟁 책임'이 도쿄재판과 같이 침략전쟁을 시작한 책임을 형사적 측면에서 본 말인 반면, '전후 책임'은 아시아의 피해 인민에 대한 전쟁 피해 회복의 민사적 측면에서 본 말입니다. 솔직히 말해서 지금까지 일본은 아시아 사람들에 대한 가해 행위를 방치해 왔습니다. 그리고 '전후 책임'은 이후, 전 종군위안부 등의 '전후 보상' 책임으로 발전해 나가게 됩니다.

한편 비슷한 시기에 소련 체제에도 변화가 생기기 시작했습니다. 고르바초프의 페레스트로이카가 1985년에 시작되었으며, 냉전 종결과 소련 국내 유대인 출국이 완화되기 시작하였고, 사할린 잔류 한국인 중 일본으로 출국하는 자도 조금씩 증가하였습니다. 지금 생각하면 바로 그 타이밍에 오누마 교수와 저는 국회의원 거의 전원을 찾아다니며 1987년 6월 "사할린 잔류 한국·조선인 문제 의원간담회"를 만든 것이었습니다. 오누마 교수는 주로 자민당 의원들을, 저는 주로 사회당 의원들을 찾아가 사할린 잔류 한국인 문제 해결을 위한 협조를 부탁했습니다. 의원간담회 설립 총회였던 1987년 1월 17일에는 자민당·사회당을 중심으로 170명의 의원이 회원이 되었으며, 당일 참석자는 70명(본인 출석 50명)이라는 성황을 이루었습니다. 돈도 안되고 표로도 이어지지 않는 과거 일본의 한국·조선인 피해 회복을 목적으로 한 프로젝트에, 이렇게 많은 의원들이 참가한 것은 희귀한 일이었습니다. 특히 짚고 넘어가야 할 것은 이 의원간담회의 실행력입니다. 이 의원간담회는 먼저 소련 정부에 접촉을 했습니다(사회당의 소련 연줄이 도움이 되었습니다). 당시 소련을 우호 방문한 일본 국회의원들은 우리의 설득으로 반드시 사할린 잔류 한국인 문제를 제기했기에 소련 당국이

놀랐다고 합니다. 1988년 6월에는 모스크바, 사할린 방문단[하라 분베에(原文兵衛) 회장, 이가라시 고조(五十嵐広三) 사무국장, 시라카와 가쓰히코(白川勝彦) 의원, 구사카와 쇼조 의원, 그리고 저까지 5명과 보도진 약 20명]에 의해 소련정부와 사할린주 당국으로부터 사할린 출국의 이해를 얻었습니다. 또한 일본정부 당국에는 특별히 강력하게 작업을 진행했습니다(정권 여당인 자민당이 유효했습니다). 의원간담회의 만남에는 하라·이가라시 두 의원과 함께 항상 제가 참석하여 외무성 등의 관료들과 상대했습니다. 그 협의 내용을 제가 한국으로 들고 가서 한국 외무부·적십자사 등과 의견조정을 한 것입니다. 그 시절의 추억이 있습니다. 이가라시 의원과 센고쿠 요시토(仙谷由人) 의원 등 5~6명의 일본 국회의원과 한국 방문 시 한국 국회의원과의 간담회에서, 일제 식민지 36년을 소리 높여 말하는 한국 의원에게 이가라시 의원이 "이 중에서 아침에 일어날 때도 밤에 잠들 때도 사할린의 한국인을 생각하는 사람이 있습니까? 나는 그렇습니다"라고 언급하여 회장 분위기를 지배한 것입니다.

가족과의 재회 및 일시 귀국

저는 1988년부터 1990년에 걸쳐서 제 명의로 초대장을 보내어 1,000명의 사할린 잔류 한국인을 일본으로 초대하고, 한국에 있는 가족도 초대하여 약 40년 만의 부부·부모 자식 간 재회를 실현시켰습니다. 이 기간에는 매달 30~50명이 사할린 → 하바롭스크 → 니가타(新潟) → 도쿄 경로를 통해 한꺼번에 입국하여 제가 준비한 빌라 2채와 고문회사가 제공해 준 아파트 한 채에 분산하여 묵었습니다. 50명이나 왔을 때에는 방이 부족해서 우리 집에 10명이 묵은 적도 있습니다.

한국에서 온 가족과의 감격스러운 대면 순간을 함께할 수 있었던 것은,

46년 만에 재회한 사할린 잔류 한국인 가족

저의 귀중한 추억입니다. 그리고 서울올림픽 후 한국과 소련의 관계가 진전되어 일본 경유로 한국의 고향을 방문할 수도 있게 되어, 한 걸음 더 나아갔습니다. 이러한 민간에 의한 가족 재회 → 고향 방문이라는 운동의 실천이 있었기에, 일본정부와 한국정부의 직접적 협력관계의 바탕이 이루어질 수 있었다고 생각합니다.

한일적십자공동사업체 및 영주귀국의 실현

의원간담회는 일본의 민간에 맡기기만 하지 말고 정부가 나서야 한다고 일본정부에게 압력을 가하여 예산 편성을 실현시켰습니다. 또한 한국정부도 적극적이었습니다. 그 결과, 일본정부가 자금을 지출하여 한일 두 적십자사의 '공동사업체'를 설립하였고, 사할린 한국 간 비행기 노선(월 1회의 전세기편)을 정기화했습니다. 한 번에 100명 정도를 태워서 한국으로 가고, 한 달 후에 사할린으로 돌아와 다음 100명을 태워 고향으로 향하는 것을 반복한 것입니다. 한국에서의 가족 재회와 고향 방문은 대한적십자사가 담당했습니다. 일본정부는 한번 예산(약 1억 엔)을 확보하면 별다른 일이 없는 한 계속하기 때문에, 1989년부터 2019년까지 30년이나 계속되었고, 지금까지 약 25,000명(그중 역방문 7,000명)의 사할린 한국인이 이 일시귀국 사업을 이용했습니다.

다음으로, 가장 큰 목표였던 사할린에서 한국으로의 영주귀국은 처음에는 한국 내에 가족이 있는 경우에만 허용되었는데, 이가라시 고조 의원이 무라야마(村山) 정권의 관방장관이었던 시절(1994년 12월)에 외무성에 남은 예산 32억 엔을 사할린 영주귀국자용 아파트 건설 비용에 충당하기로 일본정부가 결정하여 한국정부가 토지를 준비하여 안산시에 아파트가 완공(2000년), 한국 내에 가족 인수인이 없어도 영주귀국 할 수 있게 되었습니다. 이 아파트에 500가구(부부) 1,000명이 입주했으며, 이후 한국정부가 주택공사로부터 신축 아파트를 빌려 그곳에 살게 되었습니다. 현재까지 사할린에서 온 1945년 8월 15일 이전에 태어난 1세대 남편과 아내(전후 태생이 다수)의 영주귀국자는 약 4,000명에 달하고 있습니다. 영주귀국자의 경우, 사할린에서 오는 도항비, 이사 비용, 아파트 입주 시의 텔레비전·냉장고 등 가재도구는 일본정부가 부담하고, 한국에서의 생활비(일본의 생활보호비) 1인 월 약 40만 원은 한국정부가 부담하고 있습니다. 귀국자는 러시아 연금도 수령하고 있습니다. 일본 적십자사에 의하면, 지금까지 아파트 건설비용·일시귀국비용 등으로 합계 83억 8,000만 엔의 사업비가 들었다고 합니다. 한편 한국정부도 앞서 말한 생활비지원금 등을 부담하고 있습니다.

한일 관민 협력의 성과

이처럼 처음에는 소송을 제기함으로써 여론 환기와 역사적 사실, 나아가 일본정부의 법적 책임을 추궁하면서 언론과 국회의원의 협조로 운동을 키우고, 1987년에 의원간담회를 만들어서 일본정부를 움직여 예산화하고, 소련과 한국 나아가 북한의 이해를 얻어 사할린 한국인의 소원이었던 고향방문·가족면회를 제도화하고, 희망자 전원의 영주귀국을 실현시키는 성과를 이루었습니다(물론 귀국을 이루지 못하고, 귀국 전에 돌아가신 분들도 많습니다).

한국에서의 생활은 일본정부의 자금으로 건설한 아파트에, 이후에는 한국정부가 빌린 아파트도 반값이라는 저렴한 집세로 한일 양 정부의 재정 지원이 이루어지고 있습니다. 그곳에 사는 영주귀국자들과는 저도 여러 번 만났는데, 생활에는 거의 만족하며 일본정부와 한국정부의 지원에 감사해 하고 있습니다. 앞으로도 양국은 협력하여 이 문제에 계속 대처해 나가기 위한 체계가 구축되어 있습니다. 여러분도 한번 안산시 아파트 '고향마을'을 방문해 보시길 바랍니다.

또한 사할린 잔류 한국인을 위해 일본정부는 2006년 3월, 사할린 유즈노사할린스크시에 한인문화센터를 건설하여 현지 한인협회에 운영을 위탁하였습니다. 이 점에 대해서도 추억이 있습니다. 1994년, 사할린 의원간담회의 성과를 기록한 서적 『사할린 잔류 한국인 문제』의 출판기념집회에 외무성 가와시마 유타카(川島裕) 아시아국장이 인사 말씀에서, 일본정부로서 한국에 아파트를 건설하는 등 지원을 하고 있지만 사할린에 잔류하는 사람들을 위해서도 동등한 시책을 생각하고 있다고 언급한 것입니다. 그래서 저는 외무성에 갈 때마다 약속한 사할린 한인협회가 희망하는 한인회관을 건설해 주도록 호소함과 함께, 아는 설계사에게 부탁하여 설계도까지 준비해서 실현을 촉구했습니다. 그 결과 일본정부는 6억 엔을 들여 한인회관을 건설해 준 것입니다.

이에 더하여 사할린에서의 노동임금 미지급 문제와 우편저금 문제는 남아 있다고 하며, 저는 소송(세 번째 사할린 재판)도 제기했습니다. 한국정부가 한일청구권협정에 따른 중재위원회에 신청을 하면 진전할 터인데 외교상 문제라 하여 소극적이고 한국 헌법재판소도 이를 추인한 상태입니다. 이것을 제외하면 사할린 잔류 한국인 문제는 거의 성공리에 끝났다고 할 수 있습니다. 일본과 한국 간에는 다양한 문제가 있지만, 사할린 잔류 한국인 문제와 같은 '성과'를 인식하고 양국의 협력을 정당하게 평가하여 다른 문제로 확장해 나갈 수 있도록 서로 노력하는 것이 중요하다고 생각합니다.

다카기 겐이치(高木健一)

일본국적확인소송—"국적을 버린 기억이 없다"

재일코리안과 일본국적

"재일코리안은 종전 7년 후인 1952년까지 일본국적을 가지고 있었다"고 하면, 여러분은 놀랄까요? 아니면 "그런 일은 역사적 사실이고 상식"이라 생각할까요?

1910년 이른바 한일병합에 의해 조선은 일본의 영토로 편입되었고, 조선인은 일률적으로 일본국적을 취득했습니다. 이후 일본에 의해 한반도가 식민지지배를 받는 동안 조선인들은 일본국적을 보유하였고 일본인과 동일한 '일본신민'이 되어 있었습니다. 예를 들어, 당시 '내지(内地)', 즉 일본의 본토에 살고 있던 조선인 남성은 선거권·피선거권을 모두 가지고 있고, 중의원 의원으로 약 11명이 입후보하여 2명이 당선되기도 하였습니다. 그리고 1945년 종전 후에도 7년간, 조선인은 일본국적을 가지고 있었습니다.

그러나 일본은 1952년 4월 19일, 법무부(현재의 법무성) 민사국 통달을 통해 "샌프란시스코 강화조약이 발효하는 1952년 4월 28일부로 내지에 사는 사람도 포함하여 조선인은 모두 일본의 국적을 상실한다"라고 했습니다. 일본은 한반도에서 계속 생활하고 있던 조선인, 일본에 건너갔지만 종전 후 한반도에 돌아온 조선인, 종전 후에도 일본에 잔류할 수밖에 없었던 재일코리안, 그리고 종전 후에도 스스로의 의사로 일본에 잔류한 재일코리안을 전혀 구별하지 않고, 그들의 의사와 상관없이, 또한 그들의 의사를 전혀 확인하지 않고, 재일코리안의 일본국적을 일률적으로 상실시켰습니다. 게다가 국가의 법률이 아닌 행정청의 한 부국(部局)의 통달로써 상실케 한 것입니다. "재일코리안은 식민지하에서 일방적으로 강요당한 일본국적을 한 장의 통달로 일방적으로 박탈당했다"고 말할 수 있는 이유가 여기에 있습니다.

이에 대해서는 "일본의 패전에 따라 영토가 변경되었으니 국적이 변경되어도 어쩔 수 없다"는 견해가 있고, 최고재판소도 이러한 입장을 취하는 것 같습니다.

그러나 이 통달이 내려진 시점에 이미 시행되고 있던 일본국 헌법 제10조에는 "일본국민인 요건은 법률로 이를 정한다."고 규정되어 있었는데, 행정 통달만으로 재일코리안의 일본국적을 상실시킨 것은 헌법 위반이 아닌가 하는 의혹은 당연히 남아 있습니다. 또한 세계인권선언 제15조 제2항이 "누구도 전단적(專斷的)으로 그 국적을 빼앗기거나 그 국적을 변경할 권리를 부인당하는 일은 없다"라고 정한 것에도 반합니다. 나아가 여러 나라로 눈을 돌려 보면, 영국이 버마(미얀마)의 독립을 승인하기에 앞서 법률을 제정하여 영국국적의 선택권을 부여한 사례, 프랑스가 알제리의 독립 시 프랑스 거주 알제리인에게 국적선택권을 인정한 사례, 일본과 동일하게 제2차 세계대전 패전국이었던 독일(구 서독)이 오스트리아의 독립에 관해 국적문제규정법을 제정하여 독일 거주 오스트리아인에게 국적선택권을 보장한 사례 등이 있어, 이러한 여러 나라의 사례와 비교해 보더라도 국적선택권을 전혀 인정하지 않고 일률적으로 재일코리안의 일본국적을 상실 시킨 것은 부당하다는 의견도 설득력이 있습니다.

송두회(宋斗會) 씨 관련

　'일본국적확인소송'의 원고이며, 이 장의 주인공인 송두회 씨는 1915년에 경상북도에서 태어난 재일코리안 1세입니다. 1920년에 일본으로 건너와 교토부(京都府) 아미노초(網野町)에서 지낸 후 1932년에 '일본인'으로서 만주에 건너갔다가 1947년에 일본으로 돌아와, 이후 2002년에 86세로 숨을 거둘 때까지 일본에서 살았습니다.

　송두회 씨는 많은 전후보상재판에 관련되어 있습니다. 1975년에 도쿄지방재판소에 제소된 '사할린 잔류자 귀환청구소송'(이 책 110면 참조)의 제소 시에는 법원에 제출하는 변호사 앞 위임장을 모으는 일 등에 깊이 관여하여 중심적인 역할을 수행했습니다.

　이후 1989년부터는 한국에 거주하는 전쟁 피해자 유족들에게 '일본에 대한 공식사과와 배상을 요구하는 재판'을 제기할 것을 호소하였고, 그 결과 1990년에 한국에 거주하는 전(前) 군인·군무원이나 유족들 22명이 일본에 대해 손해배상의무확인과 사과 등을 청구하는 소송을 도쿄지방재판소에 제기하기에 이르렀습니다. 나아가 송두회 씨는 '우키시마마루(浮島丸) 사건' 재판에도 깊이 관여했습니다. 1945년 8월에 귀국하는 조선노동자를 태워 부산으로 향할 예정이었던 '우키시마마루'가 교토부의 마이즈루(舞鶴) 항 내에서 폭발을 일으켜 침몰하여, 배에 타고 있던 다수의 조선인 노동자가 사망했습니다. 이 우키시마마루 사건에 대해 1992년, 한국인 생존자와 유족들이 일본에 대해 사죄와 국가배상을 요구하는 소송을 교토지방재판소에 제기했는데, 송두회 씨는 그 원고측 대표를 맡고 있었습니다.

　이처럼 송두회 씨는 많은 전후보상재판에 관련되어 있습니다. 보다 정확하게 말한다면 송두회 씨의 활동이 일련의 전후보상재판의 효시가 되어 그 후에 제기된 다수의 전후보상재판의 출발점이 되었습니다. 또한 송두회 씨는 법무성 정문 앞에서 자신의 외국인등록증을 불태워 외국인등록법 위반의 피고인이 된 형사공판에서 스스로의 일본국적을 주장하는 일도 하였습니다. 이 송두회 씨가 관련된 최초의 전후보상재판이 이하에 소개하는 '일본국적 확인소송'입니다.

일본국적확인소송

1915년생으로서 재일코리안 1세인 송두회 씨는 일본국민으로서 태어나 어릴 때부터 교토부에서 생활하며 일본어를 사용하고, 일본국민으로서 교육을 받고, 권리와 의무를 가져 왔습니다. 1947년에 대륙에서 일본으로 귀국한 이후 일본 각지에서 생활했습니다. 송두회 씨는 스스로를 일본국민이라고 생각하며 외국인등록을 거부했으나, 일본을 상대로 일본국적 재판을 벌이고자 하는 생각이 처음부터 있었던 것은 아니었던 것 같습니다.

그러나 송두회 씨는 1965년, 외국인등록을 하지 않았다는 이유로 체포되어 유죄판결을 받고, 나아가 출입국관리국에서 조사를 받은 후 '재류특별허가'를 받아 일본에 체류하며 1년마다 그 허가의 갱신 신청을 해야만 했습니다. '재류특별허가'란 본래는 일본 밖으로 퇴거해야 하는 외국인에게 특별히 재류를 허가하는 것입니다. 1년에 한 번, 출입국관리국으로부터 강제당하는 갱신 신청이 송씨에게는 더 없이 굴욕적이었습니다. 일본정부나 출입국관리국이 송씨에게 '은혜'롭게도 일본에 재류하는 것을 허가해 준다는 것이, 송씨에게는 굴욕 이외의 아무것도 아니었습니다. "곰곰이 생각해 보면 일본에 뭔가 빚이라도 있는 것일까?" 송씨는 대일본제국을 일본인보다도 사랑하였고, 그 때문에 생명의 위험을 무릅쓴 경우도 여러 번 있었다고 합니다. 이러한 송씨의 생애는 일본에서의 체류를 송씨에 대한 혜택으로 밖에 인정하지 않는 일본정부, 출입국관리국의 태도와 정면으로 충돌하는 것이었습니다. 송씨는 이후의 생애를 출입국관리국 체제에 대한 투쟁에 바칠 결심을 했습니다.

1969년 10월 23일, 송두회 씨는 일본을 상대로 "원고가 일본국민이라는 것을 확인"할 것을 요구하며, 교토지방재판소에 일본국적확인청구소송을 제기했습니다. 당초에는 대리인 변호사를 선임하지 않고 재판을 실시하는 이른바 본인소송이었지만, 그 후 대리인 변호사와 함께하며 소송이 계속되는 가운데 지원의 고리도 서서히 넓어져 갔습니다.

송두회 씨의 주장은, "나는 주관적으로나 실체적으로나 일본인이다. 일찍이 대일본제국에게 일본인이길 강요당하여 나는 일본인으로 태어나 일본인으로 생활해 왔다. 나는 일본국적을 포기한 적이 없다. 나는 일본에서 일본인으로 살아갈 수밖에 없다."라는 것이었습니다. 즉 출생에 의해 일본국적을 취득하였으며 그것을 상실해야 할 법률상의 원인이 없음에도 불구하고 외국인으로 취급받는 것은 위헌·위법이기 때문에 일본국적을 가진다는 사실을 확인해 줄 것을 요구한 것입니다.

이에 대해 일본은 송두회 씨가 취득한 일본국적은 일본이 1952년에 연합국과 체결한 샌프란시스코 강화조약의 발효에 따라 상실되었고, 현재는 일본국적을 가지지 않는다고 주장했습니다.

이들 쌍방의 주장에 대해 1980년 5월 6일, 교토지방재판소는 송두회 씨의 청구를 기각하는 판결을 내렸습니다. 제소로부터 10년 이상이 경과한 시점이었습니다. 판결의 이유를 대략적으로 정리하면 다음과 같습니다.

① 샌프란시스코 강화조약에서는 조선인의 국적에 대해 명문으로 규정하고 있지는 않다.
② 그러나 조약 중에 "조선의 독립을 승인한다"고 하는 것은, 조선의 영토 및 주민의 일본국으로부터의 분리독립을 승인하는 것을 의미한다고 해석한다.

마찬가지로 조약 중에 "조선에 대한 모든 권리, 권원 및 청구권을 포기한다"
고 하는 것은, 조선의 영토 및 주민에 대한 일본국의 주권에 의한 지배의 포기
를 포함한다고 해석한다. 이러한 승인·포기 중에는 일본이 조선인에게 부여
하고 있던 일본국적의 포기도 포함된다고 해석되며, 이러한 조항들은 조선인
의 일본국적 상실에 관한 규정이기도 하다고 보아야 한다.

③ 샌프란시스코 강화조약 발효와 함께 일본국적을 상실하는 조선인이란, 한
일병합 후 일본 국내 법제상 조선인으로서 법적 지위를 취득한 사람을 말하
며, 구체적으로는 조선호적령의 적용을 받아 조선의 호적에 등재되어 있던 사
람을 말한다고 해석해야 한다. 송두회 씨도 이에 해당하기 때문에 샌프란시스
코 강화조약 발효와 함께 일본국적을 상실했다고 보아야 한다.

이 재판에서 송두회 씨는 "샌프란시스코 강화조약의 발효에 따라 일본
국적을 상실시키는 것은 국적 비강제의 원칙(국적의 변경은 개인의 자유 의사에
따라야 한다는 원칙)에 반한다"고 주장했습니다. 그러나 이에 대하여 판결은
① 이 원칙은 아직 국제관습법으로 확립되어 있는 것은 아닌데다가, 이것
이 국적변경을 일으키는 모든 경우에 적용되어야 할 예외를 인정하지 않
는 원칙이라고도 말하기 어렵다. ② 샌프란시스코 강화조약에 의한 조선
의 영토변경은 조선에서의 민족국가의 형성을 예정하는 것이기 때문에, 일
본이 조선인에게 부여하고 있던 일본국적을 조선의 독립을 승인함에 따라
상실시키는 결과가 되었다고 하더라도, 국적 비강제의 원칙에 반한다고 즉
각적으로 말하기는 어렵다"며 송두회 씨의 주장을 인정하지 않았습니다.

또, 이 재판에서 송두회 씨가 "조선인에게 국적선택권이 인정되어야 한
다"고 주장한 것에 대해서도, 판결은 "국적선택권과 관련하여 샌프란시스
코 강화조약 체결 전의 사정에 의하면, 이 조약으로 명문화가 예정되어 있
었다고 할 여지는 남아 있으나, 샌프란시스코 강화조약 자체에 있어서 국적

선택권에 대한 명문 및 그것을 고려하기에 충분한 규정이 없고, 아울러 국적선택권을 인정하는 선택권자의 범위, 선택의 형태와 효과, 선택에 따른 선택권자의 의무, 선택기간 등이 구체적으로 규정될 필요가 있는 것 등에 비추어 볼 때, 결국 샌프란시스코 강화조약에서는 조선인이 종래 가지고 있던 일본국적의 취득을 인정하는 의미에서의 국적선택권에 대해서는 인정하지 않는다고 볼 수 밖에 없다"며 송씨의 주장을 인정하지 않았습니다.

형사 사건(외국인등록법 위반 피고 사건)

송두회 씨는 '일본국적확인소송'의 제소로부터 약 4년 후인 1973년 7월 17일, 도쿄·법무성 정문 앞에서 많은 사람들이 지켜보는 가운데 자신의 외국인등록증명서를 불태웠습니다. 자신은 일본국적을 가지고 있으며, 외국인등록증명서를 휴대할 필요가 없다고 하는 확신에 근거한 행위였습니다. 외국인등록법의 규정에 따르면, 외국인등록증명서를 멸실 등에 의해 상실한 경우, 그 사실을 알았을 때로부터 14일 이내에 시읍면장에게 재교부 신청을 해야 하고, 이 신청을 하지 않은 채 이 기간을 초과하여 일본에 체류한 경우 형벌에 처하게 됩니다. 그러나 송두회 씨는 자신의 확신에 반하기 때문에 재교부 신청을 하지 않았고, 그로 인해 외국인등록법 위반의 죄를 추궁받게 되었습니다.

송두회 씨는 1974년, 교토지방재판소에 외국인등록법 위반죄로 기소되었습니다. 이후 외국인등록증명서의 전환절차를 밟지 않았다고 하여 1977년에 마찬가지로 외국인등록법 위반죄로 추가기소되었습니다. 이 형사재판은 '일본국적확인소송'과 표리일체를 이루고 있으며, 재판의 주된 쟁점은 송두회 씨가 일본국적을 보유하고 있는지 여부에 있었습니다.

판결까지는 5년이 걸렸는데, 1979년 4월 3일, 징역 4개월, 집행유예 1년의 유죄판결을 받았습니다. 이 형사재판에서는 '일본국적확인소송'에 앞서 송씨가 일본국적을 가지지 않는다는 판단이 내려진 것인데, 한편 "…이러한 국적처리로 인해 재일조선인에게 초래되는 불편과 고통을 해소시키는 일은 향후 일본의 입법적, 행정적 조치에 의해 시정되기를 기대하지 않을 수 없다"라는 주목할 만한 언급도 이루어졌습니다.

송두회 씨와 검찰 모두 이 판결에 불복하고 항소했으나 결론은 바뀌지 않았으며, 오사카고등재판소는 1981년 1월 26일에 쌍방의 항소를 기각했습니다. 결국 송두회 씨는 유죄가 되었지만, 이 항소심 판결에는 주의해야 할 점이 있습니다. 송두회 씨가 "국적선택권이 인정되어야 한다"고 주장한 것에 대해 이 판결도 "법적 조치는 전혀 규정되어 있지 않다"라는 결론을 내려 송두회 씨의 주장을 인정하지는 않았으나, 여러 나라의 사례나 세계인권선언의 규정도 언급하면서 이하에 인용한 바와 같이 "일본이 재일코리안에 대해서 일본국적의 선택권을 주는 국적처리가 법적으로 충분히 가능한 점" "이러한 처리가 하나의 적절한 처치였던 점"을 명언(明言)했습니다.

"… 피고인(송두회)을 포함한 재일조선인의 대부분은 일본과 조선의 병합 결과 한반도에서 일본으로 이주한 사람 및 그 자손이며, 그중에는 강제적으로 이주당한 자도 있다는 역사적 경과에 더하여, 장기간의 거주에 따라 일본에만 생활의 본거지를 가지는 자도 적지 않다는 점에서 볼 때, 일본의 조선인에 대한 주권 포기에 따른 일본국적의 상실은 이러한 자들에게 강제적으로 국적을 박탈당하는 것과 동일한 경우도 있을 것으로 인정되는 점 등의 제반 사정에 비추어 보면, 재일조선인에 관해서는 평화조약(=샌프란시스코 강화조약) 제2조 (a)항에 따라 일률적으로 일본의 국적을 상실시키지 아니하고 위 조약 발효 시에 일본국적을 보유할지 여부의 선택권을 행사시키는 법적 조치 또는 위 조약 발효 후 일정 기간 내에 일단 상실한 일본국적을 일정한 요건하에 회복할 권리를 부여하는 법적 조치를 취하는

송두회 씨가 도쿄구치소에서 보낸 서간(書簡)

것도 하나의 적절한 처치였다고 생각할 수 있다"

본 재판의 의의

사실 강화조약 발효에 따른 일본국적의 상실에 대해서는, 송두회 씨보다 이전에 소송에서 다투어져 최고재판소의 판단도 이루어졌습니다. 전쟁 전인 1935년에 조선인 남성과 결혼하였고 강화조약 발효 후인 1952년에 이혼한 일본인 여성이 관공서에서 일본국적을 상실했다는 이야기를 듣고, 일본국적의 확인을 요구한 소송입니다.

이 건에 대해 최고재판소 1961년 4월 5일 대법정 판결은, 일본 법률상 조선인으로서의 법적 지위를 가지고 있던 사람은 강화조약에 의해 일본국적을 상실한다고 언급했습니다. 그리고 소송을 제기한 이 여성에 대해서도, 원래는 일본인이지만 1935년에 조선인과 혼인, 입적한 것에 따라 법률상 조선인으로서의 법적 지위를 가지고 있던 사람이며, 강화조약에 의해 일본국적을 상실하였다고 판시하였습니다.

송두회 씨에 대한 일본국적확인소송과 형사재판 판결은 이 최고재판소 판례의 사고방식을 답습한 것이며, 법원 측에서 보면 '당연히 예상되었던 결론'일 수 있습니다. 송씨 측에서 보면 재판에서 청구한 것은 인정받지 못한 것이 됩니다.

그러나 송두회 씨의 재판은 재일코리안에 대한 정책의 문제성을 명백히 하였고, 재일코리안의 권리 획득과 법적 지위의 향상에 크게 기여했으며, 향후 재일코리안이 나아가야 할 하나의 유력한 길을 제시했다는 점에서 그 의의는 적지 않습니다. 송두회 씨의 재판으로 밝혀진 사실, 즉 재일코리안이 일본국적을 부당하게 상실당한 사실과 일본국적의 선택권이 부당하게도 주어지지 않았던 사실은 이후의 재일코리안 전후보상재판에서 "일본인과 동등한 권리·법적 지위를 주어야 하는 점"의 주요 근거로서 반복해서 거론되고 있습니다.

송두회 씨의 형사재판에서 최창화 씨(이 책 186면 참조)가 교토지방재판소에서 특별 변호인으로서 의견을 진술하고 있는데, 그 의견진술서 중에서 이 재판의 의의·중요성이 정확하게 언급되어 있으므로 인용하고 합니다.

"이 재판은 장래 일본에서 한국민족으로 사는 생존투쟁입니다. 단지 살아남는 것이 아니라, 자유롭고 자부심을 가지는 민족의 주체성을 법적으로 보장받으면서 살아가기 위한 투쟁입니다.

5천만 명 한국민족은 현재 한국은 물론 미국, 영국, 독일, 일본 등에 흩어져 살고 있습니다. 이 민족의 일치와 민족의 고민을 함께 짊어지면서 각자 살고 있는 나라에서 그 거주국의 국민으로 훌륭하고 성실하게 살기 위해서입니다. 이 재판은 말 그대로 민족으로서 살고 주체성을 가지고 살기 위한 투쟁이며 주장입니다.

즉, 한국계 소수민족으로 살 권리를 국적을 통해 국제적으로 보장받으려는 투쟁 중 하나입니다."

또한 송두회 씨가 자신의 권리로서 일본국적을 주장하고 일본국적의 선택권을 주장한 것이 해방으로부터 4반세기도 지나지 않았던 1969년이었다는 점도 높이 평가되어야 합니다. 당시에는 현재와는 비교도 안될 만큼 이러한 주장에 대한 큰 저항이 있었습니다. 1974년에 쓰여진 최창화 씨의 의견진술에도 다음과 같은 기술이 있습니다.

"왜 이 재판이 재일한국인에게 이해되고 지원받지 못했는가! 이는 바로 장래의 재일한국인의 삶의 방식에도 관련될 것으로 생각되는데, 그보다 과거의 일에 사로잡혀 있기 때문입니다.

'나는 일본인이다' 이 주장이야말로 확실히 (재일한국인이) 제일 싫어하는 말입니다. 일찍이 우리에게 강제연행을 강요하고, 우리의 조국을 빼앗고, 조국의 많은 사람들을 총검으로 죽인 그 생생한 기억이 아직도 가슴속에서 지워지지 않는 그 일본인에게, 그 일본인이 바로 나라고 어떻게 그렇게 말할 수 있겠습니까?

이와 같이 민족감정을 무시하고는 이해할 수 없는 점이 있습니다.

··· '나는 일본인이다'라는 말을 '나는 일본 국민이다'라는 말로 바꾸어 보고자 합니다.

나는 현재 일본을 구성하고 있는 국민의 한 사람이고, 일찍이 그러한 국민이 되도록 강요받았습니다. 그런데 우리 재일한국인의 자유의사를 존중하지 않고 일방적으로 일본국적 즉 거주권을 박탈하는 것은 부당하다는 주장인 것입니다. 내가 일본국적이 싫으니까, 이제 이런 일본국적은 싫다고 말하며 버리거나 포기할 권리는 있어도, 일본이 일방적으로 너는 일본국적을 상실했다, 아니 일본국적이 없다고 할 수 있는가 라는 것입니다."

이에 더하여 송두회 씨의 재판이 이른바 권리획득을 위한 일련의 소송, 즉 전후보상재판의 선구적인 역할을 한 점도 중요합니다. 일본국적확인 소송만 보아도 송두회 씨 이후로 1975년에는 김종갑(金鐘甲) 씨, 1986년에 는 조건치(趙健治) 씨가 각각 일본국적확인소송을 제기했습니다. 두 소송 모두 각하되었으나, 예를 들어 조건치 씨 소송의 항소심 판결에서는 판결 문 중에서 아래와 같이 언급하고 있어 재일코리안에 대한 입법정책의 잘 못을 엄격하게 지적하고 있는 점이 주목됩니다.

"재일조선인이 그 역사적 경위에 따라 일본에 놓이게 된 특수한 지위에도 불 구하고, 일본인이 헌법과 법률로 부여받고 있는 많은 권리와 법적 지위를 향 유할 수 없으며, 법적, 사회적, 경제적으로 차별받고 열악한 지위에 놓여 있는 것은 사실이나, 위는 재일조선인이 일본국적을 가지지 않기 때문이 아니라, 주로 일본의 식민지지배의 잘못에 의해 재일조선인이 놓여진 입장을 고려하 지 않고, 일본인이 향유하고 있는 권리와 법적 지위를 재일조선인에게 주려고 하지 않았던 입법정책의 잘못에서 유래하는 것이라고 생각된다."

《참고문헌(일본어)》
崔昌華, 『国籍と人権』, 酒井書店、一九七五年.

《참고문헌(한국어)》
최창화, 『국적과 인권』, 사카이서점, 1975.

김희조(긴 요시토모, 金喜朝)

'군마(群馬)의 숲' 조선인 추도비 사건—
역사수정주의와의 싸움

역사수정주의의 대두

최근 조선인·중국인의 강제연행을 반성하는 위령비 등에 대한 공격이
일본 전국에서 발생하고 있습니다. 재특회('재일코리안의 특권을 허용하지 않는
시민회')를 필두로 한 극우단체들은 외국배척주의를 내세우는 혐오 발언을
할 뿐만 아니라 강제연행의 역사를 부정하고 일본 각지에 있는 조선인 위
령비를 철거하는 운동을 벌이고 있습니다.

본 장에서 다루는 '군마의 숲' 조선인 추도비 사건 외에도 덴리시(天理市)
에 설치된 구 야마토(大和)해군항공대 야마토기지[야나기모토(柳本) 비행장]의
설명판이 철거된 사례도 있습니다. 이 설명판에는 "많은 조선인 노동자가
동원 및 강제연행으로 야나기모토 땅에 끌려와 혹독한 노동상황 속에서
일하였습니다"라는 설명이 있었습니다. 그러나 재특회 구성원으로부터
"(강제연행이 있었음을 인정하는 것은) 일본 국민을 폄하하는 것"이라는 항의가
들어와, 항의운동의 압박을 받은 덴리시는 "(강제연행이 있었다는) 내용을 뒷
받침하는 자료가 없다"는 존재하지도 않는 이유를 붙여서 설명판을 철거
해 버린 것입니다.

이와 같은 역사를 수정하려는 움직임은 일부 과격한 단체가 하는 특수

한 사안이라고 말할 수 있을까요?

그 해답은 '군마의 숲' 조선인 추도비 사건의 판결 속에 있습니다.

'군마의 숲' 조선인 추도비 사건

사건의 배경

군마현립 '군마의 숲 공원'에는 조선인 강제연행 희생자를 추도하기 위한 비('기억 반성 그리고 우호의 추도비')가 있습니다. 조선인 강제연행 희생자를 추도하기 위해 위령비의 설치를 계획한 시민단체는 공원을 관리하는 군마현과의 협의를 거듭한 끝에 '정치적 행사를 하지 않을 것' 등을 조건으로 수용하였고, 10년간의 설치허가를 받아 2004년에 위령비를 설치했습니다.

그런데 설치허가 갱신시기인 2014년이 되자 갑자기 극우단체에서 군마현의회에 대해 위령비 추도식에서 반복적으로 정치적 주장이 이루어지고 있어 설치 조건을 위반하였다는 항의 활동을 벌였고, 이것이 발단이 되어 군마현은 위령비 설치갱신을 불허가하였습니다. 이 갱신불허가처분에 대해 2014년 11월 13일 위령비를 관리하는 시민단체('지키는 모임')는 이 갱신불허가처분은 위법·위헌이라며 마에바시(前橋)지방재판소에 불허가처분의 취소를 요구하는 행정소송을 제기했습니다. 이것이 '군마의 숲' 조선인 추도비 사건입니다.

재판의 쟁점

이 재판의 큰 쟁점 중 하나는 위령비 추도식에서 설치 허가 조건을 위반한 '정치적 행사'가 이루어졌는지 여부였습니다. 2012년 4월의 추도식에서는 조선인 강제연행에 대한 '일본정부의 사죄와 배상, 한·일 국교 정상화의 하루 빠른 실현'이라는 조총련 군마현 본부위원장의 발언 등이 있었기에, 지금까지의 추도식이 허가 조건을 위반한 '정치적 행사'였다고 할 수 있을지 여부가 문제가 된 것입니다.

이 점에 대해 피고가 된 군마현은 ① (추도식 등에서) 정부 견해로 인정되지 않은 '강제연행'이라는 표현이 사용되는 일 등이 발생하면 추도비로서의 의미를 넘어서 특정 주의 주장을 전달하기 위해 이용될 우려가 있는 이상, ② (추도식에서의) 강제연행이라는 발언은 추도비의 비문에 쓰여 있는 요지나 내용과는 다른 독자적인 주의 주장으로서 과거의 역사적 사실을 기록한다는 의미를 넘어 정치적 발언이었다고 하지 않을 수 없으므로 허가 조건을 위반한 '정치적 행사'가 있었다고 주장했습니다.

이에 대해 원고인 지키는 모임은 ① 위령비에는 "일본이 조선인에게 많은 손해와 고통을 준 역사적 사실을 깊이 기억에 새기고 진심으로 반성하며 다시는 잘못을 반복하지 않겠다는 결의를 표명한다"는 등의 문장이 기록되어 있어 조선인 강제연행이 있었다는 역사인식을 전제로 세워진 점, ② 추도식에서의 발언은 (조선인의 강제연행이 있었다는) 역사인식을 전제로 한 발언으로 정치적 발언이 아니라고 반론하였고, 허가 조건을 위반한 '정치적 행사'는 없었다고 주장했습니다.

이처럼 직접적으로는 '정치적 행사'의 유무가 재판의 쟁점이 되었던 것인데, 그 배경에 조선인 강제연행을 언급하는 발언이 있었던 것 자체가 문제가 된 점을 보면, '군마의 숲' 조선인 추도비 사건에서는 '조선인 강제연행'이라는 역사적 사실의 유무가 재판의 쟁점이 되었다고 해도 과언이 아닐 것입니다.

마에바시시지방재판소 판결(2018년 2월 14일)

마에바시시지방재판소 판결은 우선 추도비 설치 시 군마현의 요청에 따라 추도비 비문에서 '강제연행'이라는 문언을 삭제하고 '노무 동원'으로 변경한 경위가 있었던 점에 비추어 볼 때 강제연행을 언급한 추도식이 '정치적 행사'였음을 인정했습니다.

그러나 마에바시지방재판소 판결은 '정치적 행사'가 행해진 점 등의 조건 위반이 있었다고 해서 바로 갱신을 거절해야 한다고까지는 평가할 수 없다고 판단했습니다. 또한 마에바시지방재판소 판결은 안이하게 불허가 판단을 하여 문제 해결을 위한 노력을 게을리한 군마현의 자세는 엄격히 비판되어야 하고, 결론적으로 군마현지사의 재량권 행사에는 일탈 남용이 있었음을 이유로 본건 불허가처분을 취소했습니다.

본건 불허가처분을 취소한 마에바시지방재판소 판결의 결론 자체가 타당했음은 두말할 필요도 없으나, 이 사건에서 주목해야 할 점은 아래 마에바시지방재판소 판결의 설시라고 할 수 있을 것입니다. 군마현이 갱신을 불허가한 이유 중 하나로, 극우단체의 항의 활동과 거리선전활동으로 인해 공원에서 소동이 발생하여 곤란하다는 것이 있었는데, 마에바시지방재판소 판결은 극우단체의 압박에 굴하여 졸속 철거 방향으로 내달린 현의 대응에 대해 "군마현은 항의를 하는 사람들에게 비문의 내용은 정당하다는 점을 설명하고 이해를 구하는 것이 바람직했다"고 반성을 촉구했습니다. 일본 각지에서 발생하고 있는 극우단체의 지방자치단체에 대한 전화공격 및 돌격방문 등 실제적 행위에 의한 항의행동에 대해 지방자치단체는 이에 굴하지 않고 의연히 대응해야 했다는 마에바시지방재판소 판결 설시는, 역사수정주의의 대두에 대해 경종을 울리는 것이라고 이해해야 합니다.

일본정부가 강제연행을 인정하지 않기 때문에
강제연행은 없었다고 말할 수 있는지

극우단체나 군마현의 사고방식은 일본정부가 강제연행은 없었다고 말하고 있는데, 이에 반하여 강제연행을 인정하는 발언은 괘씸하다는 사고방식이며, 이러한 배경에는 태평양전쟁 시 조선인 강제연행이 있었던 점은 역사적 사실로서 명백함에도 불구하고 이러한 역사적 사실을 부정하려는 사고방식이 있습니다.

이러한 역사수정주의의 흐름을 대표하는 하나의 예를 들면, 일본정부는 '메이지(明治) 일본의 산업혁명 유산'을 등록할 당시 1940년대에 "그 의사에 반하여 끌려와 혹독한 환경하에서 일한 많은 한반도 출신자 등이 있었던 점, 또한 제2차 세계대전 중 일본정부 차원에서도 징용정책을 실시하였던 점에 대해 이해할 수 있는 조치를 강구하겠다"는 국제공약을 했음에도 불구하고 위 국제공약을 실시하기 위해 설치된 산업유산정보센터[도쿄도 신주쿠구(東京都新宿区)]에서는 강제연행·강제노동은 없었다는 내용의 전시를 하고 있는 점을 들 수 있습니다. 다른 나라를 가리키며 국제적인 약속을 지키지 않는 나라라고 비판하는 일본정부인데, 실제로는 바로 그 일본정부 자체가 스스로에게 불리한 약속은 지키지 않고 어떤 의미에서는 당당히 역사 수정을 하고 있는 것입니다.

역사는 역사로서 직시해야 하는데, 이러한 일본정부의 태도를 보면, 극우단체 등이 "일본정부도 강제연행은 인정하고 있지 않다" "(강제연행이 있었음을 인정하는 것은) 일본 국민을 폄하하는 것"이라며 기세를 떨치는 것도 이해가 가고, 역사 수정의 움직임이 일부 과격한 단체만이 벌이고 있는 특수한 사안이 아님을 잘 알 수 있습니다.

"항의를 하는 사람들에게 비문의 내용은 정당하다는 점을 설명하고 이해를 구하는 것이 바람직했다"고 마에바시지방재판소 판결이 우려하고 있듯이, 극우단체의 항의를 견뎌내지 못하고 전국의 지방자치단체에서 과거의 잘못을 기록한 위령비 등이 철거된다면, 일본이 다시 전쟁을 벌이는 나라로 변하는 날은 머지않았다고 말하지 않을 수 없습니다.

부기

2021년 8월 26일의 도쿄고등재판소 항소심 판결에서는 강제연행이라는 역사적 사실을 언급하는 것 자체가 (설치 조건에 반하는) 정치적 활동에 해당한다고 인정하는 등, 군마현의 주장이 그대로 추인되어 군마현이 승소하는 결과가 나왔습니다. 너무나도 부당한 판결이라고 말하지 않을 수 없습니다. 본 사건은 상고가 이루어졌으니 상고심 결과를 기다려 보고자 합니다. 본고를 집필함에 앞서 자료를 제공해 주신 변호단의 시모야마 준(下山順) 변호사님께 진심으로 감사드립니다.

장계만(張界満)

제4장

일상생활에서의 차별

히타치(日立) 재판―대기업에 도전한 투쟁

히타치 취직차별재판의 자리매김

1974년 6월 19일, 요코하마(橫浜)지방재판소에서 일본에서의 재일코리안에 대한 차별을 규탄하는 판결이 있었습니다. 이 사건은 원고인 박종석(朴鐘碩) 씨가 일본의 대기업인 주식회사 히타치제작소(日立製作所)를 피고로 제소한 사건으로, 히타치 취직차별재판으로 널리 알려지게 되었습니다.

1970년 12월 8일에 시작된 이 재판을 계기로 하여, 1970~80년대는 재일코리안의 구체적인 차별철폐운동이 시작된 시대가 되었습니다. 1977년에는 김경득(金敬得) 씨가 한국 국적인 채로 사법연수생으로 채용되고 외국인 사법연수생 제1호가 되어, 재일코리안도 변호사가 될 수 있는 길이 열렸습니다. 1983년에는 정양일(鄭陽一) 씨가 외국인 변리사 제1호가 되어, 재일코리안도 변리사가 될 수 있는 길이 열렸습니다. 그 외에 1980년대에는 공립학교에서의 교원채용문제 등 재일코리안에 대한 이유 없는 차별이 재검토되어 갔습니다.

이처럼 히타치 취직차별재판은 그 후에 계속되는 재일코리안에 대한 차별철폐운동에 큰 순풍이 된 재판이며, 재일코리안의 법적 지위, 권리 획득 운동의 큰 주춧돌이 된 재판이었다고 말할 수 있습니다.

일본인이 되려고 한 아라이 쇼지

원고인 박씨는 1951년 11월 24일, 아이치현(愛知県) 니시오시(西尾市)에서 태어났습니다. 일본명은 아라이 쇼지(新井鐘司)입니다.

당시 재일코리안이라고 하면 육체노동이나 공장근로자 등 저임금·저수입의 일 외에는 취직하지 못하는 것이 보통이었습니다. 박씨의 부모님도 부친은 주조공장에서 일했고, 모친은 행상이었습니다. 박씨의 집은 부모님과 장녀를 필두로 9명의 형제자매가 좁은 집 안에서 서로 북적거리며 살아가는 궁핍한 가정이었습니다.

박씨는 1958년, 니시오시립 나카바타(中畑) 초등학교에 입학했습니다. 박씨의 누나와 형도 일본명인 '아라이'로 학교에 다니고 있었으며, 박씨는 자신을 동급생들과 같은 일본인이라고 생각했습니다. 그러나 박씨가 재일코리안이라는 사실은 작은 마을에서 은폐될 수 없었고, 초등학교 2학년 무렵부터 동급생에게 '조센진'이라 불리며 놀림을 당하는 나날이 계속되었습니다. 또한 집이 궁핍했기 때문에 가난하다고 괴롭힘을 당하는 일도 많았습니다.

1964년, 박씨는 니시오시립 헤이사카(平坂)중학교에 입학합니다. 박씨는 자신이 재일코리안인 것은 알고 있었으나, 일본인 동급생들과 함께 공부를 계속해 가면 자신도 자연스럽게 일본인이 될 수 있다고 믿고 있었습니다. 그리고 중학교 시절의 박씨는 성적도 학급상위권이었으며, 반에서의 인망도 두터워 마침내 3학년 때에는 반장으로 선발되기도 했습니다.

그러나 재일코리안이기 때문에 궁핍한 생활을 강요당하고 있는 것이나, 일본인이 엽신여기는 것 등을 어릴 적부터 몸으로 느꼈던 박씨에게는 조선인이나 조선이라는 나라는 싫은 존재로밖에 생각되지 않았습니다. 반대로 재일코리안으로서 궁핍하게 살고 있는 맏형과 비교해서 일본인처럼 꾸미고 깔끔하게 차려 입고 다니는 둘째 누나나 셋째 형을 멋있다고 생각해 왔습니다.

이즈음 박씨는 중학교 시절의 경험으로, 노력을 하면 반드시 보답을 받으니 노력을 해서 일본사회에서 반드시 출세를 하겠다는 결심을 하게 됩니다.

1967년, 박씨는 헤키난(碧南)고등학교 상업과에 입학했습니다. 500명 중 5등이라는 우수한 성적이었습니다. 입학할 때 학교가 박씨를 반장으로 지명하였고, 학업은 물론 클럽활동에도 힘을 쏟으며 근면성실하게 생활했습니다.

고등학교 3학년이 되자 상업과에는 구인신청이 쇄도하여 동급생들은 2학기도 되기 전에 일찍 진로를 결정하는 가운데, 재일코리안인 박씨는 대학에 가고 싶어도 학자금을 마련할 수 없어 대학에 갈 수도 없고, 취직을 하고 싶어도 어차피 조선인을 고용해 주는 회사는 없을 것이라고 포기할 수밖에 없는 나날을 보내고 있었습니다.

결국 박씨는 조선인이라도 고용해 주는 곳이 있다는 담임교사의 권유로 쓰다(津田)판금이라는 자동차부품 제조회사에 취직하게 되었습니다. 그러나 상업과를 졸업한 박씨에게 주어진 일은 박씨가 희망하는 사무직이 아닌 프레스공의 일이었습니다. 박씨는 이 회사를 일주일 만에 그만두고 선배가 소개해 준 히카리(ヒカリ)제작소라는 회사에 취직했습니다. 그런데 이 회사에서도 희망대로 일을 받지 못하고 또다시 프레스공의 일을 하게 되었습니다.

학생시절의 박씨는 자신이 재일코리안이라는 곤경으로부터 빠져나가려면 몸도 마음도 모두 일본인이 될 수밖에 없다고 믿고 있었습니다. 그러므로 박씨는 일본인이 되려고 열심히 공부하여 정규 고등학교의 상업과에까지 진학했습니다. 그러나 결국 재일코리안은 일본인이 될 수 없습니다. 오히려 박씨는 일본인이 되려고 하면 할수록 재일코리안에 대한 일본 사회의 차별을 온몸으로 겪을 수밖에 없었습니다.

히타치와의 싸움

재일코리안이라는 이유만으로 자신이 희망하는 일자리를 얻지 못하고, 결국 프레스공 등의 단순작업밖에 할 수 없는 처지를 괴로워하면서 수개월이 지난 1970년 8월 19일의 일입니다. 박씨에게 한 신문광고가 눈에 들어왔습니다. 히타치(日立)소프트웨어 토츠카(戸塚)공장의 구인광고였습니다. 등용제도(登用制度) 있음이라는 문구가 박씨의 눈에 들어왔습니다. 박씨는 입사시험에 합격해 히타치에 취직하고 열심히 노력하면 중·고등학교 때처럼 우수한 성적을 올려 주변 일본인으로부터 존경도 받고, 회사에서도 간부로 등용되어 다른 사람들이 부러워하는 지위로 올라갈 수 있지 않을까 하고 꿈을 생각하게 되었습니다.

그러나 그런 박씨 앞에 큰 벽이 가로막았습니다. 이력서였습니다. 박씨는 성명란에는 '아라이 쇼지'라는 '일본명'을 썼습니다. '아라이 쇼지'라는 이름은 지금까지 초·중·고등학교에서 계속 사용해 온 이름이기 때문에, 별다른 의문 없이 기입했습니다. 물론 박씨도 고등학교 시절에 외국인등록증을 갖게 되었고, 그때 자신의 또 하나의 이름이 '박종석'인 것을 알고 있었습니다. 단지 당시의 박씨에게는 '박종석'이라는 이름은 외국인등록증에 기재되었을 뿐인 이름이며, '아라이 쇼지'가 평상시부터 사용하고 있던 진짜 이름이었습니다.

큰 문제는 본적란이었습니다. 박씨는 본적란에 '한국'이라고 쓰면 어떻게 될지를 상상했습니다. 박씨는 형이나 재일코리안 선배들로부터 일본의 대기업은 재일코리안을 절대로 고용하지 않는다고 귀가 따가울 정도로 들어 왔으므로, 본적란에 '한국'이라고 쓰면 시험조차 볼 수 없게 된다고 생각하여 본적란에는 박씨의 출생지인 니시오시의 주소를 기입했습니다.

박씨는 이러한 이력서·신상서를 히타치에 제출하여 1970년 8월 23일, 나고야(名古屋)영업소에서 채용시험을 봤습니다. 그리고 박씨는 수험자 33명 중 합격자 7명이라는 난관을 뚫고 채용시험에 합격했습니다.

1970년 9월 2일, 히타치는 박씨에게 부임지·휴대품 등을 알려주며 호적등본을 지참할 것을 지시한 '채용통지서'를 발송하였고, 9월 4일에 박씨는 토츠카공장 담당자로부터 전화로 합격소식과 함께 히타치로부터 '채용통지서'도 받았습니다.

이 합격의 기쁨을 전하기 위해 박씨가 둘째 형에게 연락을 했더니, 둘째 형은 본적을 어디로 썼는지 물었습니다. 박씨가 출생지를 썼다고 대답하자 둘째 형은, "아마 히타치에 가도 그 사실을 말하면 바로 돌려보낼 거다"라고 단언했습니다.

박씨는 그런 둘째 형의 말을 받아들이고 싶지 않았습니다. 천하의 히타치 같은 회사가 시험을 보게 하고 채용을 결정했는데 돌려보낼 리가 없다, 자신이 재일코리안이라고 해도 일본인답게 교육받고 일본인답게 사는 것을 목표로 해 온 인간에 대해 그렇게 잔혹한 처사를 할 리가 없다고 믿고 싶었습니다.

그러나 현실은 박씨의 생각과는 정반대였습니다. 회사에 제출해야 하는 서류 중에는 '호적등본'이 있었습니다. 박씨와 같은 재일코리안은 일본에 호적이 없으므로 호적등본도 없습니다. 1970년 9월 15일, 박씨는 토츠카공장에 전화로 연락을 하여 호적등본이 없으므로 외국인등록증명서를 지참하고 싶다고 담당자에게 전했습니다. 그러자 전화는 담당자로부터 근로과 주임인 도마 다카시(当麻隆) 씨로 연결되었고, 박씨로부터 사정을 들은 도마씨는 채용통지는 유보할테니 회사측 연락을 기다리라고 지시했습니다.

이틀 후인 9월 17일, 회사로부터 연락이 오지 않자 박씨가 회사에 전화를 했고, 근로과 주임으로부터 "당사는 일반외국인은 고용하지 않으며 이는 사내규정에도 쓰여 있다. 피해 받은 건 당신이 아니라 우리 쪽입니다. 당신이 사실을 썼더라면 이런 일이 벌어지지도 않았습니다. 이번에는 단념하세요"라고 채용취소(해고) 통고를 받았습니다.

박씨는 출신 고등학교의 교사와 노동기준감독서에 가서 상담도 하고, 직접 히타치로 찾아가기도 했으나 채용취소는 뒤집히지 않았습니다.

그래서 박씨는 1970년 12월 8일, 노동계약상의 권리가 있다는 확인(해고의 무효)과 미지급 임금의 지급 및 위자료를 요구하여 요코하마지방재판소에 제소했습니다.

본명을 사용하지 않고 일본명을 사용하는
재일코리안은 거짓말쟁이인가?

본건의 재판의 쟁점은 크게 두 가지였습니다.

하나는 ① 히타치의 채용취소가 노동계약 성립 후의 해고에 해당하는가(해고라면 그 당부를 채용취소보다 엄격하게 판단합니다)라는 점입니다. 이에 대해 히타치 측은 박씨에 대한 채용취소는 노동계약 성립 전의 불채용통고이기 때문에, 기업에서의 고용의 자유 범위 내의 행위로서 허용되는 것이라고 주장했으나, 법원은 이를 인정하지 않았습니다.

다른 하나는 ② 지원서류의 이력서 등에 '일본명'만을 기재하고 본적지란에 '출생지'를 기재하여 한국적을 감춘 것을 이유로 해고할 수 있을지 여부입니다. 이 사건에서 가장 본질적인 쟁점이며, 재일코리안이 존재하는 역사적 배경과 재일코리안에 대한 일본사회의 차별 실태에 비추어 볼 때, 박씨에 대한 해고에 합리성이 있는지 여부에 대해 법원이 판단했습니다.

히타치 측은 박씨가 재일코리안이기 때문에 채용을 거부한 것은 아니고, 박씨가 지원서류의 이력서 등에 '일본명'만을 기재하고 본적지란에 '출생지'를 기재한 것에 대해 해약권을 행사한 것이며, 또한 취업규칙 위반의 징계해고에 해당한다고 주장했습니다.

해약권을 행사할 수 있는지 여부에 대해서 법원은, 해약권의 행사는 객관적, 합리적이고 사회통념상 상당하다고 판단할 수 있는 경우에만 허용되므로, 박씨가 서류에 허위 사실을 기재했다는 사실만으로는 해약권을 행사할 수 있을 정도의 객관적, 합리적인 이유가 있다고는 볼 수 없고, 그 결과 박씨의 노동력의 자질과 능력을 히타치측이 오인하거나, 회사에서 일하게 할 수 없을 만큼 거짓말쟁이라 신용할 수 없는 인물이라고 인정되는 경우가 아니라면, 히타치 측은 해약권을 행사할 수 없다고 했습니다.

그리고 법원은 본건에서 박씨에게는 노동력의 자질과 능력에는 문제가 없으므로, 결국 박씨가 이력서 등에 본명·본적에 대해서 진실의 기재를 하지 않고 채용시험을 본 것에 대해서 다음과 같은 이유로 히타치는 해약권을 행사할 수 없다고 했습니다.

일본명인 '아라이 쇼지'에 대해서는 극히 일상적으로 이용해 온 통명이므로 이를 '거짓 이름(僞名)'의 기재라 할 수 없고, 박씨가 성명란에 본명인 '박종석'을, 본적란에 '한국'을 썼다면 박씨가 재일코리안인 것이 드러나는데, 많은 일본 대기업들이 재일코리안이라는 이유만으로 채용을 거부해 온 현실을 보면, 재일코리안인 박씨가 히타치에 취직하고 싶은 일념으로 재일코리안인 것을 숨기고 일본명을 기재하고 본적지에 출생지를 기재했다고 해도, 그 허위기재에 대해서는 매우 동정해야 할 점이 많다.

또한 히타치 측의 취업규칙 위반에 따른 징계해고 주장에 대해서도 법원은, 히타치가 박씨에 대해 채용취소라는 명분으로 해고를 하거나 박씨의 불채용을 징계해고처분이었다고 주장하게 된 진정한 결정적인 이유는 박씨가 재일코리안이라는 점, 즉 박씨의 '국적'에 있었다고 추인하지 않을 수 없기 때문에, 그러한 차별적인 징계해고는 허용되지 않는다고 판단했습니다.

이 판단을 통해 법원은 일본의 대기업이 재일코리안이라는 것을 이유로 취직차별을 해 왔다는 사실을 인정했습니다.

법원이 인정한 재일코리안에 대한 차별의 실정

이 재판에서 박씨는 히타치로부터 받은 차별적 취급에 대해 위자료를 청구하였으며, 법원은 이를 전면적으로 인정하였습니다. 이 위자료 청구를 인정하는 판단 중에서 법원은 재일코리안에 대한 취업차별의 실정을 다음과 같이 인정하고 있습니다.

"원고 본인심문의 결과에 따르면, 원고는 지금까지 일본인의 이름을 가지고 일본인답게 행동하며 유능하고 성실하게 일한다면 피고에게 채용된 후 재일조선인임이 판명되어도 해고될 일은 없을 것이라는 정도로 쉽게 생각하고 있었는데, 피고의 원고에 대한 본건 해고에 의해 재일조선인에 대한 민족적 편견이 예상외로 심각한 것을 새삼 자각하게 되었고, 그리고 재일조선인에 대한 취직차별, 이에 따른 경제적 빈곤, 재일조선인의 생활고를 원인으로 하는 일본인의 멸시감각은 재일조선인 대다수의 사람으로부터 성실히 생활하고자 하는 희망을 빼앗고, 때로는 인격파괴로까지 이어지고 있는 현황에서 재일조선인이 인간성을 회복하려면 조선인의 이름을 가지고, 조선인답게 행동하고, 조선의 역사를 존중하며, 조선민족으로서 자부심을 가지고 살아가는 것 외에는 없다는 것을 깨달은 그 심경을 표명하고 있음이 인정되기 때문에, 민족적 차별에 의한 원고의 정신적 고통에 대해서는 동정하지 않을 수 없다."

그러나 현재도 일본기업에 근무하는 재일코리안의 대다수가 일본명으로 근무하고 있다는 실정을 보면, 일본사회에는 재일코리안에 대한 차별이 아직도 뿌리 깊게 남아 있다고 할 수 있습니다.

재일코리안으로서 사는 길을 선택한 박종석

이 재판은 일본 최초의 재일코리안에 대한 취업차별 재판입니다. 이 재판에서 완전히 승리함으로써 대기업에 취직하는 것 자체를 생각할 수 없었던 시대에 재일코리안 젊은이들에게 장래에 대한 밝은 희망과 꿈을 주었습니다. 그리고 박씨처럼 재일코리안 젊은이들이 민족적 정체성을 확립하는 계기가 된 재판이었다고 할 수 있습니다.

박씨가 1974년 2월 14일 법정에서 한 발언 중에 재일코리안으로서 사는 의미를 자각한 훌륭한 말이 있어 마지막으로 소개하겠습니다.

"법원에 기대하는 것은 없습니다만, 히타치가 한 행위는 저 자신에게도 큰 도움이 되었습니다. 나 자신이 조선인으로서 살거나 인간성을 회복하고 살아가도록 히타치가 해 준 것입니다. 그러므로 저는 이미 승리했다고 생각하고 있습니다. 비록 이 재판에서 진다고 해도 후회는 없을 거라 생각합니다."

《참고문헌(일본어)》

田中宏, 『在日外国人─法の壁、心の溝』, 岩波新書、一九九一年.

仲原良二,『在日韓国・朝鮮人の就職差別と国籍条項』,明石書店、一九九三年.
日立就職差別裁判三〇周年記念集会実行委員会編,『日立就職差別裁判三〇
周年記念の集い報告集』,外国人への差別を許すな・川崎連絡会議、
二〇〇〇年.

《참고문헌(한국어)》

다나카 히로시,『재일 외국인-법의 벽, 마음의 홈』, 이와나미신서, 1991.

나카하라 료지,『재일한국·조선인의 취업차별과 국적조항』, 아카시서점,
1993.

히타치 취직차별재판 30주년 기념모임 실행위원회 편,『히타치 취직차별재판
30주년 기념모임 보고집』, 외국인에 대한 차별을 허용하지 말아라·가
와사키 연락회의, 2000.

장계만(張界満)

우토로 재판—우리 '마을' 지키기

교토부(京都府) 우지시(宇治市)에 '우토로(ウトロ) 지구'라 불리는 지역이 있습니다. 여기에는 많은 재일코리안들이 모여 살고 있습니다. 이 지역에 사는 재일코리안들은 전쟁 전부터 현재에 이르기까지 부조리한 상황에 맞부딪히면서 역사에 희롱당하여 왔습니다. 그러나 그들은 그것을 극복하고 생존해 오면서 자신들의 '마을'을 지켜 왔습니다.

그 수십 년에 걸친 노력 중에서 가장 큰 투쟁이라고 할 수 있는 것이 1989년부터 10년 이상 계속된 이른바 '우토로 재판'입니다.

우토로 지구의 형성

1938년, 일본 체신성(당시)이 일본 전국 각지에 비행장과 항공승무원 양성소를 건설하겠다는 구상을 발표하였고, 1939년에 국제공업주식회사(후에 일본국제항공공업주식회사)가 설립되어 교토부 구세군(久世郡) 사야마(佐山)와 미마키(御牧) 두 마을 일대에 교토비행장과 관련 시설의 건설이 계획되었습니다. 이 건설공사의 현장에는 수많은 조선인 노동자가 종사했습니다.

일본 전국 각지에 비행기 거점을 만들고자 한 것은 원래 전쟁수행을 위한 것이었습니다. 당시의 국책에 따라 그 건축토목현장에 조선인 노동자가 다수 모여 가족과 함께 건설현장 내의 합숙소에서 생활하게 되었습니다. 이것이 우토로 지구의 시작입니다.

　1945년에 일본이 패전을 맞이하면서 교토비행장 건설계획은 중단되었고, 그 부지는 미국 점령군에 접수되었습니다. 그러나 우토로의 합숙소는 접수되지 않았기 때문에, 재일코리안 노동자와 그 가족은 계속 우토로 지구에서 살았습니다. 일이 없어지고 갈 곳도 없고 본국으로 귀국할 수도 없었던 사람들이 빈곤했던 전후 시절을 이 지역에서 살게 된 것입니다. 비유하자면, 외국에서 일하고 있던 사람의 회사가 망하여 급료도 지급되지 않고 퇴직금도 받지 못하고 갑자기 내던져져 버린 것과 같다고 할 수 있을 것입니다.

　이후 원래부터 그곳에 살았던 노동자들과 전후에 이주해 온 재일코리안들이 하나가 되어, 합숙소를 개수하거나 오두막을 짓는 방법으로 어떻게든 살 수 있도록 만들었습니다.

　그러나 원래 공사현장의 합숙소였기 때문에 거주환경은 열악했습니다.

우토로 지구에 있는, 과거에 조선인이 입주 노동하던 합숙소 터(이후동 씨 소장·제공)

오두막집은 비가 내리면 새는 빗물을 양동이로 받아내야 했고, 낡은 우산을 실내에서 쓴 채 밤이 새기 만을 기다리는 일도 있었습니다. 오랫동안 수도도 없었는데, 수도관 매설공사를 하게 된 것은 1988년의 일이었습니다. 수렁과 같은 생활을 하면서도 공터를 개간하고, 민족학교나 자치회를 조직해서 자신들의 '마을'을 만들어 갔습니다.

후술한 교토지방재판소의 판결이 내려진 당시 우토로 지구에는 80세대, 약 400명의 재일코리안이 거주하고 있었고, 현재도 약 50세대, 90명 정도가 생활하고 있습니다.

우토로 지구 주민의 생각

우토로 지구의 주민들은 단순히 '불법점거'를 계속해 온 것이 아닙니다.

1970년 2월에 당시 토지 소유자였던 닛산차체공기(日産車体工機)에 대해 토지의 매각을 요구하며 다음과 같은 요청서를 제출하였습니다. 우토로에 정착하여 우토로에서 살아온 인간의 뜨거운 마음이 잘 표현되어 있습니다.

"1945년 8월의 종전(終戰)까지 이곳의 지주였던 회사가 해체되고, 비행장 건설업무도 중단되어, 우리는 혹사당한 끝에 생활의 보장이란 무엇 하나 없고 아수라장과 같은 패전 사회에 그냥 내던져졌습니다. 우리는 전시 중에는 1억1심(一億一心)이라든지, 동일한 황국신민이라는 등의 총동원 체제하에서 보통 이상으로 혹사와 학대를 당하여 왔으나, 하루아침에 외국인이 되었고, 본국은 전쟁 때문에 두 개로 갈라져 어떠한 사회적 보장도 없고, 자기 나라로 돌아갈 자유조차 없는 채 모든 고통을 견디면서 이렇게 살아가고 있습니다.

우리는 일본 법률도 잘 알지 못하지만, 과거의 회사는 해체되어 재산 등도 청산처분을 하였다고 들었습니다. 우리가 살고 있는 여기 우토로의 토지는 우리가 영원히 언제까지라도 살아도 되는 것으로 생각하고 있었습니다. 그런데 최근 뭐가 어떻게 된 것인지, 지주가 어떻게 언제 바뀌었는지도 모르는 사이에 과거의 회사가 아닌 닛산차체회사가 갑자기 변호사를 보내와서 절반을 비우라, 전부 퇴거하라는 등의 말을 합니다. 우리는 각자의 의사에 따라 자신의 나라에도 자유롭게 돌아갈 수 없는데, 30년이나 정착했던 여기에도 거주할 권리가 없다고 합니다. 일본 법률이 이렇게 우리의 생활 권리를 박탈할 수 있는지를 생각하면 어찌할 바를 모르겠습니다. 하루의 양식을 구하기 위한 날품팔이 노동도 손에 잡히지 않습니다. 이대로 토지를 우리에게 팔라고 해도 별로 팔 생각도 없는 것 같고 어떻게 하면 좋을지 어찌 할 바를 몰라 다만 비분(悲憤)으로 가득 차 있을 뿐입니다.

우리는 도저히 여기를 떠날 수 없는 상태에 놓여 있습니다. 우리 모두 어떻게 해서든지 기득권을 주장하고 생활권을 지키며 거주권을 고수하려고 일치단결했습니다. 그리고 어떻게 해서라도 (우토로 토지를) 사자고 이야기가 일치하였고, 협상과 절차를 밟기 위해 위와 같이 대표자도 선출했습니다. 회사에서는 아무쪼록 의논을 하셔서 우리에게 팔아 주시기를 간절히 요청합니다.”

우토로 재판

1987년 3월 9일, 당시 우토로 토지의 소유자였던 닛산차체[1]는 ‘우토로 자치회장’이라는 직함의 A씨 개인에게 이 토지를 팔았고, 이 사람이 유한회사 니시니혼식산(西日本殖産)에게 이를 다시 매도했습니다(A씨는 니시니혼식

---

1 우토로 지구의 토지는, 종전 당시의 소유자였던 일본국제항공공업주식회사(후에 일국공업주식회사로 상호 변경)가 닛산차체공기주식회사(후에 닛산차체주식회사로 상호 변경)에 흡수합병되었기에, 이때는 이 회사가 소유하고 있었다.

산의 임원이기도 했습니다).

1989년, 토지의 소유자가 된 니시니혼식산은 우토로 지구 주민을 피고로 하여 토지명도소송을 제기했습니다. 이것이 우토로 재판입니다.

이 재판에서 우토로 지구의 주민들은 니시니혼식산은 진정한 소유자라고 할 수 없는 것이 아닌가, 우토로 지구 주민들이 토지를 시효에 의해 취득한 것이 아닌가, 닛산차체가 니시니혼식산에게 토지를 팔았을 때 우토로 주민에게 그 토지를 팔 예약계약이 있었던 것이 아닌가, 우토로 주민에게는 이 토지에 거주할 권리가 있는 것이 아닌가 라고 주장했습니다. 또한, 설령 니시니혼식산이 우토로 지구의 토지 소유자라고 하여도, 닛산차체가 '주민 자치회장'이라는 A씨에게 매도한 것은 주민에 대한 분양을 의식한 행위였으며, 그 사정은 니시니혼식산도 알고서 산 것이기 때문에 오랫동안 거주하고 있는 우토로 지구 주민에게 명도를 청구하는 것은 권리남용이 아닌가 라는 것도 주장하였습니다.

그러나 1998년 1월 30일, 교토지방재판소는 주민의 주장을 모두 부정하고 전 주민에게 토지의 명도를 명하는 전 주민 패소 판결을 내렸습니다. 판결은 주민들이 괴로운 생활을 견디면서 생활의 거점을 구축한 점은 추측된다고 하면서도, 결국 주민들이 여기에 계속해서 살 권리는 부정한 것입니다.

우토로 지구 주민들은 이 판결에 불복하여 오사카고등재판소에 항소하였고, 나아가 최고재판소에 상고도 했으나, 주민들의 주장은 인정되지 않았고, 2000년 11월 14일에 최고재판소에서 전 주민 패소 판결이 확정되었습니다.

재판 후의 주민 투쟁

 이처럼 주민들은 재판에서는 졌지만 투쟁은 아직 끝나지 않았습니다. 1989년부터 10년 이상 재판이 진행되는 동안 큰 전진이 있었습니다.

 우토로 지구의 주민들은 일본 국내에서는 행정기관과 접촉하고, 일본 국외에서는 한국의 보도기관이나 인권단체협의회에 대한 컨텍을 꾸준히 이어 나갔습니다. 사진집 『우토로, 방치된 거리』(땅투기 반대! 우토로를 지키는 모임 편, 가모가와 출판, 1997년[무라사키 시키부(紫式部) 시민문화상 심사원특별상 수상])가 출판되고, 2001년 8월에는 유엔사회권규약위원회에 대표를 보내는 등의 활동을 계속하여 지원의 폭은 우토로 지구를 넘어 확대되고 있습니다. 그리고 지역 주민의 축제 '이세다(伊勢田) 축제'에 우토로 농악대가 참가하는 등 일본사회에서 고립되었던 우토로 지구가 그 존재를 인정받아 가고 있습니다.

윤영화(尹英和)

우토로의 현재

 최고재판소에서의 패소 판결 후에도, 국제사회에 대한 호소와 전 세계 시민의 주목이 아우러져 우토로 주민들에 대한 지원의 폭이 확대되어 갔습니다. 특히 우토로 현지 주민과 한일시민사회 지원자들 및 한국정부 출자 재단에 의한 우토로 토지 동쪽 지구(우토로 전체의 3분의 1)의 구입이 실현되었습니다. 시민들과 한국정부의 기부에 의해 우토로 전체의 절반에 해당하는 면적의 구입을 예정하고 있었는데, 환율과 사정의 변동, 경비 등에 따라 3분의 1을 구입하게 되었습니다.

 그 동쪽 3분의 1 지구에는 우토로기념관을 설립하기로 결정되었고, 우토로의 역사를 보관하고 보존하기 위해 다양한 역사 자료가 수집되고 있습니다. 또한 우토로 주민들이 우토로를 어떤 지역으로 만들어 나가고 싶은지를 스스로 생각한 가운데, 우토로 문제의 해결방안으로서 제시된 '우토로 마을 만들기 계획'에 따라 공원 등 공공시설 설치도 결정되었습니다. 나아가 우지시와의 협의하에 이 동쪽 3분의 1의 토지에 공영주택동을 건설하는 주거환경개선사업을 진행하기로 하였습니다.

그러나 한편으로 우토로라는 토지에서, 지금까지와 동일한 커뮤니티에서, 인프라가 개선되고 정비된 주거환경에서 살고 싶다는 우토로 주민들의 절실한 소원은 실현되지 않았습니다. 우토로에서 한 발자국 나가면 '가까이 가서는 안 되는 곳, 무서운 곳'이라는 취급을 받았던 우토로의 실제 모습은 집에 열쇠를 잠근 적이 없을 정도로 안전한 커뮤니티이기도 했습니다. 태풍이 오거나 폭우가 내리면 "괜찮아?"라고 물으며 빗물을 퍼내는 것을 서로 돕거나 집 앞을 지나가면 "오늘 고기 굽는데, 먹고 가"라는 초대를 받거나, "소금 좀 빌려줘"라면서 이웃이 찾아오는 곳이었습니다. 역사적인 고통을 짊어지고 살아온 우토로 사람들은 육아도 생활도 일도 처마를 나란히 함께 돕고 살아왔던 것입니다. 그런데 오랫동안 정든 집들은 철거되어 이 자리에 있었던 우토로 주민 커뮤니티는 해체되었습니다. 우토로의 원래의 풍경은 사라졌습니다. 저 자신도 우토로 출신자로서 따뜻한 재일코리안 커뮤니티가 또 하나 사라져 버린 것에 상실감을 느낍니다.

공영주택에 입주하는 우토로 주민도 있지만, 이미 그때까지 많은 우토로 주민들이 우토로를 떠났습니다. 또, 산 증인으로 계셨던 마지막 1세 우토로 주민도 2020년 1월에 타계하셨습니다.

유엔인권위원회(현 유엔인권이사회)가 임명한 "현대적 형태의 인종주의, 인종차별, 외국인 혐오 및 관련 불관용에 관한 특별보고자"인 두두·디엔씨(세네갈 출신)가 2005년 7월 3~11일 일본을 공식방문 했을 때에 우토로를 방문했습니다. 그가 2006년 1월 24일, 유엔에 제출·공표한 보고서에서 다음과 같이 언급하고 있습니다.

"55. 주민의 대부분은 우토로에서 60년 이상 살며 이러한 매우 불안정한 생활조건에 시달리고 지금도 계속 고통받고 있지만, 그 와중에도 우토로 주민에게 있어서 이 토지가 유일한 정체성이자 기억이며 감정적인 연결고리이기도 하다. … 우토로에 살고 있는 코리안들은 처음에는 식민지주의와 전쟁의 피해자였으며 이후 차별과 배척의 피해자였고, 최근에는 부동산 투기의 피해자라 느끼고 있다. 우토로 주민들의 기본적인 권리는 60년 이상에 걸쳐 침해되어 왔다."

인권문제로서의 우토로와 그 역사를 잊지 말고 보존하고 기억하는 것이 우리에게 남겨진 중요한 과제입니다. 그러나 '우토로 평화기념관' 착공을 목전에 두고 있던 2021년 8월 3일, 우토로 지구에서 주택과 창고 등 총 7동이 소실되는 화재가 발생했습니다. 이 화재로 기념관에서 전시될 예정이었던 우토로 지구와 거기서 살아온 코리안의 역사를 전달할 귀중한 자료 40점도 소실되었습니다. 그 화재에 대해 같은 해 12월 6일, 방화 혐의로 용의자가 체포되었습니다. 이 용의자는 우토로 지구뿐만 아니라 같은 해 7월에 한국민단 아이치(愛知)현 본부 옆 나고야(名古屋) 한국학교 배수관에 불을 붙여 파괴한 기물손괴 혐의로도 같은 해 10월에 체포·기소된 자였습니다. 용의자는 "일본인의 주목을 받고 싶어서 방화했다"라는 취지의 진술을 했다고 일부에서 보도되었습니다. 이것이 사실이라면 그 방화들은 모두 재일코리안의 관련 시설을 대상으로 하고 '일본인' 집단을 향한 메시지로서 코리안을 공격한다는 차별에 근거한 범죄, 즉 헤이트 크라임에 해당합니다. 그리고 역사를 전하는 장소인 우토로 지구에 방화한다는 행위가 지닌 메시지는 역사를 부정하고 말살하자는 것입니다.

이 외에도 같은 해 12월 19일, 오사카부(大阪府) 히가시오사카시(東大阪市)에 있는 한국민단 히라오카(枚岡)지부 실내로 유리창을 깨고 망치가 던져져 있는 것이 발견되었습니다. 이러한 재일코리안을 향한 범죄행위가 일본에서 살고 있는 코리안들에게 주는 충격과 공포는 헤아릴 수 없습니다.

우토로 지구에서의 방화 사건은 차별적 동기가 강하게 의심되는 사건입니다. 헤이트 크라임 근절을 위하여, 일본 사법이 헤이트 크라임에 엄격히 임하는 것, 경찰과 검찰에서 범죄 동기를 철저히 밝히고 이것을 형사재판의 장에서 명백히 하는 것, 법원에서 인정된 차별적 동기를 범죄의 양형에 엄정하게 고려하는 것이 강력히 요구되고 있습니다.

구량옥(具良鈺)

입주차별―외국인 금지!?

입주차별의 실태

임대 아파트나 맨션을 빌릴 때, 대부분의 사람들은 부동산 중개업자에게 집을 소개받고 신청을 해서 임대인과 임차인 간에 임대차 계약을 체결합니다. 임차 신청에 대해 임대인이 임차인의 국적에 따라 빌려줄지 말지를 구별할 이유는 전혀 없을 것입니다. 그런데 외국인이 임대 아파트나 맨션을 빌리려고 할 때 외국인과의 계약을 거부하는 임대인이 많이 있어서 방을 구할 때에 많은 고생을 하는 것이 현실입니다.

옛날에는 임대 아파트에 '류큐인·반도인 거절' '오키나와인·조선인 입주 불가' 등의 벽보가 붙어 있던 것을 재일코리안 1세·2세들은 잘 기억하고 있을 것입니다. 어느 재일코리안은 조선인에게는 아무도 방을 빌려주지 않았기 때문에, 부득이 일본인 친구의 이름으로 임차했는데, 나중에 들켜서 임대인에게 심한 모욕을 당했다는 경험을 이야기했습니다.

현재는 노골적으로 '조선인 거절'이라 명시하는 예는 당연히 찾아볼 수 없습니다. 그러나 임대 아파트·맨션의 정해진 신청용지에 "일본국적에 한함"이라고 인쇄되어 있거나, 본적을 기재하게 하거나, 주민표를 필요서류로서 제출하게 하는 등, 현재도 외국인에 대한 입주거부는 사라지지 않았습니다.

어느 재일 3세는 이런 경험을 했다고 합니다. 임대 맨션을 신청할 때 조선인임을 이유로 임대인이 거절했기 때문에, 중개업자가 "이분은 조부모가 한국에서 태어나서 일본으로 건너온 분이고, 본인은 일본에서 태어나신 분입니다"(후술한 바와 같이 이 설명에도 문제가 있습니다만)라며 임대인을 설득하려고 했습니다. 그러나 임대인은 "그 조부모는 북쪽에서 온 사람입니까, 남쪽에서 온 사람입니까?"라고 되물어 왔다고 합니다.

재일코리안이 모여서 이야기를 나누면 이러한 경험이 드문 것이 아님을 알 수 있습니다. 대다수의 일본인이 생각하는 것보다 입주거부의 현실은 훨씬 심각합니다.

입주거부 재판

입주차별이 있어도 재판도 할 수 없는 현실

많은 재일코리안들이 비슷한 경험을 하고 있는데, 소송을 제기한 예는 그다지 많지 않습니다. 이사할 곳을 찾는 때란 취업이나 전근, 결혼 등 생활 전반이 분주한 시기이기에, 빨리 이사할 곳을 찾는 것이 선결적인 문제이다 보니 이러한 문제에 관여할 여유가 없다는 사정도 있을 것입니다. 차별적인 집주인에게 굳이 빌리고 싶지 않다는 이유도 있을 것입니다.

그러나 무엇보다도 재일코리안이 약한 존재이며, 다양한 차별에 대해 목소리를 낸다는 것이 현실적으로 힘들다고 하는 것이 가장 큰 이유가 아닐까요? 후술하는 이준희(李俊熙) 씨가, 어느 야간 중학교에서 재일동포 1세의 할머니들과 입주차별 재판에 관한 이야기를 했더니, 건강한 한 할머니께서 "여보게 젊은이, 그 정도는 모두 다 참아 왔다네"라고 하셨고, 다른 할머니께서는 "맞아 맞아, 밥 먹고 사는 데 바빴지"라고 말씀하셨다고 합니다. 재일코리안의 현실로서 포기할 수밖에 없었고, 참을 수밖에 없었다, 그렇게 하지 않으면 먹고 살 수가 없었다, 그것이 재일코리안의 역사입니다. 그러다 보니 입주차별에 대한 재판례는 그 실태에 비해 극히 적은 것이 현실입니다.

배건일(裵健一) 씨의 재판

1989년 1월, 배건일 씨는 정보지에 게재되어 있는 물건을 보고 부동산 중개업자에게 안내를 받게 되었습니다. 그때 자신은 외국인이지만 입주가 가능할지에 대해 확인했는데, "이 맨션에는 중국인도 입주하고 있으므로 문제없습니다. 내일부터라도 입주할 수 있습니다."라는 대답을 들었습니다. 그때 받은 '입주신청안내'에는 "원칙적으로 일본국적일 것"이라고 되어 있었고, 주민표의 제출도 필요하다고 쓰여 있었기에 배건일 씨는 외국인이라도 입주 가능한지를 재차 확인하고자 외국인등록증으로 주민표를 대신할 수 있는지 묻고 "가능하다"는 대답을 들었기 때문에 신청서를 제출하고 예약금을 지불했습니다.

그러나 이후에 "집주인은 승낙했으나 관리회사가 당신이 일본국적이 아니기 때문에 입주할 수 없다고 한다", 또 며칠 후에 "집주인이 당신 입주는 진행 못 하겠다고 한다"라는 말과 함께 결국 입주를 거절당하여 소송을 제기하기에 이르렀습니다.

재판은 임대인·중개업자·오사카부(大阪府)를 피고로 하여 제소되었습니다. 임대인·중개업자뿐만 아니라 이를 지도·감독할 의무가 있는 오사카부의 책임도 추궁하기로 했습니다.

판결(오사카지방재판소 1993년 6월 18일)은 배씨의 청구를 인정하여 임대인에 대해 이사짐센터에 대한 위약금과 위자료 200,000엔 등의 지급을 인정했습니다. 법원은 계약체결의 중지를 정당화하는 사정이 없다면 일방적으로 중지하는 것은 허용되지 않으며, 재일한국인임을 이유로 하는 계약체결 거부는 신의칙(信義則)을 위반하는 것이며, 계약 체결을 기대함으로써 입은 손해를 배상해야 할 의무가 있다고 했습니다.

그러나 이 판결은 이 사건의 계약 협상이 상당 정도 진행되고 있어서 신청자에게 계약 체결이 확실하다고 기대하게 하였기 때문에, 정당한 이유 없이 계약체결을 중지한 것은 위법이라고 했을 뿐, 일본국적임을 조건으로 한 것 자체에 대해서는 위법이라 하지 않았습니다. 헌법 위반에 대해서도 개인 상호간에 직접 작용하는 것은 아니라고 말하며, 헌법상의 문제로는 확대시키지 않고 있습니다. 또한 중개업자나 이것을 지도 감독해야 하는 오사카부의 책임은 부정했습니다.

이처럼 이 판결은 외국인임을 이유로 처음부터 임차를 거절하는 사안에 대해서는 아무런 대답이 되지 않았습니다.

아마가사키(尼崎) 입주차별 재판

효고(兵庫)현의 이준희 씨가 결혼을 앞두고 신혼집을 찾아다니다가 겨우 조건에 맞는 집을 찾아낸 것은 이미 결혼식이 다음달로 다가왔을 때였습니다. 약혼자와 함께 중개업자 사무실에서 임대인과 대면했을 때, 임대인은 신청서를 보고 이씨가 한국인이라는 이유로 난색을 표했습니다. 전에 입주한 한국인이 나가면서 문제가 생긴 적이 있어 '한국인은 안 된다'고 하는 것입니다.

그 말을 들은 이씨는 "우리는 일본에서 태어나 일본에서 자란 한국인이기 때문에, 기분 상할 일은 하지 않을 겁니다"라고 대답합니다.

이씨는 이때의 자신의 태도를 결코 잊을 수 없다고 합니다. 원래대로라면 한국인을 차별하는 집주인의 대응을 의연히 비판해야 마땅한데, 집을 빌리고 싶은 마음에 비굴한 태도로 자신이 차별되는 측인 것을 인정해 버린 점, 그 억울함이 입주차별 재판을 하게 된 가장 큰 이유라고 말합니다.

재판은 1심과 2심 모두 임대인에게 위자료의 지급을 명했습니다. 오사카고등재판소 판결(2006년 10월 5일)은 국적을 이유로 하는 입주거부가 헌법 제14조(평등원칙)의 취지에 반하여 불법행위가 성립한다고 판단한 점에서 이전 판례보다 진보된 것이 되었습니다. 그러나 한편으로 판결은 중개업자의 책임은 인정하지 않았고, 또 임대인이 입주를 거부한 주된 이유를 이씨가 고양이를 기르려고 했기 때문이라고 인정하여 국적차별은 부차적인 거부이유라고 했습니다. 이씨는 이 점을 도저히 받아들일 수 없다고 비판하고 있습니다.

그러나 이씨의 재판은, 개인 간 계약이라 하더라도 입주차별이 헌법에 저촉되며 불법행위를 구성한다고 한 점에서 평가할 수 있는 것이라 할 수 있을 것입니다.

재일코리안 변호사의 입주차별 재판

강유미(康由美) 씨는 일본에서 나고 자란 재일코리안 2세입니다. 열심히 공부한 끝에 당시 합격률 약 2%라는 초난관 사법고시에 합격하여 57기 연수생으로 사법연수를 마칩니다. 2004년 10월, 오사카 변호사회에 변호사 등록을 하였고, 곧바로 모국 한국으로 단기 어학연수를 갔으며, 2005년 1월부터 변호사 업무를 시작하였습니다.

그 무렵 수험생 시절부터 알던 여성 친구와 룸쉐어를 하자는 이야기가 나와 유명 임대맨션 중개업자에게 집을 소개받습니다. 소개받은 2DK의 집을 보고 마음에 든 물건에 입주를 신청했습니다. 이 물건의 소개 카드에는 "친구끼리의 입주 가능"이라고 기재되어 있었습니다. 그런데 신청인 란에 "강"이라는 중국인 또는 한국인이라고 알 수 있는 이름이었기 때문인지, 집주인은 "과거에 중국인 입주자 때문에 트러블이 생긴 적이 있어서 이번 계약은 거절하고 싶다"라고 하는 것입니다. 명백한 국적에 의한 차별이었습니다.

문제라고 생각한 변호사가 대리인으로서 협상에 들어가자, 집주인은 갑자기 말을 바꿉니다. "가족 한정 물건이고, 자매라고 생각했었는데 친구인 것을 알았다. 그래서 거절한 것이지 한국국적이 이유는 아니다." 그러나 중개업자와의 중개계약에 따라 작성된 물건소개카드에는, "친구끼리의 입주 가능"이라고 되어 있습니다. 중개업자도 "가족 한정이라는 소리는 듣지 못했다"고 명언했습니다. 집주인의 책임 회피를 위한 거짓말이었습니다.

변호사라는 세간에서는 사회적 지위가 높다고 일컬어지는 직업을 가지고 있어도 여전히 한국인이라는 점으로 인해 2DK 임대맨션에 대한 입주조차 거부당하는 현실. 강씨는 "맞네, 맞아. 나는 이런 존재였지. 한국인이라는 점만으로도 맨날 차별받아 왔지. 변호사가 되었다고 해서 차별 받지 않을 거라고 생각하면 오산이야 라고 세상으로부터 철썩 얻어맞은 것 같은 기분입니다."라며 그 절망적인 심정을 이야기해 주었습니다.

후에 집주인은 법원에서 자신의 잘못을 인정하고 합의금을 지급합니다. 합의조항에서는 "피고(집주인)는 원고(강씨)가 한국인임을 이유로 입주를 거부한 사실을 인정하고 원고에 사죄할 것"이라 되어 있습니다. 집주인도 법정에 출석하여 직접 사과했습니다.

이 재판에서 강씨는 집주인 개인의 문제, 자기 개인의 문제만이 아니라면서 (실제로 이 재판에서는 입주거부를 당한 연수생 포함 외국 국적을 가진 자 3명의 진술서가 제출되었습니다) 외국인에 대한 입주차별이 만연해 있는 상황을 알면서도 방치해 온 오사카시에도 법적 책임을 물었으나 이 주장은 인정되지 않았습니다.

유명 임대맨션 중개업자 조사 시, 중개신청서에 "FO" "WB" 등의 기호가 "FORIENER(외국인)" "WATER BUSINESS(술집 종사자)"를 의미하는 은어임을 알게 되었습니다. 중개업자로서는 집주인이 싫어하는 입주 희망자를 중개할 수 없으니 불합리하다고 생각해도 이러한 대처를 하지 않으면 사업에 지장이 있다고 말합니다. "행정 쪽에서 이런 건 안 돼요, 법률 위반이에요 라고 확실히 말해주면 우리도 대처하기 편한데요"라며 어두운 표정을 짓고 있던 중개업자의 말이 입주차별에 관한 법 제도의 미비를 단적으로 이야기해 주고 있습니다.

입주차별을 없애기 위해서

"일본인과 같은데"라는 말

재일코리안에 대한 입주차별 이야기를 하면 일본인은 "'재일코리안' 사람들은 일본인과 같은데 그런 건 용서할 수 없네요"라고 말하는 경우가 있습니다. 이 사람이 입주차별을 불합리한 것으로 생각하는 것은 틀림없습니다. 그러나 정말로 "일본인과 같은데"로 충분할까요? 이렇게 말하는 일본인은 "우리는 일본에서 태어나 일본에서 성장한 한국인이기 때문에 기분 상하는 일은 하지 않을 겁니다"라고 말한 것을 평생 잊을 수 없다는 이준희씨의 기분을 이해할 수 없는 것 아닐까요? 마찬가지로 입주차별 소송을 제기한 강유미 씨도 부동산 중개업소에서 차별을 당했을 때, 무심코 "나는 일본에서 나고 자란 사람입니다"라고 목소리를 높인 것을 가슴을 후벼 파이는 심정이었다고 말했습니다(주간 금요일 2005년 9월 23일호).

재일코리안에 대한 입주차별은, "일본인과 다름없는데 너무하네"라고 말해서는 안되는 것입니다. 재일코리안으로서 자부심을 가지고 살아가려고 하고 있는 사람들에게 이보다 모욕적인 말은 없기 때문입니다.

게다가 "일본인과 다름없는데"라고 하면 재일코리안 이외의 외국인에 대한 입주차별을 시인하는 것이 될 수도 있습니다. 외국인은 언어나 습관이 다르기 때문에 집을 더럽힐 것이라든가, 이웃들과 트러블을 일으키기 쉽다든가, 집세를 지불하지 않고 사라져 버린다는 등의 문제를 염려하여 집을 빌려주고 싶어 하지 않는 집주인도 있습니다. 그리고 이러한 걱정은 결코 차별의식에서 나온 생각이 아니라고 이 임대인에게 동조하는 일본인도 적지 않을 것입니다. 그러나 어느 대학의 직원은 유학생의 집 구하기를 도와줄 때 중국인은 부엌을 기름투성이로 만들기 때문에 안 된다고 거절당하는 경우가 종종 있는데, "하지만 부엌을 더럽히거나 밤중에 소란을 피운다며 대학 측에 민원이 들어오는 것은 일본인 학생 쪽이 훨씬 많아요"라고 토로하였습니다. 계약을 위반하여 사용하는 임차인은 일본인보다 외국인 쪽이 많다는 것은 통계적인 근거도 없이 이미지로 말해지고 있는 것에 불과합니다. 한밤중에 소란을 피워서 이웃에 폐를 끼치는 외국인이 있다고 해도, 그 사람의 도덕성이 부족하다는 것에 불과하며, "이래서 ○○인은 안 돼!"라고 말하는 것은 합리적이지 못한 결론입니다.

국가와 지방자치단체의 책임

2003년 1월 14일, 사이타마(さいたま)지방재판소는 전화로 입주 신청을 해 온 인도인에 대해 집요하게 피부색을 물었던 부동산업자에 대해 손해배상을 명했습니다. 뉴커머 외국인에 대한 입주차별 현상은 재일코리안 이상입니다. 중동권 외국인에게는 어차피 집주인이 거절한다며, 중개업자가 신청용지를 건네주는 것조차 거부하는 일도 보고되고 있습니다. 중개업자가 일본국적에 한정한다는 기재나 본적지의 기재란이 있는 신청용지를 사용한다 하더라도, 감독·지도하는 위치에 있는 일본의 각 지방자치단체는 어떠한 시정도 하려 들지 않습니다. 일본이 1995년에 채택한 인종차별철폐협약에서는 동 협약 채택국들이 인종·피부색 또는 민족적 또

는 종족적 출신에 의한 차별 없이 "주거에 대한 권리"를 보장할 것을 약속할 것을 규정하고 있습니다(제5조 주서·동조 (e) iii).

일본정부는 동 협약 채택 후인 2001년 제151회 국회에서 "외국인, 싱글마더, 장애인 등에 대한 입주차별 현상을 파악하면서 이러한 자들에 대한 입주차별이 이루어지지 않도록 계속해서 필요한 조치를 강구해 가고자 한다. 또한 「인권옹호시책 추진법」에 따라 법무성에 설치된 인권옹호추진심의회에 있어서의 인권구제제도의 본연의 모습에 대한 조사 심의 결과를 고려하여, 인종차별을 포함 다양한 인권침해 피해자 구제를 위한 조치와 제도에 대해 검토해 나가고자 한다"고 답변했으나, 이후 외국인 입주차별에 대해 정부가 조치를 강구한 경우는 거의 없습니다.

2000년에 가나가와현(神奈川県) 가와사키시(川崎市)가 규정한 주택기본조례에는 "누구든지 정당한 이유 없이, 고령자, 장애인, 외국인 등(이하 "고령자 등"이라 한다)을 이유로 시내의 민간임대주택에 대한 입주기회를 제약받거나, 고령자 등임을 이유로 입주한 민간임대주택의 거주안정이 손상되는 일이 있어서는 아니 된다"고 규정되어 있습니다(제14조). 그러나 유감스럽게도 이러한 조례는 전국에서도 극히 예외적입니다.

입주차별을 없애기 위해서는 임대인의 의식을 바꾸는 것이 중요한 것임은 물론입니다. 그러나 국가나 지방자치단체가 이를 방지하기 위한 시책을 취하지 않는 한, 아무리 재판을 반복하고 집주인의 책임을 인정하는 판결이 계속된다고 해도 사라지지 않을 것입니다.

긴 류스케·임범부(金竜介·林範夫)

골프 회원권—회원은 일본인에 한정한다!?

일본에는 국토의 넓이에 비해서 불균형적으로 많은 골프장이 존재합니다.

'자연의 지형을 살린 웅대한 코스' '넓은 페어웨이와 변화가 풍부한 그린' '자연 지형을 교묘하게 살린 여유로운 레이아웃' '광대한 대지와 풍부한 자연 환경을 사치스러울 정도로 살린 쾌적한 코스에서 골프의 묘미를 즐기십시오!' … 여러 골프장이 다양한 표어로 골프인들을 유혹합니다.

골프장 회원은 일반 이용자보다 우선적인 이용권을 가지며 저렴한 요금으로 골프장을 이용할 수 있고, 회원의 소개나 동반이 없으면 일반 이용자는 이용할 수 없는 골프장도 많습니다. 골프장 측도 방문자(회원 이외의 이용자)보다 우선적으로 예약을 할 수 있는 점, 할인이 되는 점, 그리고 회원이 됨으로써 많은 골프 파트너와의 인맥이 생긴다는 점을 강조하며 회원이 될 것을 권합니다. 이렇게 해서 많은 사람들이 골프클럽에 가입하고 골프 회원권이 매매되고 있습니다. 1980년대의 버블 경제기에는 수천만 엔, 그중에는 억을 넘는 가격으로 투자 목적으로 골프 회원권이 매매되었습니다. 현재는 저렴한 골프 회원권도 많이 있어, 투기가 아닌 순수하게 골프를 즐기고 싶은 사람들이 구입하는 것이 되었다고 할 수 있을 것입니다.

그런데 여러분은 적지 않은 골프클럽이 '일본국적'을 가입 조건으로 하고 있다는 사실을 아시는지요? 만약 이 책을 읽고 계시는 분이 골프클럽에 가입하고 계시다면 회칙을 꺼내 보시기 바랍니다. 가입조건란에 '일본국적을 가진 자'라고 쓰여 있지 않나요? 그중에는 '일본국적자' '클럽 회칙기타 제반 규칙을 지키며 클럽의 명예나 신용을 해치지 아니하고 질서를지킬 수 있는 분' '반사회적 세력과 관계되는 분이 아닌 분'이라는 조건을병렬하여 명시하고 있는 클럽도 있습니다.

골프 클럽에 가입하기 위한 회칙 등에서 일본국적을 조건으로 하고 외국인을 배제하는 것은 허용되는 일일까요?

재판이 된 사례

위법이라고 한 판결

도쿄지방재판소 1995년 3월 23일 판결은 일본국적을 가지지 않았다는것을 이유로 재일코리안의 가입을 승인하지 않은 사안에서 헌법 제14조(평등의 권리)의 취지에 비추어 볼 때, 이 가입거부는 사회적으로 허용할 수있는 한계를 넘는 것으로서 위법이라고 인정했습니다.

골프클럽은 오락시설로서의 골프장 이용을 통하여 회원의 여가활동의충실과 회원 상호 간의 친목을 목적으로 하는 사적이고 임의의 단체이므로, 그 내부관계에 대해서는 사적자치의 원칙이 널리 적용됩니다. 그러나오늘날 골프는 특정 애호가들 사이에서만 행해지던 특수한 유희에서 벗어나 많은 국민들이 애호하는 일반적인 레저 중 하나가 되었습니다. 회원권도 시장에 유통되고 있고, 회원 모집 등에도 공적 규제가 이루어지고 있습니다. 따라서 골프클럽은 일정한 사회성을 가진 단체이니 골프클럽이자신의 운영에 대해 재량권을 가지기는 하나, 어떠한 자를 회원으로 할 것인가에 대해서 완전히 자유로운 재량을 가지고 있다고는 볼 수 없고, 그

재량을 일탈한 경우에는 위법이라는 평가를 면할 수 없다고 보아야 합니다. 이 판결에서는 이러한 사정을 감안하여 일본국적자임을 자격조건으로 하는 것은 합리적인 이유가 없기 때문에, 재일코리안인 원고의 성장과정과 환경을 생각할 때, 일본국적을 가지지 않는 것을 이유로 원고를 등록자로 만드는 변경신청을 승인하지 않은 것은, 헌법 제14조의 규정의 취지에 비추어 위법이라고 판시했습니다.

위법이 아니라고 한 판결

도쿄고등재판소 2002년 1월 23일 판결은 유사한 사례에서 불법성은 없다고 했습니다.

사적인 단체는 어떠한 조건으로 가입을 인정할 지에 대해서는 원칙적으로 자유롭게 이를 결정할 수 있으므로(결사의 자유), 국적에 따라 제한을 두었다고 하여도 공공질서에 반하여 무효가 되지는 아니하며, 불법행위로 평가할 수는 없다고 했습니다.

'일본국적을 가진 자'라는 가입자격은 허용될까?

국적을 이유로 하는 아파트·맨션의 입주차별, 공중 목욕탕이나 음식점에서의 외국인 출입거부에 대해서는 위법이라 한 판례가 다수 있습니다. 외국인의 골프클럽 가입을 거부하는 회칙이 위법이 아니라고 한 판결이 발생하는 까닭은 무엇일까요? 외국인이라는 이유만으로 집을 구할 수 없거나 쇼핑을 할 수 없고, 음식점에서 식사를 할 수 없는 것은 허용되지 않지만, 골프클럽에 가입할 수 없다고 하여도 생활에 지장이 생기지 않는다는 의견도 있겠지만, 그러한 이유만은 아닌 것 같습니다.

스포츠 클럽이라는 것은 친목을 다지기 위한 모임이기 때문에, 어떠한 사람을 가입시킬지 말지를 결정하는 것은 그 단체의 자유라는 생각이 근저에 있는 것으로 보입니다. 이러한 사고방식(결사의 자유)은 원칙적으로는 잘못이 아닙니다. 문제는 외국인이라는 이유만으로 일률적으로 가입시키지 않는다는 규칙에 있습니다.

이러한 규칙이 불법이 아니라고 한 도쿄고등재판소 판결 사건의 제1심 판결은 국적에 대해 아래와 같이 판시했습니다.

"국적을 달리하는 자연인끼리 때때로 이해가 복잡하게 얽힌 서로 대립하는 입장을 가지는 경우도 생길 수 있다는 점은 부정할 수 없다. 개인의 사적 생활의 장면에서 보아도 사람은 국적에 따라 귀속된 국가의 역사·정치·경제·문화·사회·종교·민족 등에 관한 이해와 사고방식, 이해상황 등과 전혀 무관하다고는 할 수 없고, 실제 생활양식, 행동양식, 풍속습관, 사고방법 등과 관련하여 외국인은 종종 일본인과 다른 개성이 인정되는 점도 부정할 수 없는 바이다. 이러한 개성이나 차이는 오늘날 국제화된 사회에서 일본사회 또는 문화에 있어서 적극적인 가치를 초래하는 한편, 때로는 일본인과의 의사소통이나 신뢰관계의 형성·발전에 미묘한 영향을 미치는 장면이 있는 점도 부정할 수 없다."

그리고 이 차이는 특별영주 재일한국인도 부정할 수 없다고 했습니다. 이 판결에서는 결사의 자유라는 이유뿐만 아니라 외국인은 일본인과 다른 인간이라는 것을 당연한 전제로 하는, 외국인 배제사상이 근저에 있는 것으로 생각됩니다.

골프 저널리스트 가네다 다케아키(金田武明) 씨는 "물론 좋아하는 동료 모임인 사적 단체에서는 어떤 회원을 모으든 자유입니다만, 과연 일본에 사적 단체라고 부를 수 있는 클럽이 얼마나 있을까요? 대부분의 골프장은 회원제라고 간판을 걸어 놓고서는 방문객 제한은 거의 없고, 오히려 방문객 수입에 의지하고 있는 것이 현실입니다. 설령 엄격한 프라이빗 클럽이라 하더라도 자문위원회에서 이 사람은 멤버로 적당한지 여부만 판단하면 됩니다. 가입조건에 국적을 묻는 것 등은 구미의 클럽에서는 생각할 수 없는 일이지요. 그만큼 일본의 공민권(公民權) 의식이 낮다는 증명이라 할 수 있습니다."라고 말합니다.

2002년에 유엔인권위원회가 현대적 형태의 인종주의·인종차별·외국인혐오 및 관련 불관용에 관한 특별보고자로 임명한 두두 디엔 씨가, 2005년에 일본을 공식 방문하여 2006년 1월에 제출한 보고서에는, 골프 클럽의 외국인 가입거부는 위법이 아니라고 한 재판례를 들어, 이러한 상황에서는 도저히 일본이 모든 형태의 인종차별 철폐에 관한 국제조약 제2조 제1항에서 말하는 '적당한 방법'을 취하는 국제적인 의무를 존중하고 있다고 볼 수 없다고 엄중히 지적하고 있습니다.

골프클럽 가입에 국적을 조건으로 하는 것은 인정할 수 없다는 것이 국

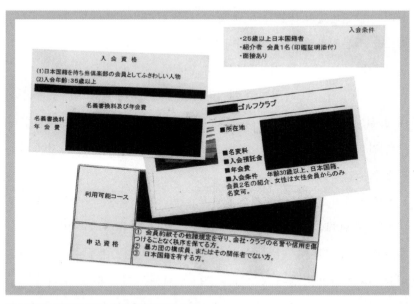

일본국적을 입회조건으로 하는 골프클럽은 많다.

제적인 상식이라 할 수 있을 것입니다.

가입조건을 알면서 골프 회원권을 취득한 것을
문제로 삼아야 하는가?

국적요건은 위법이 아니라고 한 위 도쿄고등재판소 판결은, 골프클럽이 외국인의 가입제한을 하고 있다는 것을 원고가 알면서도(즉 가입을 거부당할 가능성이 있음을 원고가 예측하면서), 굳이 이 클럽에 가입하려고 한 것을 문제 삼고 있습니다. 아무래도 이 판사는 가입제한을 인식하고 있었다면 일부러 그런 골프클럽의 회원권을 구입해 스스로 분쟁을 자초하지 않아도 되지 않았는지, 차별하는 것을 알고 있었다면 그것을 피해서 행동하는 것을 선택할 수 있지 않았는지 하는 생각을 하고 있는 것 같습니다. 그러나 이것은 매우 부당한 논리입니다.

"외국인의 입장을 거절하겠습니다. JAPANESE ONLY"라는 간판을 내걸고 있는 공중목욕탕이 있는데, 그런 목욕탕에 외국인이 가면 거부당할 것을 당연히 예측할 수 있으니까 그런 곳에 안 가면 되지 않는가라고 하는 것과 같습니다.

외국인이 가입할 수 있는 골프클럽은 그 밖에도 많이 있으니, 특정 골프클럽이 외국인의 가입을 거부해도 외국인에게 피해는 발생하지 않는다고 생각하는 것도 마찬가지입니다. 어느 골프클럽이든 자신이 들어가고 싶은 곳에 들어갈 수 있다는 것이 관건이기 때문에, 다른 골프클럽에 들어갈 수 있다는 사실을 가지고 그 사람의 정신적인 고통을 완화시킬 수는 없습니다.

일본국적을 가입조건으로 하고 있는 골프클럽을 제소한 재판례는 공간된 판례집에서는 찾아볼 수 없었습니다.

최근 「성동일성 장애자의 성별 취급의 특례에 관한 법률」에 따라 남자에서 여자로 성별취급변경심판을 받은 사람이, 골프장 경영회사와 운영단체인 골프클럽에게 골프클럽 가입을 거부당한 사안에서, 가입거부는 원고 인격의 근간 부분을 부정한 것이며, 헌법 제14조 제1항 등의 취지에 비추어 사회적으로 허용할 수 있는 한도를 넘어 위법이라고 한 판결이 있었습니다. 이 고등재판소 판결은 골프클럽이 주장하는 다른 회원의 불안감과 곤혹은 추상적이고 구체성이 결여되어 다분히 감정적·감각적인 것이며, 한편으로 당사자가 입은 불이익은, 직접적으로는 회원의 지위를 취득할 수 없어 비회원보다 저렴한 요금으로 경기할 수 없다는 것과 클럽이 주최하는 경기회 등에 참가할 수 없다는 등의 경제적 이익을 취할 수 없는 것에 불과하나, 성동일성 장애인 점 및 그 치료를 받은 것을 이유로 가입을 거부당한 것은 골프클럽에 대한 기대 내지 신뢰를 배반당하고, 본래 받을 이유가 없는 불이익을 입은 것이라고 보았습니다. 결사의 자유라는 원칙론이 아니라, 가입거부의 이유가 이유 없는 차별일 때에는 그 운용을 위법으로 보아야 함을 제시하는 판결이었다고 평가할 수 있습니다.

그래도 골프를 즐길 수 있습니까?

1990년 전미 프로골프 챔피언십의 대회장으로 선정된 앨라배마주의 골프클럽이 백인 전용이었기 때문에 항의가 빗발쳐서 이후 전미 프로골프협회는 인종이나 종교·성별 등의 차별을 금지하고 있는 골프장을 코스의 선정기준으로 삼게 되었습니다. 도쿄올림픽(2021년)에서 골프경기 대회장이었던 '가스미가세키 컨트리클럽'이 정회원을 남성으로 한정하고 있는 점에 대해, 국제올림픽위원회가 개선을 요구한 사실이 화제가 된 것을 기억하고 있는 사람도 있을 것입니다. "골프는 전통적으로 남성이나 백인만

이 하는 것"이라는 변명은 이제 통하지 않습니다.

　골프를 즐기는 일본인이 생각해 주셨으면 합니다. 당신이 가입한 골프 클럽에 일본인 이외에는 가입할 수 없다고 하는 규정이 있어도, 그 골프장에서 즐겁게 골프를 칠 수 있습니까?

　재판에서는 골프클럽측에서 이런 주장을 합니다.

　"일본인과 외국인 간에는 생활 풍속, 환경, 가치관 등의 기본적인 면에서 아직도 완전하게 이해할 수 없는 점이 남아 있음을 부정할 수 없다" "극히 자연스럽게 서로 이해할 수 있는 일본인끼리만 클럽활동을 하는 것에 대한 기대를 보호할 필요가 있다" "서로가 극히 자연스럽게 잘 이해할 수 있는 동일 국가 사람으로 가입자격을 한정하는 것에는 합리성이 존재하며 위법이 아니다"

　일본인끼리만 있는 편이 골프를 즐길 수 있다는 말인데, 어떻게 생각하나요? 당신이 외국에 살고 있으면서 골프를 즐기려고 하는데, 일본인이라는 이유로 골프클럽 가입을 할 수 없다면 어떤 기분이 들까요?

　일본국적을 가입조건으로 삼는 것은 차별적인 것이라고 보아야 합니다. 그리고 재판으로 위법성을 가리기 전에, 골프클럽 규칙의 회원자격으로서 일본국적일 것이 명기된 것을 보았을 때, 일본인 회원이 이런 규칙은 바꾸어야 한다고 말한다면, 이러한 외국인 차별은 분명히 없어질 것입니다.

긴 류스케(金竜介)

통칭명(通称名)과 본명(民族名)

● 친한 친구에게 갑자기 "실은 나 재일코리안이야. 본명은 ○○○이 야."라는 고백을 들은 적은 없나요? 겉모습은 일본인과 동일하고, 쓰고 있는 말은 일본어, 이름도 일본인과 같은 이름을 사용하고 있습니다. 그런데 항상 사용하던 이름, 즉 통칭명과는 별도로 본명이 있다고 합니다. 그럼 통칭명이란 도대체 무엇일까요? 사전에서 찾아보면 일반적으로 통하는 명칭이라고 되어 있습니다. 그렇다면 통칭명이란 외국인이 일본사회에서 생활함에 있어서 편의상 일반적으로 사용하는 이름이라는 것이 됩니다.

재일코리안의 대부분은 이 통칭명을 사용하고 있지만, 일본에 살고 있는 서양인이 편의상 일본인과 같은 이름을 사용하는 것은 극히 보기 드물지요. 즉 재일코리안이 통칭명을 사용하는 것은 단지 편의상의 이유만은 아닙니다. 재일코리안이 통칭명을 사용하게 된 경위는 과거의 역사로 거슬러 올라갈 필요가 있습니다.

● 1940년, 조선총독부에 의해 시행된 '창씨개명'에 의해 모든 조선인은 일본식 이름을 만들도록 강제당했습니다.

이에 따라 조선인은 일본식 이름을 사용하지 않을 수 없게 되었습니다. 자신의 진짜 이름을 사용하지 못하고 강제당한 가짜 이름으로 불리던 것, 이것이 '통칭명'의 유래입니다.

그러나 재일코리안 2세, 3세 세대가 되면, 재일코리안이라는 사실이 알려지는 것이 무서워서 스스로 본명을 숨기고 통칭명을 사용하게 됩니다. 자신이 재일코리안이라는 것을 알게 되면 친구들이 떠나가지 않을지, 연인에게 차이지 않을지 두려워하게 됩니다.

● 현재는 재일코리안으로서의 정체성을 확립하여 '통칭명'을 사용하지 않고 '본명'을 사용하는 사람도 조금씩 늘고 있으나, 2005년 2월, 재일코리안이 본명을 사용하고 있었기 때문에 생긴 사건이 있었습니다.

유명 주택건설회사인 세키스이하우스(積水ハウス)에 근무하는 재일코리안 남성이, 남성 고객이 소유하는 맨션의 수리 등에 대해 설명하러 갔을 때 한자와 한글로 병기된 명함을 내밀었는데, "북한에 돈을 얼마 보내고 있나, 너 같은 인간이 있기 때문에 납치문제가 일어난다"는 등 업무와는 관계없는 발언을 약 2시간 동안 반복해서 들은 것입니다.

남성은 "차별발언으로 상처를 받았다"며 그 고객에게 3,000,000엔의 위자료와 사죄광고의 게재를 요구하며 오사카지방재판소에 제소했습니다.

재일코리안의 상당수는 일본어밖에 하지 못하고, 일본인과 거의 같은 생활습관을 몸에 익히고 있습니다. 그럼에도 불구하고 재일코리안이 본명을 사용하는 것은 자신이 누구인가 하는 정체성을 증명하는 데 중요한 역할을 하기 때문입니다. 그러나 그 본명을 사용함으로써 때로는 인간성을 부정하는 정도의 언어폭력을 뒤집어쓰기 때문에, 재일코리안이 일본사회에서 '본명'으로 살아가는 것은 극히 어려운 일이라고 할 수 있겠지요.

결국 이 재판은 고객이 이 남성에게 사죄하고 합의금으로 300,000엔을 지급하는 것으로 합의가 성립되었습니다.

이 사건에서 가장 주목해야 할 것은 세키스이하우스의 대응이었습니다. 세키스이하우스는 "고용 관리나 사회적 책임의 관점에서 지원한다"

며 소송비용을 부담하고, 재판에 참석하는 동안 이를 근무시간으로 인정하는 등의 조치를 취했습니다.

대기업이 재일코리안 차별문제의 해결에 대해 적극적으로 지원하는 것은 매우 드문 일입니다. 그러나 앞으로 재일코리안이 재일코리안으로서 차별을 받는 일 없이 살아갈 수 있도록 다른 기업에서도 차별시정을 향한 적극적인 지원을 기대합니다.

송혜연(宋惠燕)

재일코리안의 통칭명

저는 어렸을 때부터 히라이 데쓰히데(平井徹秀)라는 통칭명으로 일본 학교에 다니며 살아왔습니다. 자신은 다른 사람과는 다른 존재라는 것과 일본인이 아니라는 것을 초등학교의 저학년 즈음에는 의식하기 시작했는데, 학년이 오르면서 자신의 정체성이 밝혀질까 봐 극단적으로 두려워하게 되었습니다. 지금은 윤철수라는 본명을 사용하며 일을 하고 생활하고 있는데, 어릴 때부터 계속 사용하던 이름이 아니라서 위화감이랄까, 조금 어색한 느낌이 들 때도 있습니다.

제 경우처럼 많은 재일코리안들이 자신들의 자녀가 코리안이라는 이유로 괴롭힘을 당하는 것을 피하고 싶고, 속상한 일을 겪게 하고 싶지 않다는 생각 등으로 자녀에게 일본인풍 이름인 통칭명을 사용하게 하여 학교에 다니게 하고 있습니다. 또는 사회생활상 부득이하게 통칭명을 사용하며 사회생활을 하고 있습니다.

스스로 선택해서 통칭명을 사용하기 시작한 것도 아닌데, 또는 부당한 차별이나 괴롭힘을 피하기 위해 부득이하게 통칭명을 사용할 수밖에 없음에도 불구하고, 본명을 숨기며 살아가고 있거나 어떠한 것을 숨기면서 살아가고 있는 것으로 보이는 재일코리안과 외국인의 고뇌는, 본인이 아니면 이해할 수 없는 지도 모릅니다. 재일코리안의 역사와 생활을 이해하지 못하는 일본인뿐만 아니라, 재일코리안 중에도 통칭명으로 생활하고 있는 사람을 "숨기고 있다"고 표현하는 등 비난하는 사람들이 있는 것이 너무 안타깝습니다.

본명을 사용하지 않는 재일코리안이나 외국인의 고뇌와 생각을 알아주셨으면 하는 마음에 아래 사건, 에피소드를 소개하겠습니다.

● 손해배상청구사건

A씨는 일본의 어느 지방에서 나고 자라 중학교를 졸업한 후 전문학교를 나와 이후 취업을 하여, 사건 당시에는 회사에서 근무하고 있었습니다. A씨는 16세 생일을 맞이했을 때, 아버지 손에 이끌려 동사무소로 가서 외국인등록수첩을 교부받고, 처음으로 자신이 한국적임을 알았습니다. A씨는 한국적임을 알고 나서도 꼭 필요하지 않는 한 한국적임을 타인에게 알리지 않았고, 일상생활에서도 일본명을 사용하고 있었습니다.

A씨가 B사에 입사했을 때, B사에 운전면허증 사본을 제출하였습니다. 이로 인해 B사 사장인 Y씨는 A씨 입사 당시부터 A씨가 한국적임을 알고 있었습니다.

사장인 Y씨는 A씨에게 다른 직원이 동석한 자리에서 한국인임을 다른 사람에게 말했는지를 묻고, 조선명을 사용하는게 어떠냐, 조선명을 사용할 수도 있다고 말했는데, A씨는 "아니오, 저는 이대로가 좋습니다"라고 대답했습니다.

이후에도 사장 Y씨는 2명을 제외한 전 직원 앞에서 A씨에 대해 "응, 이 사람은 한국인이야" "여러분 중에 차별하는 녀석이 있나?" "조선명을 사용해서 살아가는 방법도 있어" "어째서 그렇게 하지 않지?"라는 등 말을 했습니다.

또 다른 날에도 다른 직원 앞에서 A씨에게 "조선명을 사용할 거면 불러주겠다"고 말했습니다.

이 Y사장은 재일코리안의 역사와 생활을 이해하고서 본명을 사용하며 생활하는 소중함을 A씨에게 알려주고 싶었던 것이 아니라, 재일코리안의 역사와 생활을 전혀 이해하지 않은 채 본명을 사용하라고 집요하게 괴롭혔던 것 같습니다.

A씨는 Y사장의 이러한 발언이 불법행위에 해당한다고 주장하며 손해배상청구 소송을 제기했습니다. 1심 법원은 많은 재일한국인에게 있어서 일상생활상 한국명을 사용할지 일본명을 사용할지는 개인의 정체성 또는 자기결정권과 관련된 일이라고 했습니다. 그리고 A씨가 재일한국인임을 모르는 많은 직원들이 있는 자리에서 A씨가 재일한국인임을 공표했으며, 직원이었던 A씨가 고용주인 Y씨를 거역하는 것이 어려운 입장이었던 점에도 비추어 볼 때, Y씨의 각 발언은 사회통념상 현저히 A씨에게 불쾌감을 주는 것이며, A씨의 자기결정권 및 프라이버시권을 실질적으로 침해하는 것으로 불법행위에 해당한다고 인정하고, A씨의 Y사장에 대한 손해배상청구를 일부 인정했습니다.

이 사건은 항소가 이루어졌으나, 항소심에서도 근로자의 프라이버시와 사회생활의 평온이라는 인격적 이익을 위법하게 침해하는 괴롭힘의 범주에 이르고 있다고 평가하며, Y씨의 불법행위를 인정하고 손해배상청구를 인정했습니다.

● 법원에 의한 본명의 강요

제가 한때 담당한 민사사건의 원고는 많은 재일코리안과 마찬가지로 본명인 김영수(金英壽)와는 별도로 가나야마 이치로(金山一郎)라는 통칭명을 사용하여 일본에서 오랫동안 살며 사업을 운영하고 있었습니다(본명·통칭명 모두 여기에서는 가명으로 표기했습니다). 해당 소장의 원고 성명도 통칭명인 '가나야마 이치로'로 기재하여 2009년 3월 18일부로 소장을 도쿄지 방재판소에 제출했습니다. 이때 소장의 첨부서류인 소송대리인에 대한 위임장에는 가나야마 이치로 씨가 '가나야마 이치로, 즉 김영수"라고, 통 칭명과 본명을 병기하여 기재하였습니다.

사건이 수리된 후 담당재판관은 담당서기관을 통해 소장의 원고 성명 에 통칭명뿐만 아니라 본명을 병기하여 소장을 정정하도록 원고 소송대 리인인 저에게 요청해 왔습니다.

저는 법원의 본명 기재 강요에는 이유가 없다고 판단한 후 본인과도 협 의하여 본명을 병기하여 소장을 정정하는 것을 거부하겠다는 취지를 법 원에 전했습니다. 저는 통칭명을 사용하며 생활하고 있는 재일코리안이 어째서 소송에서 본명의 기재를 강요받는지, 그 법적 근거를 제시해 달 라고 담당서기관에게 질문했는데, 서기관은 본명이 있으니까 본명을 사 용하는 것이 원칙이라고 대답할 뿐, 아무런 법적 근거는 제시하지 못했습 니다.

그리하여 저는 다음과 같은 취지의 의견서를 재판소장 앞으로 제출하 여, 법원의 사과를 요구했습니다(실제로 제출한 의견서의 일부입니다).

"조선인은 식민지시대에 일본정부의 창씨개명 정책에 의해 조선인 본명의 포 기와 일본인풍 이름으로의 개명을 강요당하고 그것을 계속 사용할 수밖에 없 었다. 물론 오늘날 재일코리안들이 통칭명 사용을 법적으로 강제받고 있는 것 은 아니다. 다만 일상생활이나 업무상 본명을 사용하기 어려운 상황(이는 일본 사회의 코리안에 대한 뿌리 깊은 차별의식에 기인한다), 또는 장기간 사용할 수밖에 없 었던 통칭명에 대한 애착 등으로 대다수의 재일코리안들이 일본사회에서 통 칭명을 사용하며 생활하고 있다. 법원이 소송에서 재일코리안에게 본명의 사 용을 강요하는 것은, 이러한 재일코리안의 통칭명 사용의 역사성과 통칭명을 사용하는 재일코리안의 심정에 대한 이해가 부족한 처사이다.

이와 같이 법원의 원고에 대한 본명 기재의 강요는 법적 근거가 없고 잘못된 것이며, 재일코리안에 대한 이해가 부족한 것이기 때문에, 이번 법원의 대응과 관련하여 사과를 요구함과 동시에, 재일코리안의 통칭명 사용에 대한 법원의 이해를 강력히 요청한다."

이 의견서를 제출한 후에 이루어진 도쿄지방재판소 담당자와의 논의에서 담당자는 법원은 본명(민족명)의 사용을 강요하지는 않았지만 재일코리안의 통칭명 사용에 대해 이해를 깊이하고, 앞으로는 이러한 오해가 없도록 법원은 주의해 나가고자 한다고 언급했습니다. 물론 가나야마 이치로 씨의 소장의 원고 기재는 가나야마 이치로인 채로 재판이 진행되었습니다.

윤철수(尹徹秀)

제5장

법률에 의해 일어나는 차별

지문날인 거부 투쟁—존엄을 지키는 싸움

지문날인 제도란?

지문날인 제도는 1952년에 제정된 「외국인등록법」에 의하여 도입된 것으로, 당초에는 모든 외국인(이후에 "일본에 재류하는 14세 이상의 외국인"으로 개정)에 대하여, 입국 시 등의 신규등록 및 2년마다(이후에 3년으로 개정됨)의 갱신 시, 손가락 하나(재교부의 경우에는 열 손가락 전부)의 회전지문 날인 의무를 부과한 제도를 말합니다.

이 「외국인등록법」은 1947년에 발령된 「외국인등록령」을 계승한 것인데, 외국인을 관리 대상으로 하여 지문과 사진을 등록시킬 뿐만 아니라, 지문과 사진이 실린 외국인 등록증명서를 항상 소지하고 다녀야 한다(상시 휴대 의무)고 규정하거나, 경찰 등으로부터 요구받으면 외국인등록증을 제시하여야 한다(제시 의무)는 의무도 부과하고 있어, 지문날인과 상시휴대·제시 의무 등을 위반할 경우 1년 이하의 징역 또는 금고 또는 30,000엔 이하의 벌금이라는 벌칙까지 규정되어 있었습니다.

과거에 일방적으로 부여받은 것이라고 해도, 그때까지 일본국적을 가지는 것으로 규정되고 일본에서 살 것을 강요당했던 재일코리안(대만인도 있었으나 압도적 다수는 조선인이었습니다)을 관리 대상으로 하고, 게다가 범죄자처럼 지문을 채취하고, 외국인등록증을 상시 휴대하게 하여 상황이 생기면 외국인등록증을 제시하게 하고, 이에 따르지 않으면 형벌을 부과하려고 하였습니다. 당시의 재일코리안들은 이러한 방식에 크게 반발하여 지문날인은 당초 1년 이내에 시작되는 것으로 되어 있었으나 연기되어 1955년부터 실시되었습니다. 실시 직후에 지문날인을 거부한 사람도 상당히 있었는데, 취조 중 경찰에게 설득당하여 응하게 되는 등 끝까지 거부를 관철한 사람은 없었으며, 이후에도 저항이 계속되는 일은 없었습니다.

지문날인 거부

다시 지문날인의 의미를 묻고, 자신과 자녀들 및 민족의 존엄을 지키기 위해 지문날인을 거부한 것은 한종석(韓宗碩) 씨였습니다.

한씨는 1937년, 8세 때 가족 다 같이 일본으로 왔으며 고향에 남은 가족은 없었다고 합니다. 어머니는 '사기를 당하여 땅을 빼앗겼다'고 매일같이 말씀하셨다고 합니다. 한씨는 성적이 우수했으나 민족차별 때문에 지망한 중학교에 진학하지 못하였고, 이러한 힘든 경험을 바탕으로 진로·진학 지도라는 일에 몰두했습니다. 그 와중에 직장에서 경찰관 감시를 당하거나 업무상 지도한 학생들이 사소한 일로 외국인등록증의 제시를 요구받고, 소지하고 있지 않으면 유치되는 과정을 여러 번 보았습니다. 한씨 자신도 태풍 때문에 외국인등록 갱신이 이틀 늦었을 뿐인데, 한씨가 집을 비운 사이에 경찰 호출을 받은 아내가 아침부터 저녁까지 조사를 받고, 사진을 찍히고, 손가락 전체 지문을 채취당하는 일을 겪게 되어, 아내는 물론 한씨에게도 큰 고통이었습니다.

"신헌법이 되기 훨씬 전부터 일본에 살고 있습니다. 말하자면 본래 일본주민이고, 일본국민과 다를 바 없는 권리를 가지고 있어야 하는 것인데, 평생 지울 수 없는 낙인이 찍혀 이 나라의 구성원에서 배제되고, 게다가 이 낙인도 평생 한 번이 아니라 치유된다 싶으면 또 찍히고, 몇 번이고 몇 번씩 아물지 않은 상처에 다시 인두를 갖다 대는 꼴입니다." 지문날인을 "인격상의 굴욕을 맛보는 것" "인간의 존엄과 관련된 문제, 국가의 자세와 관련된 문제"라 생각하고 있던 한씨는, 어떻게든 해야겠다고 생각하면서도 실행으로 옮길 수 없었는데, 스스로의 자녀들의 지문을 채취하는 것을 방관해 버린 일과 1979년의 일본의 국제인권협약 비준을 계기로, 이번 이야말로 행동으로 옮겨야겠다고 결심했습니다.

1980년 9월 10일 "스스로가 아니면 도대체 누가 우리 민족의 존엄을 지켜 줄 수 있는가?"라 생각하여 "남이 해 주기만을 기다려서는 민족 자존이 생겨날 수 없다"고 스스로 답을 낸 한씨는 외국어등록증의 갱신 교부 시에 지문날인을 거부했습니다. 사전에 가족들에게도 알리지 않고, 지원자가 아무도 없는 가운데 혼자 시작한 한씨의 지문날인 거부는 '단 한 명의 반란'이라 칭해지고 있습니다.

지문날인 거부 운동의 성행

한씨가 거부한 것은 아직 사회에 알려지지 않았으나, 이후 인권투쟁을 해 온 최창화(崔昌華) 씨 일가, 김명관(金明觀) 씨, 강박(姜博) 씨 등도 지문날인을 거부하였고, 1982년에는 30명을 넘는 거부자가 나왔습니다. 지문날인 거부 운동은 재일코리안 2세·3세가 중심이 되어 행해졌는데, 이에 자극을 받은 1세들과 신규등록하는 자녀들, 나아가 한국에서 온 유학생이나 미국적 등 코리안이 아닌 민족의 사람들도 거부했습니다.

또한 지문날인 거부 문제를 고민하고 지탱한 것은, 거부한 외국인이나 민족단체뿐만 아니라 일본인 지원자나 소송을 담당한 변호사들이었습니다.

예를 들어 한씨의 경우 1981년에 조사를 받고 1983년 2월에 기소되어 8월에 형사재판이 시작되었는데, 다음 해 8월에 판결이 나올 때까지 매달 법정에서 공방을 펼치며 4명의 증인신문을 실시하는 등, 변호인단은 지문날인의 문제성에 대해 정면에서 철저하게 다투었습니다. 그럼에도 불구하고 도쿄지방재판소는 벌금 1만 엔이라는 유죄판결을 내렸기에 당일 항소하였고, 항소기각 판결이 나오자 최고재판소에 상고하였으며, 형사재판이 끝난 것은 1989년 7월 14일(면소판결)로 재판은 장기간에 걸쳐 이루어졌습니다.

이에 더하여 이 문제에 큰 영향을 미친 것은 각지의 지자체였습니다. 지문날인을 싫어하는 외국인으로부터 지문을 채취하고, 거부한 사람들을 경찰서장에게 고발할 의무를 지고 있던 지자체 직원도 지문날인 제도에 의문을 품고 있었던 것입니다. 1982년 9월 20일에 요네자와시(米沢市)에서 지문폐지 의견서가 채택되자, 유사한 움직임이 전국으로 확대되었으며, 1983년 1월 31일에는 도도부현의회 의장회의에서 '지문제도 개선 요망서'가 채택되어 같은 해 7월에는 전국시장회의에서 지문날인 및 등록증명서 상시 휴대를 폐지하도록 제도를 개정하는 것이 결의되었습니다.

법 개정 완화 및 거부자에 대한 제재의 강화

이에 반하여, 1983년에 외국인등록 갱신을 실시할 사람이 많을 것으로 전망되었고(대량 갱신), 지문날인 거부자도 대량으로 나올 것이 예상되었기에, 일본은 1982년에 「외국인등록법」을 개정하여 갱신 간격을 3년에서 5년으로 늘렸고, 신규등록도 14세에서 16세로 변경했습니다. 한편 거부할 경우의 벌금을 3만 엔 이하에서 20만 엔 이하로 인상하여 벌칙을 강화했

외국인등록법 개정을 요구하는 재일코리안
(1984년 10월 5일, 재일한인역사자료관 제공)

습니다. 또한 거부자에 대해서는 재입국 허가를 요구하여도 불허가로 한다는 방침이 규정되었고, 1983년 7월에는 처음으로 거부자가 체포되었으며, 1984년에는 형사사건으로 유죄판결이 이어졌습니다.

그런데도 제도의 철폐를 요구하는 서명운동과 지원단체·집회, 이 문제를 고민하는 단체의 발족 등, 일본 전국으로 지문날인 거부 운동은 확대되어 갔습니다. 1985년 2월에는 오사카시(大阪市) 전체 26구장 연명으로 '지문·상시휴대 폐지 요망서'가 법무성에 제출되었으며, 가와사키(川崎) 시장이 "거부자의 고발을 하지 않겠다"고 표명하자, 이에 뒤따르는 시장들도 나타났습니다. 그러한 가운데 5월 14일에 법무성 입국관리국장은 각 지자체 지사들에게 통달(이하 "1985년 통달")을 발송하여, 지문을 채취할 때의 잉크 색을 흑색에서 무색으로, 회전식(손가락을 회전시켜 넓게 지문 채취)에서 평면식으로 변경하는 등 하여 채취하는 측의 심리적 저항을 낮추는 조치를 취했습니다. 한편 고발을 철저히 할 것을 요구하며, 거부자에게는 등록완료 증명서를 교부하지 않고 외국인등록증에는 "지문 불날인"이라 부기하기로 하여 경제활동과 신분관계에 불이익을 초래하도록 취급하기도 하였습니다. 체포자도 점점 증가하였습니다.

그러나 이후에도 이 통달에 따르지 않겠다고 하는 자치체들도 나왔고, 1985년 중에 외국인등록법의 개정을 요구하는 자치체 결의는 1,020개에 달했으며, 거부자·유보자는 무려 약 16,000명에 달했습니다.

지문날인 제도와 재판

한씨처럼 주로 형사재판 중에 지문날인 제도 문제는 주장되었으나, 한씨를 포함한 대부분의 거부자들이 1989년 2월의 대사령에 의해 면소가 되어 다투기 위한 장조차 빼앗겼습니다. 이러한 와중에 첫 지문날인을 거부

한 사안이었기 때문에 대사령의 대상이 되지 않아 이후에도 심리가 계속되어 최고재판소의 최초의 헌법 판단이 제시된 것이 로널드 스스무 후지요시(ロナルド・ススム・藤好) 씨의 사건이었습니다.

최고재판소는 지문에 대해 "개인의 인격, 사상, 신조"라는 측면을 부정했으나, "국민의 사생활상의 자유와 밀접한 관련을 가진다"고 언급한 후 "개인의 사생활상 자유 중 하나로서 누구나 함부로 지문날인을 강제당하지 않는 자유를 가진다"고 헌법 제13조에 따라 보장되고 있음을 인정했습니다.

그러나 지문날인 제도 자체에 대해서는, 일본에 있는 외국인을 공정하게 관리한다는 입법 목적에는 충분한 합리성이 있고, 동시에 그 필요성도 인정된다고 판단했습니다. 또한 지문채취 방법도 (거부 당시에는) 3년에 한 번이고 한 손가락뿐인 점, 벌칙을 통한 간접 강제에 그치는 점에서 일반적으로 허용되는 정도의 상당한 것으로, 결국 헌법 제13조를 위반하지 않는다는 판단을 제시했습니다.

헌법 제14조(평등 원칙) 위반의 주장에 대해서도 이 제도의 필요성과 합리성을 들었고, 또한 호적제도가 없는 외국인은 호적제도가 있는 일본인과는 다르기 때문에 그 취급의 차이에는 합리적 근거가 있다면서 헌법에 위반되지 않는다는 판단을 제시했습니다.

헌법 제19조(사상 및 양심의 자유) 위반 주장에 대해서는, 지문날인 제도의 배경이나 실제 운용에 대해 깊은 판단을 하지 않고, "외국인의 사상, 양심의 자유를 해치는 것으로는 인정되지 않는다"며 역시 수용되지 않았습니다.

이처럼 지문날인 제도의 합헌성을 정면에서 물은 형사재판에서는 최고재판소에 의해 헌법을 위반하지 않는다는 판단이 내려졌습니다.

또한 형사재판 외에 지문날인을 거부했기 때문에 재입국을 불허가 받았거나 재류기간이 단축되는 등의 불이익 처분에 대해 다투거나(행정소송),

그러한 불이익 처분을 받은 것에 따른 위자료를 요구하는 재판(민사소송)도 이루어졌으나, 지문날인 제도가 헌법이나 조약에 반한다고 인정한 판결은 하나도 없었습니다.

지문날인 제도 이후

1985년 통달과 체포방침의 강화, 재입국이나 재류자격에 대한 불이익 처분 등에 따른 압력에도 굴하지 않고, 지문날인 거부자·유보자는 증가하여 지원의 고리도 확대되어 갔으며, 국제적으로도 일본의 지문문제는 주목받게 되어 큰 사회 문제가 되었기에, 1987년에 「외국인등록법」은 개정되어 5년마다의 날인은 원칙적으로 1회로 바뀌었습니다.

게다가 1991년에는 일본과 한국의 '한일법적지위협정에 근거한 협의 결과에 관한 각서'에서 지문날인과 등록증 상시휴대제도에 대해 다루어졌으며, 영주자 및 특별영주자에 대해서는 1992년에 지문날인 의무가 철폐되었습니다. 그 외의 외국인에 대해서도 1999년에 지문날인 제도는 폐지되었습니다.

이와 같이 외국인등록법의 지문날인 제도는 법원을 통해서는 시정되지 않았으나, 재판 절차를 통한 사회운동 확산에 따라 실질적으로 폐지에 내몰렸습니다.

지문날인 거부투쟁의 의의

지문날인 제도의 문제를 '검지 손가락의 자유'로서 사회에 널리 알린 것은 민족차별에 대처해온 재일코리안 운동가와 단체를 중심으로 한 사람들의 활약에 의하는 바가 크다고 보는데, 10,000명을 넘는 거부자·유보자가 나오고 사회문제로서 전국으로 확대된 것은, 민족단체와의 관련이 있든 없든, 자신에게 솔직하게 당당히 살아가고 싶은 사람이 한 사람 한 사람 일어섰기 때문입니다.

그중에는 한씨처럼 차별을 계속 받은 재일코리안 역사를 등에 업고 거부한 사람도 많고, 그 차별의 역사를 알고 있었기 때문에 거부행동에 공감한 일본인 지원자도 많았던 것으로 보입니다. 하지만 그 외에도 일본사회에서 평범하게 살면서 왜 일본인이면 범죄자만 지문을 채취하는데 자신도 지문을 채취해야 하냐며 소박하게 의문을 느끼고 같은 인간으로 취급해 주었으면 한다는 생각에서 거부한 사람도 있을 것입니다. 그리고 그러한 자연스러운 생각에서 출발한 행동 때문에 체포되어 형사재판을 받는다는 것에 위화감을 느낀 일본인도 많지 않았을까요?

지문날인 제도는 국가가 개인을 관리하는 제도이며, 자유롭고 싶은 사람을 관리의 사슬로 묶어 두는 것은 그 사람의 개인 존엄을 부정하는 것입니다. 이러한 제도의 문제를 한 사람 한 사람이 스스로의 일이라고 생각하고, 체포되어 유죄판결을 받을 가능성이 있어도 저항의 자세를 보여 주는 사람이 나타나고, 자신이 직접 제도의 대상이 아니어도 같은 사회에 사는 이웃의 문제로서 저항한 사람의 존엄을 지키려고 행동한 사람들이 있었습니다. 소수의 히어로/히로인의 재판 투쟁이 아니라, 많은 사람들이 스스로나 스스로의 사회의 일로서 이 제도에 대해 생각하고 행동한 것, 그것이 지문날인 제도의 철폐를 가져다 준 것이라고 생각합니다.

지문날인 거부자에게는 "일본 법률에 불만이 있으면 자기 나라로 돌아가세요" "일본에서의 반일운동은 용서할 수 없다"는 등의 편지가 많이 보내졌습니다. "(외국인등록법의) 체제가 싫다면 자기 나라로 돌아가면 된다" "일본에서 태어나 일본인과 동일하게 컸다는 분들은 일본에 귀화하면 된다"는 오사카부경(大阪府警) 외사과장의 발언도 있었습니다.

안타깝게도 이러한 발언은 지금도 이루어지고 있습니다. 앞으로도 이러한 목소리가 완전히 없어지는 일은 없을지도 모릅니다. 그래도 한 사람 한 사람이 자기 존엄을 소중히 하는 것, 자신의 사회의 문제로서 옆에 있는 사람의 존엄에 대해 한 사람 한 사람이 생각하는 것 등이 중요하다는 것을 지문날인 문제는 가르쳐 주고 있다고 생각합니다.

《참고문헌(일본어)》

大沼保昭,『「ひとさし指の自由」のために—多元的価値観から見た外国人指紋押捺制』, 中央公論, 1984年 8月号.

「ひとさし指の自由」編集委員会編,『ひとさし指の自由—外国人登録法・指紋押捺拒否を闘う』, 社会評論社, 1984.

民族差別と闘う関東交流集会実行委員会編,『指紋押捺拒否者への「脅迫状」を読む』, 明石書店, 1985.

在日大韓基督教会指紋拒否実行委員会編,『日本人へのラブコール—指紋押捺拒否者の証言』, 明石書店, 1986.

金明植,『指紋拒否の思想—民衆の連帯を求めて』, 明石書店, 1987.

韓さんの指紋押捺拒否を支える会編,『指紋押捺拒否者が裁いたニッポン』, 社会評論社, 1990.

姜徹,『在日朝鮮人の人権と日本の法律』, 雄山閣, 1994.

大沼保昭・徐龍達編『新版 在日韓国・朝鮮人と人権』, 有斐閣, 2005.

田中宏著／中村一成編,『「共生」を求めて』, 解放出版社, 2019.

《참고문헌(한국어)》

오누마 야스아키, 『「검지 손가락의 자유」를 위하여—다원적 가치관에서 본
　　외국인 지문날인 제도』, 중앙공론, 1984년 8월호

「검지 손가락의 자유」편집위원회 편, 『검지 손가락의 자유—외국인등록법·
　　지문날인 거부를 다투다』, 사회평론사, 1984.

민족차별과 싸우는 간토 교류집회 실행위원회 편, 『지문날인 거부자에 대한
　　「협박장」을 읽는다』, 아카시서점, 1985.

재일대한기독교회 지문거부실행위원회 편, 『일본인에 대한 러브콜—지문날
　　인 거부자의 증언』, 아카시서점, 1986.

김명식, 『지문거부 사상—민중의 연대를 구하며』, 아카시서점, 1987.

한씨의 지문날인 거부를 지지하는 회 편, 『지문날인 거부자가 심판한 일본』,
　　사회평론사, 1990.

강철, 『재일조선인의 인권과 일본의 법률』 웅산각, 1994.

오누마 야스아키·서용달 편, 『신판 재일한국·조선인과 인권』, 유비각, 2005.

다나카 히로시 저/나카무라 이루선 편, 『「공생」을 원하며』, 해방출판사, 2019.

강문강(姜文江)

무연금 재판―강요당하는 불안한 노후

국민연금과 국적조항

여러분은 여러분 자신이나 가족이 병을 앓고 장애가 남거나 나이가 들어 생각처럼 일할 수 없게 되었을 때, 무엇을 버팀목으로 해서 살아가겠습니까? 여러분이나 가족도 반드시 나이를 먹습니다. 일본은 벌써 총인구 중 65세 이상의 인구가 20%를 넘어 세계적으로도 유례없는 급격한 속도로 고령화가 진행되고 있습니다. 이러한 상황에서 여러분은 "연금을 받으니까 괜찮아!"라고 대답할 수 있을까요? 아니면 반대로, 최근 연금제도에 대한 불신감으로 연금은 도움이 되지 않는다고 대답할까요?

그런데 연금은 누구라도 반드시 받을 수 있는 것일까요? 여러분의 주위에는 노후를 위해 보험료를 납부하고 연금을 받으려고 해도 받을 수 없는 사람은 없습니까? 공적연금제도는 기본적으로 일본 국내에 사는 20세부터 60세의 모든 사람이 보험료를 납부하고, 그 보험료에 연금 적립금이나 세금을 더한 것을 재원으로, 고령자·장애인 등에게 연금으로 지급하는 제도입니다. 공적연금제도는 지금 일하고 있는 세대(현역세대)가 납부한 보험료를 부양가족에게 생활비를 보내는 것과 같이 고령자 등의 연금지급에 충당하는, "세대와 세대가 서로 지탱"하는 사고방식(이를 부과방식이라 부룹니다)을 기본으로 한 재정방식으로 운영되고 있습니다.

일본의 공적연금제도는 1939년의 선원을 대상으로 한 「선원보험법」 제정, 1941년의 공장 등의 남성노동자를 대상으로 한 「노동자연금보험법」 제정에서 시작되었습니다. 노동자연금보험법은 1944년 「후생연금보험법」으로 명칭을 바꾸어 사무직원과 여성으로 그 대상이 확대되었으나, 어느 연금제도에나 일본국적을 갖지 않는 외국인을 제외한다는 국적조항이 마련되어 있었습니다. 그러나 제2차 세계대전에서 패하고 연합국의 점령하가 된 후에는 연합국 최고사령부(GHQ)의 지령에 따라 1946년 1월, 노동자 연금에서 국적조항이 삭제되었습니다.

이후 일본은 1959년에 연금제도의 대상이 아니었던 농민, 자영업자 등을 대상으로 하는 국민연금제도[1]를 새롭게 마련하여 「국민연금법」을 제정하였는데, "국민"연금이라는 말처럼, 국민연금의 수령자격에 대해 "일본 국내에 주소를 가지는 20세 이상 60세 미만의 일본국민"[국민연금법 구(舊) 제7조 제1항]으로 규정했습니다. 주권을 회복한 일본은 국민연금법에 재외일본인을 국민연금의 대상에서 제외하는 거주요건을 마련함과 동시에, GHQ 점령하의 후생연금보험법에서는 삭제한 국적조항을 국민연금법에서는 부활시켰습니다. 미국 국적인 사람에 대해서는 1953년에 체결한 미

---

[1] 국민연금제도에서는 ① 노령기초연금(원칙적으로 국민연금에 25년 이상 가입한 사람이 65세부터 받게 되는 전 국민 공통연금), ② 장애기초연금(국민연금 가입 중에 초진일(初診日)이 있는 병이나 부상으로 장애자가 되었을 때에 받게 되는 연금), ③ 유족기초연금(국민연금에 가입 중인 사람, 국민연금에 가입했던 사람으로서 60세 이상 65세 미만인 사람 또는 노령기초연금을 받고 있는 사람이나 수령자격기간을 채운 사람이 사망했을 경우에 유족에게 지급되는 연금), ④ 부가연금(자영업자 등의 제1호 피보험자를 대상으로 국민연금의 보험료에 더하여 부가보험료를 납부함으로써 지급되는 연금), ⑤ 과부(寡婦)연금(국민연금의 제1호 피보험자로서 보험료를 납부한 기간[보험료의 면제를 받은 기간을 포함한다]이 25년 이상인 남편이 사망했을 경우, 10년 이상 혼인관계[사실상의 혼인관계를 포함한다]였던 아내에 대해, 60세부터 65세가 될 때까지 지급되는 연금), ⑥ 사망일시금(국민연금의 제1호 피보험자로서 보험료를 3년 이상 납부한 사람이, 노령기초연금, 장애기초연금을 둘 다 받지 못한 채로 사망했을 때, 그 유족에게 지급되는 일시금)이 있다. 또한 국민연금에서는 가입자를 3종류로 분류하고 있는데, 20세 이상 60세 미만의 자영업자·농민과 그 가족, 학생, 무직의 사람 등이 제1호 피보험자이다.

일우호통상항해조약에 의해 사회보장제도에 대하여 일본국민과 같은 대우를 받았기 때문에, 국민연금이 창설되었을 때부터 국민연금에 가입할 수 있었습니다.[2] 한편 한국·조선 국적의 재일코리안은 국적조항이 폐지될 때까지 국민연금에 가입할 수 없었기에 국민연금을 수령할 수 없었습니다. 이와 같이 일본의 구(舊) 국민연금법은 재외일본인의 사회보장은 '상대국'에게 부탁하면서 재일외국인의 사회보장은 '그 본국'에 떠넘기는 것이었습니다.[3]

그 후 일본이 「난민의 지위에 관한 조약」에 가입함에 따라, 1982년 1월 1일 국민연금법의 국적조항이 폐지되어 재일코리안도 국민연금에 가입할 수 있게 되었으나, 여전히 모든 문제가 해결된 것은 아니었습니다. 국민연금 중 65세라는 일정 연령에 도달했을 경우에 지급되는 노령연금을 받기 위해서는 일정기간 이상 연금에 가입하여 (면제받은 기간을 제외하고) 보험료를 납부할 필요가 있습니다(거출제: 據出制[4]). 국적조항 폐지 당시, 이미 고령이었던 많은 재일코리안들은 보험료의 납부기간을 채울 수 없었습니다. 국민연금 창설 후에 일본에 반환된 오가사와라 제도(小笠原諸島, 1968년), 오키나와(沖繩, 1972년)의 각 주민에 대해서는, 일본 반환에 따라 국가가 특별한 조치를 취해 연금을 받을 수 있게 했습니다. 그러나 재일코리안에 대해서는 국적조항 폐지에 따라 국민연금 가입이 인정되었을 뿐, 어쩔 수 없이 보험료를 미납할 수밖에 없었던 자들에 대한 구제책이 마련되지 않았습

---

2 가와모토 나오에(河本尚枝), 「재일 외국인 고령자 복지급부금제도의 창설과 그 과제—히가시히로시마(東広島)시의 사례에서」, 히로시마대학 대학원 종합과학연구과 편, 『문명과학연구 Studies in cultural sciences』(2010년), 73면.

3 다나카 히로시(田中宏), 「재일외국인 제3판—법의 벽, 마음의 거리」(이와나미서점, 2013년), 173면.

4 반대로 수령자가 보험료를 납부하지 않고 수령할 수 있는 제도를 '무거출제(無據出制)'라 한다. 질병이나 부상 등으로 인해 장애 상태에 있는 경우에 지급되는 장애연금 중, 국민연금 가입 전인 20세 전에 초진을 받는 등, 보험료를 납부할 수 없는 사정이 있는 경우에 '무거출제'를 채택한다.

니다.[5] 그리하여 재일코리안 고령자들은 국민연금의 수령자격을 취득할 수 없었기에 여전히 연금제도에서 제외되었습니다.

재일코리안은 일본인과 똑같이 일본국민의 의무인 납세 의무를 완수하고 있고, 그 납부된 세금은 국민연금 재원의 일부가 되고 있습니다. 그럼에도 불구하고 재일코리안은 국적조항이 폐지될 때까지 젊고 건강할 동안 보험료를 납부하고 노후에 노령연금을 수령하고 싶다고 생각해도 수령할 수가 없었습니다. 뿐만 아니라 국적조항 폐지 후에도 연금제도에서 완전히 배제되어 무연금 상태에 놓여 있던 재일코리안 고령자가 다수 존재해 왔습니다.

도쿄(東京)지방재판소 · 도쿄고등재판소의 판단

1979년 김현균(金鉉鈞) 씨는 도쿄지방재판소에 소송을 제기했습니다. 김현균 씨는 도쿄도 아라카와(荒川)구에 거주하였으며, 1960년 10월 아라카와 구청 국민연금 담당자로부터 국민연금 가입을 권유받았습니다. 이에 대해 김현균 씨의 처 이봉화(李奉花) 씨는 스스로 한국인임을 이유로 거절하였으나, 담당자가 "한국인이라도 한국으로 돌아갈 생각이 아니라면 가입하는 게 이득이에요"와 같은 말로 설득하는 바람에 가입절차를 밟고 12년에 걸쳐서 보험료를 계속 납부했습니다.

1976년 10월 이봉화 씨는 김현균 씨가 연금을 받을 수 있는 연령이 되었기에 연금 수령절차를 밟기 위해 아라카와 구청을 방문했습니다. 그러나 이봉화 씨는 "한국적이므로 수령 자격이 없다"고 거절당했습니다. 이봉화 씨가 항의하자 아라카와구청 연금계장은 "남의 나라에 와서 이러쿵

---

5   전게 가와모토, 73~74면.

저러쿵 말하지 않는 게 좋을 것이다" "왜 전쟁이 끝났을 때 바로 한국으로 돌아가지 않았느냐"는 폭언을 내뱉었습니다. 그 후 이봉화 씨는 도쿄도청과 후생성(당시)을 찾아가 보았으나 뾰족한 방법이 없었습니다. 결국 아라카와 구청은 김현균 씨에게 '보험료과오납액환부통지서'를 보내어 김현균 씨로부터 납부받은 보험료를 환불하고 없던 일로 하려고 했습니다.

이러한 대응에 납득할 수 있을 리가 없었던 김현균 씨는 1979년 도쿄지방재판소에 소송을 제기하여 국민연금법이 국적조항에 따라 동일한 납세의무를 부담하고 있는 외국인을 배제하는 것은 헌법 제14조[6](법 앞의 평등) 및 제25조(사회권)에 반한다는 등의 주장을 펼쳤습니다.

그러나 도쿄지방재판소는 1982년 9월 22일 김현균씨의 청구를 기각하였습니다. 도쿄지방재판소는 국민연금법의 '일본국민'이란 일본국적을 가지는 것을 의미하므로 일본국적을 가지지 않는 자를 제외하는 것은 '일본국민'이라는 문언에서 분명하다고 하면서, 재일코리안의 사회권을 보장해야 하는 것은 한국·조선이고 일본이 재일코리안의 사회권을 보장할지 여부는 국회의 재량에 달려 있다며 헌법 제14조 및 제25조를 위반하지 않는다고 판시했습니다.

김현균 씨는 도쿄고등재판소에 항소했습니다. 도쿄고등재판소는 1983년 10월 20일, 제1심과 마찬가지로 국민연금법의 국적조항에 대해서는 헌법 제14조, 제25조를 위반하지 않는다고 하면서도, 다음과 같이 판결하여 김현균 씨의 청구를 인정했습니다. 김현균 씨가 "자신에게 국민연금 피보험자 자격이 있다고 믿고, 장래에 피항소인(사회보험청[2009년 12월 31일에 폐지. 현재의 일본연금기구])이 노령연금 등을 급부할 것이라고 기대하고 신뢰

---

6   헌법 제14조 제1항은 "모든 국민은 법 앞에 평등하며, 인종, 신조, 성별, 사회적 신분 또는 가문에 따라 정치적, 경제적 또는 사회적 관계에서 차별되지 않는다"라는 법 앞의 평등을 보장하고 있다.

하였으며, 위 기대·신뢰를 전제로 보험료의 지불을 계속한 것이 명백"하다며, 이와 같이 기대·신뢰한 것에 대한 김현균 씨의 잘못은 없을 뿐만 아니라 김현균 씨가 지불한 보험료 전액이 환불되는 것만으로는 그 신뢰를 보호했다고 할 수 없는 것이 명백하다고 하여 김현균 씨의 청구를 인정했습니다.

이에 대해 사회보험청은 상고를 하지 않았고, 김현균 씨는 7년에 걸친 다툼 끝에 간신히 연금을 수령할 수 있게 되었습니다. 당시 김현균 씨와 같이 보험료를 계속 납부하고 있던 케이스는 일본 전국에서 80건에 달하고 있었으며, 사회보험청은 이 모두에 대하여 도쿄고등재판소의 판결에 따라 김현균 씨와 같은 취급을 했습니다.

그러나 이 도쿄고등재판소 판결은 수령자격이 없음에도 불구하고 보험료를 장기간 납부하고 노령연금을 수령할 수 있다고 믿고 기대한 사람의 신뢰·기대를 보호한 것에 지나지 않으며, 국적조항이 마련된 국민연금법을 위헌이라고 판단한 것은 아니었습니다. 즉 이 도쿄고등재판소 판결도 근본적인 해결을 도모한 것은 아니었습니다.

국민연금법 개정의 경위·문제점

일본이 1981년에 「난민의 지위에 관한 협약」을 비준함에 따라, 같은 해에 「난민의 지위에 관한 협약 등의 가입에 수반하는 출입국관리령 그 외 관계 법률의 정비에 관한 법률」(이하 '정비법'이라고 합니다)이 제정되었습니다. 정비법은 국민연금법에 있던 국적조항을 폐지했습니다.

이에 따라 이후 재일코리안도 일정기간 이상 보험료를 납부함으로써 국민연금을 수령할 수 있게 되었습니다. 그러나 개정 전 국민연금법의 국적조항에 의해 국민연금 수령자로 여겨지지 않았던 사람에 대하여 정비법을 소급 적용해 국민연금의 수령을 인정하는 등의 구제조치가 강구된 것은 아니었습니다. 나아가 1985년에 「국민연금법 등의 일부를 개정하는 법률」이 제정되었을 때에도 정비법 제정 때와 같이 구제조치는 없었습니다.

이래서는 법 개정 이후 일정기간 동안 보험료를 납부할 수 있는 사람은 노령연금을 수령할 수 있지만, 법 개정 전에는 국적조항으로 인해 보험료를 납부하고 싶어도 납부할 수 없었고, 국적조항 폐지 이후에 보험료를 납부해도 65세까지 일정기간 이상 보험료를 납부할 수 없는 사람은 결국 노령연금을 수령할 수 없습니다. 국적조항 폐지 후에 보험료를 납부해도 65세까지 일정기간 이상 보험료를 납부할 수 없는 사람의 상당수는 이른 시기에 일본으로 건너온 고령의 재일코리안입니다. 고령으로 인해 노후 보장을 보다 필요로 하고 있는 사람을 노령연금에서 제외하고 사회안전망 바깥에 남겨 둔 것입니다.

이와 같이 재일코리안의 존재나 역사적 경위를 전혀 배려하지 않고, 구제조치를 전혀 강구하지 않는 국민연금법과 정비법은 법 앞의 평등(헌법 제14조), 생존권(헌법 제25조)을 보장한 헌법에 배치되는 게 아닐까요?

오사카(大阪)지방재판소·오사카고등재판소의 판단

이러한 상황에서 2003년, 오사카부 거주의 재일코리안 1세 5명이 오사카지방재판소에 소송을 제기했습니다. 이들 5명은 모두 80세를 넘는 고령으로서 "입에 풀칠하기도 너무 힘들다. 앞으로 어떻게 살아가야 되는 건가?"라는 생각에서 소송을 제기했습니다. 5명의 원고는 구(舊) 국민연금법의 국적조항은 헌법 제14조에 위배되고, 아울러 신법에 대해서도 특별한 구제조치가 없다는 점에서 역시 헌법 제14조에 위배된다는 등의 주장을 했습니다. 원고 중 한 명인 주정식(周貞植) 씨는 판결에 앞서 "역사를, 조선인에 대한 차별을, 그리고 지금도 계속되는 차별을 세상이 알아주었으면 했다"고 소송을 할 수밖에 없었던 심정을 밝혔습니다.

오사카지방재판소는 2005년 5월 25일, 다음과 같이 판결하여 원고 5명의 청구를 기각했습니다. 오사카지방재판소는 노령연금과 같은 "무거출제(無據出制)의 사회보장제도는 일차적으로는 그 사람이 속한 국가가 재정적 부담을 져야 하는 것이기 때문에, 입법부는 무거출제의 연금을 전제로 하는 경과적 혹은 보완적 조치를 강구해야 하는지 여부에 대해 보다 광범위한 재량권을 가진다고 할 수 있다"며, "원고들이 주장하는 구제조치가 없는 점이 현저하게 합리성이 결여된 분명한 재량의 일탈, 남용이라고 보기는 어렵다"고 판시했습니다. 오사카지방재판소는 국회에게 보다 넓은 입법재량을 인정하여 위헌판결에 의해 구제되는 범위를 보다 한정적으로 파악했습니다.

오사카지방재판소가 제시한 판결 이유는 국내 거주 요건에 따라 해외에 거주하는 일본인을 원칙적으로 국민연금의 대상에서 제외하고, 그 거주국의 사회보장제도에 맡기기로 한 국민연금법의 규정과의 정합성에 대해 많은 의문을 남기는 것이었습니다.

5명의 원고는 오사카지방재판소 판결에 대해 항소했으나, 오사카고등재판소도 오사카지방재판소처럼 입법재량을 넓게 인정하여 5명의 원고의 청구를 기각했습니다.

이러한 오사카고등재판소의 판결을 받은 항소인(원고) 5명은 "재판관은 나라를 지키는 것이 일이구나. 우리는 보호를 받은 적이 없다."고 하면서도 "그럼에도 불구하고 호소하는 것에 의의가 있다"는 생각으로 최고재판소에 상고했으나, 2007년 12월 25일 상고는 기각되었습니다.

교토(京都)지방재판소의 판단

2004년에는 교토부 거주의 재일코리안 여성 5명이 교토지방재판소에 소송을 제기했습니다. 교토지방재판소는 2007년 2월 23일 오사카지방재판소 및 오사카고등재판소와 마찬가지로 입법부의 재량권을 넓게 인정하여 "입법부의 재량권 범위를 일탈한다고는 말할 수 없다"고 판결, 원고 5명의 청구를 기각했습니다.

5명의 원고들은 교토지방재판소의 판결에 대해 "연금에 들고 싶어도 들 수가 없었다. 받고 싶어도 받을 수 없었다." "일본인과 똑같이 일해 왔는데 참을 수 없다"고 불만을 토로하면서도, "승소할 때까지 싸우겠다"는 강한 결의를 나타내며 최고재판소에 상고하였으나, 2009년 2월 3일 상고가 기각되었습니다.

후쿠오카(福岡)지방재판소의 판단

이어서 2007년, 후쿠오카현 거주의 재일코리안 9명이 후쿠오카지방재판소에 소송을 제기했습니다. 그러나 후쿠오카지방재판소는 2010년 9월 8일, 오사카 소송·교토 소송과 마찬가지로 입법부의 재량권을 넓게 인정하여 원고들의 청구를 기각하였습니다. 원고 중 한 명은 근처 탄광에서 사망한 코리안의 유골을 수집하여 납골당을 만드는 활동을 계속하는 한편, "일본에서 차별을 없애고 싶다" "재판부, 일본정부에 직접 자신의 말을 전하고 싶다"는 생각에서 투병 중의 84세라는 고령으로 원고단에 참여했으나, 후쿠오카지방재판소의 판결을 기다리지 못하고 사망했습니다.

원고들은 후쿠오카지방재판소의 판결에 불복하여 항소했으나, 후쿠오카고등재판소도 재일코리안 형성의 역사적 경위를 인정한 후, "사회보장

급부에 있어서 일반 외국인과는 다른 특별한 배려가 필요하다는 점도 긍정해야 한다"고 하면서도, 후쿠오카지방재판소과 마찬가지로 입법재량을 넓게 인정하여 원고들의 청구를 기각하였습니다.

"저축도 얼마 안 남았고, 연금도 없습니다. 정말 오래 사는 것이 죽는 것보다 무섭습니다."라는 원고의 법정에서의 비통한 호소를 전달하기 위하여 원고들은 최고재판소에 상고했으나, 2014년 2월 6일 상고는 기각되었습니다.

'장애인' 무연금 소송(한국어판 증보)

이러한 재일코리안에 의한 무연금 소송의 효시가 된 것은 장애인들에 의한 장애연금 수령을 요구하는 소송이었습니다. 연금에 가입할 수 없는 시기에 장애인이 된 재일코리안 또한 장애연금을 수령할 수 없어 사회안전망 바깥에 남겨져 있었던 것입니다.

2000년 3월, 교토부 재일코리안 청각장애인 7명이 국가 등을 상대로 장애연금 부지급결정처분의 취소와 위자료 지급을 요구하며 교토지방재판소에 소송을 제기했습니다. 원고 중 한 명인 김수영(金洙榮) 씨는 어렸을 때 앓은 홍역의 후유증으로 청각에 장애가 생겼습니다. 김수영 씨는 그를 지원하던 시민단체와 함께 장애를 지닌 동포들을 모아 학습회를 열어 부당한 제도에 대해 스스로 배우면서 구(舊) 후생성(현재의 후생노동성)과 오랜 세월에 걸쳐 협상을 거듭했습니다. 그러나 국가는 아무리 기다려도 성실한 답변을 해 주지 않았고, 이에 부득이 제소하기에 이르렀습니다. 김수영 씨는 법정에서의 의견진술에서 "여기서부터는 수화는 필요 없습니다. 내 목소리로 이야기하고 싶습니다."라며 스스로의 목소리로 자신의 생각을 호소했습니다. 사전에 제출된 진술서와 대조해야 간신히 말을 이해할 수 있을 정도였으나, 함께 지내온 재일코리안 무연금 장애인들의 모습─민족과 장애라는 이중차별, 취업도 결혼도 할 수 없고 연금조차 없던 정신이 병든 사람, 자살한 사람 등에 대해 육성으로 말했습니다. 그리고 마지막으로 울먹이며 "차별을 없애 주었으면 한다"고 재판부에 호소했습니다.[7] 그러나 2003년 8월 26일 교토지방재판소는 연금제도의 국적요건은 입법재량 범위 내인 점 등을 들어 김수영 씨들의 청구를 기각했습니다. 7명의 원고는 오사카고등재판소에 항소하여 다투었으나, 오사카고등재판소도 마찬가지로 원고의 청구를 기각했습니다.

이 소송이 진행되던 중, 일본인 장애인들에 의한 무연금 집단소송도 일본 각지에서 제기되었습니다. 전 학생, 주부, 해외생활자 등 과거에 연금 가입이 임의였기 때문에 연금제도 가입 전에 장애인이 되어 버린 사람들은 장애연금을 수령할 수 없었던 것입니다. 전 학생인 무연금자는 재판에서 법 앞의 평등에 반한다고 호소하여 많은 법원에서 원고 승소판결이 내려졌습니다. 이를 받아 2004년, 일본 국회가 「특정장애인에 대한 특별장애급부금의 지급에 관한 법률」을 제정함으로써 연금제도 가입 전에 장애인이 된 무연금자에 대한 구제조치가 취해졌습니다. 그러나 국회는 재일코리안을 비롯한 외국인에 대해서는 그 지급대상에서 제외했습니다. 국가는 임의가입 시대에 미가입으로 무연금이 된 일본인 장애인을 승소시킨 후 입법으로도 구제했으나, 연금에 가입하고 싶어도 가입할 수 없었던 외국인은 재판에서 계속 패소시키고 구제 입법에서도 배제하는 '이중' 차별을 한 것입니다.[8]

한편 김수영 씨들을 지원하던 시민단체는 국가뿐만 아니라 지방자치단체에 대해서도 급부금의 지급을 요구하는 운동을 계속하였습니다. 이 운

---

[7] 마이니치(每日) 신문, "무연금 재일장애인 집단소송, 26일 판결"(2003년 8월 25일 기사).
[8] 전게 다나카, 178면.

동으로 인해 교토시는 1994년에 '외국적시민중증장애인특별급부금'을, 1999년에 '고령외국적시민복지급부금'을 지급했습니다. 나아가 2003년에는 교토부의회에 재일외국인 무연금자의 구제를 요구하는 청원서가 제출, 채택되어 이듬 해인 2004년 "교토부 재일외국인 고령자·중증장애인 특별급여금 지급요강"이 제정되었습니다. 2022년 4월 현재, 교토부·교토시로부터 외국인 중증장애인에게 총 61,300엔, 고령자에게 24,500엔이 각각 매월 지급되고 있습니다.

이상과 같이 국가는 무연금 외국인을 철저히 배제했으나 지방자치단체에서는 시민단체들의 운동에 의해 일정 조치를 취하는 자치단체도 생겨났습니다. 다만 본래의 연금에 비하면 낮은 금액으로, 이러한 조치를 취하는 지방 자치체조차 많지 않은 것이 현실입니다.[9]

모든 사람은 평등의 권리를 가진다

앞에서 살펴본 바와 같이, 재일코리안의 국민연금의 수령자격에 대해서 법원은 광범위한 입법 재량을 인정하여, 재일코리안에게 수령자격을 인정하지 않는 것과, 1981년의 정비법으로 수령자격을 인정받은 재일코리안과 달리 정비법이 시행되기까지 수령자격을 인정받지 못한 재일코리안에 대해 수령자격을 소급 인정하는 구제조치를 강구하지 않는 것 또한 모두 헌법 제14조·제25조를 위반하지 않는다고 판시하였습니다.

그러나 전술한 오사카지방재판소 판결이 "정비법에 따른 개정에 의해서 국적조항을 폐지할 시에는, 원고들과 같이 구법(舊法)의 국적조항을 삭제하기만 하여서는 여전히 국민연금제도의 피보험자 자격 혹은 노령연금의

9　전게 다나카, 178~179면.

수령자격요건을 충족하지 못하는 사람에 대해서도, 그 생활실태에 비추어 어떠한 구제조치를 강구하는 것이 바람직하다는 것은 부정하기 어렵다"라는 식으로 구제조치의 필요성을 인정하고 있는 바와 같이, 재일코리안의 존재나 역사적 경위에 비추어 볼 때 재일코리안에게 국민연금 수령자격을 인정하여 보호할 필요성이 크다고 할 것입니다.

또한 국제조약상으로도 일본은 1979년에 국제인권규약을 비준했습니다. 「경제적, 사회적 및 문화적 권리에 관한 국제 규약」(A규약) 제9조는 "이 규약의 체결국은 사회보험 및 그 외의 사회보장에 대한 모든 권리를 인정한다"고 규정하고, 「시민적 및 정치적 권리에 관한 국제규약」(B규약) 제26조는 "모든 사람은 법률 앞에 평등하고 어떠한 차별도 없이 법률에 의한 평등한 보호를 받을 권리를 가진다"고 규정하고 있습니다. 일본이 국제인권규약을 비준한 이상, 적어도 1981년 정비법이 제정된 시점까지는 거슬러 올라가 재일코리안에게 수령자격을 인정하고 사회보장을 도모할 책임이 있는 것 아닐까요?

자유권규약위원회는 무연금 재판이 계류 중이던 2008년 10월 31일 총괄소견에서 "위원회는 신법에서 국적요건의 삭제가 소급되지 않는 것이 20세부터 60세 사이에 최소 25년간 연금보험료를 지불해야 한다는 요건과 더불어 다수의 외국인, 주로 1952년에 일본국적을 상실한 한국·조선인을 국민연금제도하의 연금수령자격에서 사실상 배제하는 결과가 되고 있는 점에 우려를 가지고 유의한다"라고 말하며, 일본정부에 대해 "외국인을 국민연금제도에서 차별적으로 배제하지 않도록 하기 위해 국민연금법의 연령제한 규정에 의해 영향을 받은 외국인을 위한 경과조치를 강구해야 한다"고 권고했습니다. 그러나 법원은 자유권규약위원회의 의견은 일본에 대해 즉각 법적 구속력을 가지는 것은 아니라며 원고들의 호소를 기각하였습니다.

이후 2018년 8월 30일에도 인종차별폐지조약에 근거한 인종차별폐지위원회가 일본정부에 대해 무연금 문제 등에 관한 개선을 권고했으나, 아직도 국가에 의한 구제조치는 취해지지 않았습니다.

A규약, B규약, 인종차별폐지위원회 등의 국제인권조약에는 '개인통보제도'가 마련되어 있습니다. 개인통보제도는 각 인권조약에 인정된 권리를 침해당한 개인이 유엔에 있는 각 인권조약의 조약기관에 직접 호소하는 것('통보')으로, 조약기관에 자기자신이 받은 인권침해의 구제를 요구할 수 있는 제도입니다. 다만 개인통보제도가 적용되기 위해서는 인권 제 조약의 체결국이 개인통보제도를 수용할 필요가 있습니다. B규약의 개인통보제도에 대해서는 2022년 10월 1일 현재, 117개나 되는 국가들이 수용하였습니다. 한국은 B규약 등 4개 조약의 개인통보제도를 수용하였습니다. 한편 일본은 국제인권조약의 비준·가입은 하였으나, 개인통보제도는 전혀 수용하지 않고 있습니다. 따라서 일본에서는 법원에서 패소한 후의 유엔 조약기관에 대한 통보라는 방도가 막혀 있는 것입니다.

연금 제도를 비롯한 일본의 국내 제도가 국제인권기준에 따라 개선되는 길을 열기 위해, 일본의 개인통보제도 수용을 강력하게 희망합니다.

〈참고문헌(일본어)〉

田中宏,『在日外国人〔新版〕』, 岩波書店, 1995.

田中宏,『在日外国人 第三版─法の壁、心の溝』, 岩波書店, 2013.

金敬得,『在日コリアンのアイデンティティと法的地位〔新版〕』, 明石書店, 2005.

中村一成,『声を刻む─在日無年金訴訟をめぐる人々』, インパクト出版会,

2005.

大野金繁, 『無年金—金がないのに生きていくその哀しみと喜び』, 書肆侃々房, 2010.

〈참고문헌(한국어)〉

다나카 히로시, 『재일 외국인[신판]』, 이와나미서점, 1995.

다나카 히로시, 『재일 외국인 제3판—법의 벽, 마음의 거리』, 이와나미서점, 2013.

김경득, 『재일코리안의 아이덴티티와 법적 지위[신판]』, 아카시 서점, 2005.

나카무라 이루선, 『소리를 새긴다—재일 무연금 소송을 둘러싼 사람들』, 임팩트 출판회, 2005.

오노 가네시게, 『무연금—돈이 없는데 살아가는 그 슬픔과 기쁨』, 쇼시 간칸보, 2010.

사이 무네키·이박성·이무철(崔宗樹·李博盛·李武哲)

제6장

재일코리안의 정치참가, 사법참가

도쿄도(東京都) 관리직 재판—
공무원이 될 수 없는 것은 '당연'한가?

2005년 1월 26일, 수많은 재일코리안들이 방청하는 가운데, 최고재판소 대법정에서 마치다 아키라(町田顯) 재판장은 다음과 같이 판결을 낭독했습니다.

1. 원판결 중 상고인 패소 부분을 파기한다.
2. 전항의 부분에 대해 피상고인의 항소를 기각한다.
3. 항소비용 및 상고비용은 피상고인의 부담으로 한다.

본건 재판의 원고(피상고인)인 정향균(鄭香均) 씨의 10년에 달하는 재판투쟁이 끝난 순간이었습니다.

최고재판소 판결에 이르기까지

1988년, 원고 정향균 씨는 도쿄도의 외국인 보건사[당시에는 '보건부(保健婦)'] 제1호로서 도쿄도의 보건소에서 일하게 되었습니다.

1994년 3월의 일입니다. 성실하게 일해 온 정씨의 모습을 보고 직장의 상사는 5월에 행해지는 관리직 시험을 볼 것을 권했습니다.

정씨는 도쿄도의 공무원이 되었으나, 당시 관리직에 대한 등용을 전면적으로 인정한 자치단체는 없었고, 외국적의 공무원이 관리직에 취임할 수 있는지에 대한 명확한 기준도 없었으므로, 과연 자신이 관리직이 될 수 있을까 하며 시험을 보는 것에 대해 고민을 하였습니다. 그러나 정씨는 전례가 없다는 이유로 계속 거부되어 온 외국적 공무원의 직책 영역을 조금이라도 늘리기 위해 관리직 시험에 응시하기로 결심했습니다.

정씨는 수험대상자만 받을 수 있는 신청용지에 필요사항을 기재하여 제출했습니다. 그런데 2주 후 도쿄도의 인사과로부터 정씨에게 한 통의 전화가 걸려 왔습니다.

"당신은 관리직 시험을 보실 수 없습니다. '당연한 법리'가 있는 것을 모르시나요?"

도쿄도는 정씨의 관리직시험 수험을 거부한 것입니다.

정씨는 역시 안 된다며 체념할 생각도 했습니다. 그러나 후에 계속될 재일코리안 후배들을 위해, 그리고 자신의 존엄을 지키고자 '당연한 법리'라는 큰 차별의 벽과 싸우기로 결심하고, 1994년 9월 도쿄도를 상대로 관리직시험의 수험을 인정할 것(수험자격의 확인)과 수험거부에 의해 받은 정신적 손해에 대한 위자료 청구를 요구하며 도쿄지방재판소에 제소했습니다.

도쿄지방재판소는 1996년 5월 16일에 판결이 내렸습니다. 많은 사람들의 예상대로 정씨의 패소였습니다.

이에 대해 정씨는 항소를 하였고, 도쿄고등재판소에서 심리가 이루어졌습니다. 그리고 1997년 11월 26일, 도쿄고등재판소의 판결이 내려졌습니다. 정씨의 역전 승소였습니다. 이 획기적인 고등재판소 판결에 재일동포 사회는 들끓었습니다. 히타치 취직차별 재판(이 책 138면 참조) 이래의 큰 장벽을 넘을 수 있게 되었다고 생각되었습니다.

그러나 도쿄도 측의 상고에 따라 본건은 최고재판소에서 마지막 심리를 받게 되었습니다. 정씨 측에서는 조기에 도쿄도의 상고가 기각될 것으로 예상했으나, 최고재판소 심리는 좀처럼 진행되지 않았고 상고로부터 7년이나 지나고서야 마침내 대법정에서 변론이 열렸습니다.

최고재판소에서 변론이 열린다는 것은 고등재판소의 판단이 재검토되는 것을 의미합니다. 2004년 12월 15일에 최고재판소 대법정에서 행해진 재판에서는 정향균 씨의 의견진술, 대리인인 니이미 다카시(新美隆) 변호사(2006년 12월 20일 사망), 김경득(金敬得) 변호사(2005년 12월 28일 사망) 및 고토 아키오(虎頭昭夫) 변호사의 변론이 이루어졌습니다. 정말이지 정씨와 변호사들의 인생을 건 장렬한 변론이었습니다. 하지만 유감스럽게도 정씨의 패소로 끝난 것은 앞서 언급한 바와 같습니다.

그러나 이 최고재판소 대법정 판결은 완전한 패소판결은 아닙니다. 김경득 변호사는 이 판결에 대해 다음과 같이 말합니다.

원고 정향균 씨

"유감이지만, 현시점 일본에서의 외국인 인권에 대한 생각은 이번 판결대로다. 그러나 15명 중 8명이 이것을 인정하면 결론은 바뀐다. 이번 판결에서는 15명의 재판관 중 2명의 반대의견이 있었다. 지금까지 차별에 대한 운동을 이어 온 결과 2명까지는 외국인에 대한 사고방식을 바꿀 수가 있었다. 이제 6명의 최고재판소 재판관 머릿속만 바꾸면 되는 것이다. 그것이 앞으로의 과제이다."

정씨의 성장과정과 재판까지의 경위

정씨는 1950년에 일본에서 태어났습니다. 정씨의 부친은 재일코리안이며 모친은 일본인이었습니다. 정씨는 일본 땅에서 일본인 모친으로부터 태어나 일본어밖에 할 수 없었는데도 불구하고, 그 국적은 부친과 같은 한국적이었습니다.

정씨의 부친은 창씨개명 등 일본정부의 점령 정책에 굴하지 않는 신념을 가진 재일코리안이었기 때문에, 경찰의 감시를 받기도 했습니다. 또한 정향균 씨 자신도 재일코리안이기 때문에 많은 차별을 겪었습니다.

그 때문에 정씨는 어렸을 때부터 모친의 나라인 일본을 원망하고 자신을 재일코리안으로 낳은 한국인 부친을 원망하며, 왜 부모님은 결혼을 해서 자신을 낳았는가 하는 마음으로 끊임없이 부모님을 원망하며 자살만을 생각하고 있었다고 합니다.

그러나 중학교 2학년 때 일본국 헌법 전문을 읽고 정씨는 다른 생각을 가지게 되었습니다. 평등, 자유 등과 관련된 기본적 인권의 선언과 "다시는 정부의 행위에 의해 전쟁의 참화가 일어나는 일이 없도록 한다"는 전쟁에 대한 반성에서 오는 시원한 선언에 감동하여, 모친의 나라인 일본을 용서할 수 있게 되었으며 긍정적인 생각을 할 수 있게 되었습니다.

고등학교에 입학한 정씨는 "백의의 천사라고 하니 국적은 관계없지 않을까?"라는 고교 교사의 한마디가 계기가 되어 간호사(당시에는 간호부)가 되었습니다.

이후 재일코리안 간호학생의 운동에 의해, 1986년 6월, 지방공무원인 보건부·조산부·간호사와 같은 이른바 '간호 3직'에 대해서는 채용에 있어서 일률적으로 국적요건을 마련하지 않아도 된다는 취지의 자치성(自治省) 통달이 내려졌으며, 보건사(당시에는 보건부)의 국적조항이 철폐되었습니다.

정씨는 주민들과 가까운 곳에서 공중위생에 종사하고 싶다는 생각으로 보건소를 직장으로 선택하여 1988년, 도쿄도의 외국인 보건사 제1호로서 도쿄도 지자체 직원(즉, 지방공무원)이 되었습니다.

지방공무원이 될 때 정씨도 다른 직원들과 같이 일본국 헌법을 지키겠다는 선서를 했습니다. 또한 직장에서는 다른 동료들과 같은 보건사로서 차별 없는 대등한 관계로 일할 수 있었습니다. 주민으로부터의 차별이나 거부 등도 전혀 없었습니다.

하지만 정씨는 재일코리안에 대한 큰 차별의 장벽에 부딪히게 되었습니다. 관리직 시험을 보라는 상사의 권유를 받았음에도 불구하고, '당연한 법리'를 이유로 인사과에서 수험을 거부한 앞서 말한 사건입니다.

이 재판에서 다룬 것

이 재판은 한마디로 말하면 외국인에게 지방공공단체의 관리직을 담당할 수 있는 공무취임권이 있는지 여부가 문제가 되었습니다. 즉 "외국인이 시청이나 구청 등에서 계장이나 과장으로서 일할 수 있는가?"라는 단순한 문제를 다룬 재판이었습니다.

지방 공무원의 경우, 현행법상 지방공공단체의 장(지사, 시장 등) 및 지방의회(都道府県 의회 등) 의원에 대해서는 법률에 의해 국적조항이 규정되어 있어 외국인의 취임이 명백하게 금지되고 있으나, 그 외의 직무에 대해서는 법률로 국적조항이 규정된 직종은 없었습니다. 따라서 현행법의 해석으로도 외국인이 시청이나 구청 등에서 계장이나 과장으로서 일하는 것은 금지되지 않는다고 말할 수 있을 것입니다.

간호사라는 직업은 사람의 생명을 구하는 일입니다. 뉴스에서 자주 보듯이, 전쟁이나 대재해 등이 일어나면 국적을 불문하고 의사와 간호사들이 국경을 넘어 의료활동에 종사하고 있고 이를 거부하는 나라도 없습니다.

정씨의 직업인 보건사의 업무 내용이 국적에 의해 좌우되는 것이 아님은 분명합니다. 하물며 그 관리직이라고 해도 어디까지나 보건사이기 때문에 국적에 의해 좌우되는 업무가 아님은 명백합니다.

그러나 "공무원에 관한 '당연한 법리'로서 공권력의 행사 또는 공공의사의 형성에 참가하는 공무원이 되기 위해서는 일본국적을 필요로 한다"[1979년 내각총리대신 오히라 마사요시(大平正芳)답변서]는 의견이 대표하듯이, 지방공무원이어도 특정 종류의 상급공무원이 되려면 일본국적이 필요하다, 즉 외국인은 지방공무원이 될 수는 있어도 어느 정도까지밖에 승진할 수 없다는 사고방식이 있었습니다. 이것이 일본정부를 비롯한 행정기관의 일반적인 사고방식으로, 외국인이 공무원이 되는 것, 특히 관리직으로 승진하는 것을 거부하는 최대의 논거가 되었습니다.

외국인의 공무취임 역사와 여러 국가와의 비교

외국인의 공무취임에 대해서 참고가 되는 것이 교원채용에 관한 국적조항 철폐의 흐름입니다. 외국인의 공무원 임용은 국공립대학교의 외국인 교수 임용으로부터 시작되었습니다. 재일 한국·조선인 대학교원간담회 등의 운동에 의해 1982년 8월, 「국립 또는 공립 대학에서의 외국인 교원 임용 등에 관한 특별조치법」 이른바 '임용특별조치법'이 제정되어 외국인을 교수·조교수·전임 강사로 임용할 수 있게 되었습니다. 동시에 일본 각지에서 공립학교 교원 채용시험상 국적조항 철폐운동이 활발하게 일어나, 1979년 미에현(三重県)에서의 재일코리안 공립학교 교사채용을 시작으로 1981년에는 효고현(兵庫県)과 시가현(滋賀県)에서 교원 채용시험상 국적조항을 철폐하였고, 다음 해인 1982년에는 아이치현(愛知県)에서도 국적조항이 철폐되었습니다. 그러나 1982년 외국인 교원의 '임용특별조치법'이 공포될 시, 문부성은 "국립, 공립 초등학교, 중학교, 고등학교 교사 등에 대해서는 기존대로 외국인을 임용하는 것은 인정되지 않는다"고 권고했기 때문에, 이를 계기로 교원 채용시험에 국적조항을 명문화하는 지자체가 증가하게 되었습니다. 이러한 흐름 속에서 1984년 12월, 나가노현(長野県)의 교원 채용시험에 합격한 재일코리안 양홍자(梁弘子) 씨가 채용을 취소당하는 사건이 일어나, 이를 계기로 공립학교 교원의 국적조항 철폐를 위한 시민운동이 다시 끓어올랐습니다. 그 결과, 여론에 밀린 나가노현 교육위원회는 양씨를 교사가 아닌 상근강사로 채용했습니다. 양씨가 상근강사로 채용된 것은 이후의 외국인 교원 채용을 둘러싼 문교행정에 전례를 만들었다고 할 수 있을 것입니다. 그러나 정교사로서가 아니라 상근강사로 채용했다는 점에서 큰 문제를 남기기도 했습니다.

지방공무원 차원에서 살펴보면, 1978년, 오사카부(大阪府) 야오시(八尾市)에서 공무원의 일반행정직 수험자격상 국적조항 철폐를 요구하는 운동이 노동조합이나 시민단체를 중심으로 일어났습니다. 2년에 걸친 시와의 협상을 거쳐 1979년 8월, 야오시는 마침내 시 직원의 국적조항을 철폐했습니다. 이 야오시에서의 실적은 전국에서 확산되고 있던 지방공무원 국적조항 철폐운동의 선구가 되었습니다. 그리고 2004년에 들어서 모든 정령

(政令)지정도시에서 임용상 조건인 국적조항이 철폐되었습니다. 또한 도도부현 차원에서는 가나가와(神奈川)·오키나와(沖繩)·오사카(大阪)·미에(三重)·돗토리(鳥取)·시가(滋賀)·오이타(大分)·아이치(愛知)·나라(奈良)·나가노(長野)·고치(高知)에서 임용상 조건인 국적조항을 철폐하였습니다.

관리직 등용을 살펴보면, 효고현 가와니시시(川西市)에서는 2000년 4월 1일, 재일코리안 2세이자 가와니시시 건축과(현재는 영선과) 주사(계장급)인 손민남(孫敏男) 씨가 부주간(과장보좌급)으로 승진했습니다. 일반행정직에서 외국적 관리직원은 일본 최초였으며, 당시 손씨는 "좋은 상사와 동료들 덕분"이며, "성실히 일을 해서 지역에 공헌하여 외국적 시민은 지자체에 적합하지 않다는 잘못된 사고방식을 불식시키고 싶다. 또 나의 사례를 통해 재일코리안 학생들의 기운을 북돋고 싶다"고 언급했습니다.

한편 미국과 유럽으로 눈을 돌리면 재일코리안과 같은 구 식민지 출신자의 존재와 최근 이주 노동자의 증가에 의해, 많은 정주외국인이 거주하고 있습니다. 그러나 미국과 유럽의 대부분의 나라에서는 구 식민지 출신자 등과 같은 정주외국인의 공무취임권(특히 지방공무원)을 널리 인정하고 있습니다. 공무취임권이 인정되고 있는 이유 중 하나로, 식민지 지배를 실시한 구미 국가에서는 식민지의 독립 시 구 식민지 출신자가 독립 후에도 본국(종주국)에 계속 거주할 경우, 국적선택권이 인정된 점을 들 수 있습니다(이 책 120면 참조). 다른 이유로는 정주외국인의 공무취임에 관해 일반적으로 공무취임권의 국적요건을 완화하는 경향이 있고, 또 외국인의 공무취임권을 제한하는 경우에도 일본의 '당연한 법리'와 같이 애매하고 막연한 포괄적인 제약기준에 의한 제한은 하지 않으며, 법령의 근거 없이 외국인의 공무취임권을 부인하고 있지 않습니다.

이 사건 재판의 경위

이 사건 재판이 제1심 도쿄지방재판소에서는 패소, 제2심 도쿄고등재판소에서는 역전 승소, 그리고 최고재판소에서는 역전 패소한 것은 위에서 설명한 바와 같습니다. 이제 각 법원의 판단을 간략하게 살펴보도록 하겠습니다.

도쿄지방재판소의 판단

제1심 도쿄지방재판소에서는 기존의 '당연한 법리'를 전제로 하여 일본국 헌법상 국민주권 원리에서 지방공무원이라도 특정 종류의 상급공무원이 되기 위해서는 일본국적이 필요하다고 판단했습니다.

이 사건에서 문제가 된 관리직 전형은, 결정권한의 행사를 통해 공공의 사의 형성에 참가하는 방법으로 일본의 통치작용과 관련되는 직책에 대한 임용을 목적으로 하는 것으로, 실제로 합격자는 추후 그러한 직책에 임용되고 있다고 할 수 있으므로, 외국인인 정씨에게는 관리직 전형의 결과 임용될 직책(관리직)에 취임하는 것이 헌법상 보장되어 있지 않다고 판단했습니다.

따라서 도쿄도가 정씨의 수험을 거부해도 헌법상의 문제는 없다고 하여 도쿄도가 승소했습니다.

도쿄고등재판소의 판단

제1심 도쿄지방재판소와 달리 제2심 도쿄고등재판소 판결은 공무원의 종류를 보다 구체적으로 검토하여 도쿄지방재판소와는 다른 판단을 했습니다.

즉 도쿄도 관리직의 경우, 도쿄지방재판소가 말하는 바와 같이 공권력의 행사 또는 공공의사의 형성에 참가하는 방법으로 간접적으로 나라의 통치작용과 관련된 직무에 종사하는 공무원이라 하여도 그 관계의 정도는 다양하므로, 그 직무의 내용, 권한과 통치작용에 관련되는 방법 및 그 정도를 개별적, 구체적으로 검토하여 국민주권의 원리에 비추어 외국인의 취임이 허용되는 관리직(즉 헌법상으로도 취임이 보장되고 있는 관리직)도 있을 것이라고 생각한 것입니다.

아울러, 국민주권원리와 지방자치원리의 관계에서 국가공무원과 지방공무원 간에도 차이가 있어, 지방자치의 결정은 그 지방의 '주민'이 결정한다는 지방자치의 취지에서 보면 재일코리안과 같이 그 거주하는 지역의 지방공공단체와 특별히 밀접한 관계를 가지는 사람에 대해서는 지방자치에 참가시키는 것이 바람직하고, 국가공무원 취임의 경우와 비교해 볼 때 그 취임할 수 있는 직무의 종류가 많고 그 기회가 증가한다고 판단했습니다.

따라서 어떠한 관리직이 외국인에게 허용되는지 또는 허용되지 않는지를 판단하지 않고 외국인으로부터 관리직으로 취임할 수 있는 기회를 일률적으로 빼앗은 결과가 되므로 이번 도쿄도의 수험거부는 부당하고, 헌법상 허용되지 않는 행위라고 판단하여 정씨의 역전승소가 이루어졌습니다.

최고재판소의 판단

그러나 최고재판소에서는 다음과 같은 판단을 통해 정씨가 패소하게 되었습니다.

"지방공무원 중 주민의 권리의무를 직접 형성하여 그 범위를 확정하는 등 공권력의 행사에 해당하는 행위를 하거나, 보통지방공공단체의 중요한 시책과 관련된 결정을 하고, 또는 이에 참가할 것을 직무로 하는 자(이하 '공권력행사 등

지방공무원')에 대해서는 다음과 같이 해석하는 것이 상당하다. 즉 공권력행사 등 지방공무원의 직무수행은 주민의 권리의무나 법적 지위의 내용을 정하거나, 이에 사실상 큰 영향을 미치는 등 주민의 생활에 직·간접적으로 중대한 관련이 있는 것이다. 그러므로 국민주권의 원리에 근거하여 국가 및 보통지방공공단체에 의한 통치 방식에 대해서는 일본국 통치자인 국민이 최종적인 책임을 져야 하는 것인 점(헌법 제1조, 제15조 제1항 참조)에 비추어 볼 때, 원칙적으로 일본의 국적을 가진 자가 공권력행사 등 지방공무원에 취임하는 것을 상정하고 있다고 보아야 하며, 일본 이외의 국가에 귀속하여 그 국가 간에 그 국민으로서의 권리의무를 가진 외국인이 공권력행사 등 지방공무원에 취임하는 것은 본래 일본의 법체계가 상정하는 바가 아니라고 해야 할 것이다."

즉, 이 상정 외의 범주에서 보통지방공공단체는 자유 재량으로 관리직 임용제도를 구축할 수 있게 됩니다.

따라서 보통지방공공단체인 도쿄도가 일본국민인 직원에 한하여 관리직에 승진할 수 있도록 하는 조치를 취하는 (즉 외국인이 관리직시험을 보는 것을 거부하는) 것은, 합리적인 이유에 근거하여 일본국민인 직원과 외국인인 직원을 구별하는 것으로서 노동기준법 제3조(국적에 의한 차별의 금지)라든가 헌법 제14조 제1항(법 앞의 평등)에 위반하는 것은 아니라고 판단했습니다.

필자는 이 재판의 대리인을 담당했는데, 헌법 지킴이자 법률해석의 최종책임자인 최고재판소가, 외국인이 지방공무원 관리직이 될 수 있는지의 문제에 대해 "일본의 법 체계가 상정하는 바가 아니다"라고 잘라 말하는 것을 보고, 이는 헌법·법률 판단을 포기한 태도로 허용될 수 없다고 생각했습니다.

일본사회에 대한 물음

이 사건을 통해 일본사회에 던져진 문제는 국제사회에서 앞으로 어떻게 외국인과 교류해 나갈 것인지, 어떻게 외국인을 일본사회에 수용해 나갈 것인지 하는 것이었습니다.

이 문제에 대한 최고재판소의 판단은 나쁘게 말하면 외국인은 공무원이 될 권리를 가지지 않는다는 사고방식이었다고 할 수도 있습니다. 그러나 반대로 말하면, 최고재판소는 "보통지방공공단체는 자유재량으로 관리직의 임용제도를 구축할 수 있다"고 판단하였기 때문에 앞으로 지방공공단체의 방식으로 외국인을 적극적으로 관리직에 등용해 나가는 임용제도를 만들 수도 있습니다. 그렇게 할 수 있을지 여부는 지방공공단체의 자세를 결정하는 주민의 사고방식에 달려 있다고 할 수 있습니다.

이 사건에는 외국인의 공무취임권이라는 헌법문제가 있었는데, 여러분은 외국인이 공무원이 되는 것을 어떻게 생각하십니까? 외국인이 공무원으로 취임하는 것에 반대하는 이유로서 '외국인이 공무원이 되면 자신의 국적국에 유리한 판단을 하고, 일본에 불리한 행동을 취할 것'이라는 점을 드는 분도 계실 것입니다. '당연한 법리'는 이러한 일본의 외국인에 대한 근거 없는 이미지가 배경에 있습니다.

최고재판소 재판관을 비롯하여 일본인이 단순한 이미지에 의하지 않고 일본에 사는 외국인의 실제를 올바르게 알아가는 것이 외국인에 대한 차별철폐로 연결되는 가장 빠른 길이라고 저는 생각합니다.

《참고문헌(일본어)》

鄭香均編著, 『正義なき国,「当然の法理」を問いつづけて―都庁国籍任用差別
　　　裁判の記録』, 明石書店, 2006.

岡義昭・水野精之編, 『外国人が公務員になる本』, ポット出版, 1998.

《참고문헌(한국어)》

정향균 편저, 『정의없는 나라,「당연한 법리」에 의문을 제기하며―도청국적
　　　임용 차별재판의 기록』, 아카시서점, 2006.

오카 요시아키・미즈노 마사유키 편, 『외국인이 공무원이 되는 책』, 포트출판,
　　　1998.

장계만(張界滿)

사법연수생의 국적요건―법원에 의한 차별

사법연수생

일본에서는 재판관, 검찰관, 변호사(이들 셋을 아울러 일반적으로 '법조인'이라 합니다)가 되기 위해서는 사법연수(실무가의 지도하에 행해지는 연수)를 수료할 필요가 있습니다. 이 사법연수를 받으려면 원칙적으로 사법시험에 합격한 후 최고재판소에 의해 사법연수생으로 채용되어야 합니다. 그리고 사법연수생으로 채용되려면 최고재판소의 전형을 통과해야 하는데(물론 대부분의 사람들이 서면심사와 건강진단만으로 간단히 채용됩니다) 외국인에게는 거기에 커다란 걸림돌이 있었습니다.

즉 최고재판소가 규정한 "사법연수생 채용-전형요강"에 의하면, "전형을 볼 수 없는 자"(이를 '결격사유'라 한다)로서 "금고 이상의 형에 처해진 자"(범죄자 중에서도 중죄인에 해당합니다), "성년 피후견인 또는 피보좌인"(금치산자를 말합니다), "파산자로서 복권되지 못한 자"(빚을 상환하지 못하고 파산한 자 중 이전과 같은 지위를 인정받지 못하게 된 자를 말합니다)와 함께, 2008년까지 "일본국적을 가지지 않는 자"(즉 외국인을 말합니다)가 포함되어 있었습니다.

당초 현재의 사법연수제도가 시작된 1947년부터 1956년까지는 사법연수생의 전형공고(당시에는 '전형요강'을 이렇게 말했습니다)에 국적에 관한 규정은 특별히 마련되지 않았습니다. 그런데 1955년에 외국적을 유지한 채로 채용신청을 하였으나 최고재판소에 채용을 거부당하는 일이 생겼고, 1957년도 전형공고부터는 "일본국적을 가지지 않는 자"라는 조건이 마련되었습니다. 이 때문에 외국인은 사법시험에 합격해도 사법연수생이 될 수 없게 되었습니다.

사법시험에 합격한 외국인은 어떻게 하였을까?

그렇다면 외국인이 법조인이 되기 위한 길은 완전히 닫혀 버린 것일까요? 그렇지는 않았습니다. 실제로는 전형공고가 변경된 후에도 사법시험에 합격한 외국인은 합격 발표 직후에 귀화 신청을 하면, 그로부터 약 반년 후에 시작되는 사법연수 시작시점까지는 귀화가 인정되어 일본국적을 취득한 후 사법연수를 받았습니다. 그러므로 외국인은 사법시험에 합격한 후 일본인으로서 사법연수를 마치고 그 후에 법조인이 되었습니다. 일반적으로는 이러한 사실이 많이 알려지지 않았으나, 외국인 합격자들은 선배들로부터 절차를 듣고 모두 문제없이 귀화가 인정되었기 때문에, 큰 문제로서 사회에서 다루어지는 일 없이 (ㄱ) 외국인들은 사법연수생이 되었습니다.

그런데 1971년 10월에 사법시험에 합격한 대만국적 얀시민(楊錫明) 씨는 당시의 대만국적법에 의해 45세까지 국적이탈의 허가를 취득하지 못하여 귀화할 수가 없었습니다. 얀 씨는 대만국적을 유지한 채로 사법연수생이 될 수 있도록 최고재판소에 강력하게 호소했으나, 1972년 3월 최고재판소가 사법연수생 불채용 판단을 내려 다음 해 4월부터 시작되는 사법연수를 받을 수 없었습니다.

외국적 사법연수생의 탄생

얀 씨의 사법연수생 채용 경과를 소개한 신문기사를 읽고, 한국적의 김경득(金敬得) 씨는 처음으로 사법연수생 전형에 국적에 의한 벽이 있음을 알게 되었고, 이 국적차별과 싸우기로 결심했습니다. 그리고 1976년 10월 사법시험에 합격한 후, 사법연수생 채용전형을 신청하면서, 이와 함께 한국국적을 유지한 채 사법연수생으로 채용해 달라는 청원을 했습니다. (뒤의 자료 "청원서" 참조)

이때 김경득 씨 및 그 의사에 찬동한 사람들이 적극적으로 행동했습니다. 일본변호사연합회와 자유인권협회 등의 지원을 받았고, 언론을 통해 사회적 관심도 높아졌기에 다음 해인 1977년 3월, 마침내 김경득 씨는 외국적을 유지한 채로 사법연수생으로 채용되었습니다.

김경득 변호사

이후의 외국인 사법연수생 채용

다만 최고재판소가 일반적으로 외국인 사법연수생을 인정한 것은 아니었습니다. "김경득 씨에 대해서는 일본국적이 없는 것을 이유로 사법연수생으로 불채용하지는 않을 것이다. 즉시 채용절차를 이행한다."는 결정을 내렸을 뿐, 국적에 따른 결격사유를 전면적으로 철회한 것은 아니었습니다. 이러한 경과를 거쳐 1977년 10월에 고시된 1978년도 사법연수생 채용 전형요강에는 국적에 따른 결격사유에 "(최고재판소가 상당하다고 인정한 자는 제외한다)"는 문언이 추가되어 국적요건으로 존속하게 된 것입니다.

다만 지금까지 이 국적요건에 의해 사법연수생이 될 수 없었던 외국인은 1명도 없었고, 모두 문제없이 사법연수생으로 채용되었습니다. 하지만 1977년부터 1990년까지는 외국적자만 서약서와 보증서를 제출해야 한다는 차별적인 취급을 받았습니다.

사법연수생과 국적요건

일본국적이 필요한 이유

왜 최고재판소는 사법연수생 전형의 결격사유에 국적요건을 넣었을까요?

이 점에 대해서는, 사법연수생은 국가공무원과 동일하고, 국가공무원이면 당연히 일본국적을 가져야 하기 때문이라는 이유가 있다고 알려져 있었습니다.

사법연수생은 국가공무원과 같은가?

사법연수생이 국가공무원과 동일하다는 의견은, 최고재판소라는 일본국 기관에 임면되어 연수 중에는 비밀유지 의무(연수 중에 알게 된 비밀을 타인에게 전해서는 아니된다)와 연수전념 의무(연수에 전념해야 한다)가 부과되며, 국고로부터 지급되는 급여를 받는 것을 이유로 하고 있습니다.

그러나 과연 그럴까요? 전쟁 전의 사법연수생은 재판관이나 검찰관이 될 예정이었기 때문에 명확하게 공무원으로 볼 수 있었습니다. 그런데 전후에는 변호사가 될 사람도 포함되도록 사법연수제도가 변경되었습니다. 일단 공무원 신분을 취득하지 않으면 변호사가 될 수 없다는 법제로 만드는 것은 변호사의 재야정신이라는 관점에서도 바람직하지 않다고 생각되어 굳이 공무원이라 하지 않았다는 경위가 있습니다. 또한 최고재판소 스스로도 사법연수생이 "국가의 사무를 담당하는 것이 아니"며, "사법연수생이 국가공무원법상의 국가공무원이 아니라는 것을 전제로" 사법연수생에 관한 규칙이 규정되었다고 인정하고 있고, 비밀유지 의무나 연수전념 의무는 사법연수생에게 "연수에 전념하게 하기 위한 배려 또는 그 연수가 비밀사항과 관련될 경우를 대비한 배려에 불과하다"고 언급하고 있습니다. 급여에 대해서는 "연수는 국가에 대한 근무 내지 급부의 성질을 가지는 것이 아니라" "연수에 전념시키기 위함 등의 관점에서 특별히 일정액의 급여가 지급되도록한 것"이라 설명하고 있습니다.

그러므로 애초에 사법연수생이 공무원과 동일하다는 사고방식 자체가 이상하다고 할 수 있습니다.

국가공무원이면 일본국적이 필요한가?

만일 사법연수생이 공무원이라면, 바로 당연히 일본국적이 있어야 한다고 결론이 도출될까요?

공무원에 대해서는 "공권력의 행사 또는 국가 의사의 형성에 참가하는 공무원이 되기 위해서는, 일본국적을 필요로 한다"라는 해석이 있습니다 [1953년 6월 29일 인사원(人事院) 견해]. 이것은 소위 공무원에 관한 '당연한 법리'

라 칭해지고 있으며(이 책 217면 참조), 현재도 외국인의 공무취임의 큰 걸림돌로 작용하고 있습니다. 위 사법연수생에게도 이 당연한 법리의 적용을 한다는 것은 사법연수생도 국가권력 행사의 장이나 국가의사 형성의 장(예를 들면 재판관의 합의에 참가하는 것)에 입회하여 비밀에 접하는 것 등을 근거로 하고 있습니다.

그러나 애초에 이 당연한 법리에 대해서는, 공무의 내용을 구체적으로 보지 않고 일률적으로 취급할 수 없다는 등 많은 비판이 제기되고 있습니다.

또한 만일 이러한 '당연한 법리'가 적용되는 장면이 있을 수 있다고 하여도, 사법연수생은 연수생이기에 재판의 결과에 직접 영향을 미칠 권한은 없으니 국가권력을 행사한다고는 할 수 없으며, 재판관의 합의에 입회하는 것도 사법연수생의 권리나 의무로 인정되고 있는 것은 아니라, 담당 재판관의 재량에 맡기고 있기 때문에(이는 법원 이외의 검찰 연수나 변호 연수에서도 동일합니다), 국가의사의 형성에 참가하고 있다고도 할 수 없습니다.

따라서 사법연수생에게 당연한 법리를 적용하는 것에도 무리가 있다고 할 수 있습니다.

법률도 외국적 사법연수생을 예정하고 있다

원래 사법연수생에 관한 직접적인 법률로는 「재판소법」이 있습니다. 여기서는 사법연수생은 "사법시험에 합격한 자 중에서 최고재판소가 명한다"고만 기재되어 있을 뿐, 그 밖의 요건은 부과되어 있지 않습니다. '사법시험'에 대해서는 따로 법률이 있는데, 여기서는 외국인에게도 응시자격을 부여하고 있습니다. 그렇다면 법률상 외국인도 사법시험을 볼 수 있는 것이 되니, 이에 합격하면 사법연수생이 될 수 있는 것이 당연히 예정되어 있다고 할 수 있습니다.

또한 현재의 「변호사법」은 1949년에 제정되었는데, 그 이전의 구 변호사법이 명확하게 일본국적을 요건으로 하고 있었던 것에 비해, 신법은 굳이 이 요건을 제외하고 사법연수생 연수를 마칠 것만을 요건으로 했습니다. 이는 폭넓은 직업선택의 자유 규정을 둔 신헌법의 정신을 존중하고, 변호사의 직무가 특수한 전문적 지식이 있어야 성립하는 것이기 때문에, 국적을 문제로 삼을 필요가 없다고 생각했기 때문입니다. 이러한 현재 변호사법의 취지를 고려한다면, 그 변호사의 주된 공급원인 사법연수생 자격에 대해서도 당연히 일본국적을 요건으로 해서는 안 된다고 할 수 있습니다.

외국적을 유지한 채로 사법연수생이 된다는 것

그렇다면 보다 적극적으로 외국적을 유지한 채 사법연수생이 된다는 것에는 어떤 의미가 있을까요? 이 점에 대해서는 귀화하면 사법연수생이 될 수 있으니 문제 없지 않느냐는 의견도 있을 수 있습니다. 실제로 얀씨와 같은 예외적인 케이스를 제외하고 외국인 사법시험 합격자에게는 지금까지 확실히 귀화가 인정되어 왔기 때문에, 얀씨와 같은 케이스만 특별히 구제하면 되는 것이 아닌가 하고 생각한 사람도 있을 수 있습니다.

하지만 지금까지 귀화하여 사법연수생이 된 사람들은 진심으로 원해서 귀화를 신청한 것일까요? 사법연수생이 되려면 어쩔 수 없어서 귀화한 사람은 없을까요?

사람에게는 본인이 본인답게 살아가기 위해 정체성을 유지할 권리가 있습니다. 사법시험을 치고 변호사가 되는 것이 본인다운 삶이 될 것이라 생각하고 사법시험을 본 사람도 있을 것입니다. 그리고 사법시험에 합격할 때까지 귀화하지 않았던 사람 중에는 귀화하고 싶지 않다, 외국적을 유지하고 싶다는 마음이 있고, 그것이 그 사람의 정체성과 관련되어 있었기 때문에 그때까지 귀화를 하지 않은 사람도 있지 않을까요?

외국인에게도 특별한 사정이 없는 한 일본인과 마찬가지로 직업선택의
자유가 인정되고 있습니다. 그리고 앞의 "사법연수생과 국적요건"에서 검
토한 바와 같이 사법연수생에 대하여 외국인과 일본인을 구별해야 하는
특별한 사정이 있다고는 생각되지 않습니다.

그렇다면 외국인에게도 외국적을 유지한 채 사법연수생이 되는 것을 인
정해야 합니다. 그리고 그렇게 하는 것이 외국인의 직업선택의 자유를, 나
아가서는 본인답게 살 권리를 인정하게 되는 것입니다.

이후의 경과와 현재의 국적요건에 대한
최고재판소의 태도가 지니는 의미

2004년에 필자가 국적요건이 마련되어 있는 근거에 대해 최고재판소 담
당 계장에게 문의했을 때, 사법연수생은 국가공무원과 동일하며, 이른바
공무원에 관한 특별 법리의 적용을 받는다는 것을 거론하였습니다. 또한
(당시) 연수를 희망하는 것은 영주자격을 가진 자뿐이며, 영주자라면 일본
인과 마찬가지로 장래도 일본국내에서 활약하는 법조인이 될 것으로 기
대되기 때문에, 문제없다고도 말했습니다.

이러한 국적요건이 2009년도의 채용요강에서 갑자기 삭제되었습니다.
그 이유는 공개되지는 않았으나, 법과대학원(로스쿨)제도가 생기고 유학생
등 영주자격을 보유하지 않는 외국인 합격자가 증가한 시기와 겹칩니다.

하지만 그 정도에 불과한 국적요건이었다면 왜 처음에는 마련한 것일까
요? 사법연수생으로서 하는 일, 할 수 있는 일은 달라지지 않았습니다. 공
무원에 관한 특별한 법리의 적용을 받는다고 한 까닭은 무엇이었을까요?
사법연수생이 될 수 있는지 여부는 그 외국인의 향후 인생에 크게 영향을
미칩니다. 그러한 의미에서 국적요건의 존재는 직업선택의 자유에 대한

제약이기도 합니다. 그 중요한 장면에서 쉽게 철회될 '법리'를 꺼낸 점, 그것이 일본 소수자의 인권옹호의 마지막 보루이자 논리를 다하여 다툴 수 있는 장이라 불리는 최고재판소에서 행해진 점, 이 의미는 심각합니다. 최고재판소가 최고재판소로서 신뢰할 수 있는 기관으로 존재하기 위해, 우리는 이 사법연수생 문제가 남긴 과제를 잊지 말고 외국인의 권리에 대해 최고재판소를 향해 끊임없이 질문을 던져야 한다고 생각합니다.

《참고문헌(일본어)》

金敬得君を支援する会編, 『在日朝鮮人・金敬得氏の司法修習問題資料集』, 金敬得君を支援する会, 1977.

原後山治・田中宏編, 『司法修習生＝弁護士と国籍ー金敬得問題資料集』, 日本評論社, 1977.

金敬得弁護士追悼集編集委員会編, 『弁護士・金敬得追悼集』, 新幹社, 2007.

《참고문헌(한국어)》

김경득 군을 지원하는 모임 편, 『재일조선인 김경득 씨의 사법연수문제 자료집』, 김경득 군을 지원하는 모임, 1977.

하라고 산지・다나카 히로시 편, 『사법연수생＝변호사와 국적ー김경득 문제 자료집』, 일본평론사, 1977.

김경득변호사추도집 편집위원회 편, 『변호사 김경득 추도집』, 신간사, 2007.

강문강(姜文江)

김경득 씨의 청원서

1. 저는 1976년 10월 9일 사법시험 제2차시험에 합격하였고, 같은
해 10월 18일에 1977년도 사법연수생 채용전형 신청서류를 제
출하여 수리되었습니다.

그런데 다음날 최고재판소 사무총국 인사국 임용과장으로부터,
제가 대한민국 국적이기 때문에 전형 결격사유 제1호(일본국적을
가지지 않는 것)에 해당한다고 전달받고, 사법연수생 채용신청 수
리원이라는 서면을 이미 제출 완료한 신청서류에 추가하도록 요
청받았습니다. 그 내용은 "사법연수생 채용 결정까지 귀화할 수
있음을 조건으로 전형신청을 하오니, 신청서류의 수리를 부탁드
립니다"라는 것이었습니다. 그래서 만약 귀화신청을 하지 않을
경우 사법연수생 채용 건은 어떻게 되는지 질문하였더니, 최종
적으로는 재판관회의에서 결정되지만 내년 4월의 채용은 어려
울 것이라는 답변을 받았습니다.

저는 대한민국 국적을 유지한 채 사법연수생으로 채용해 주십
사, 본 청원을 하는 바입니다.

2. 저는 일본국적을 가지지 않으면 사법연수생이 될 수 없다는 이야기는 들었으나, 그것이 어떠한 법적 근거와 경위에 근거한 것인지에 대해서는 몰랐습니다. 저는 그러한 결격사유는 변호사가 되고자 하는 자에게까지 적용되어야 할 것이라고는 생각하지 않았기에, 시험에 합격하기만 하면 대한민국 국적을 유지한 채 사법연수생으로 채용될 것이라 믿고 있었습니다.

저는 변호사를 지망하고 있으며, 이를 위하여 사법연수생으로 채용되기를 희망합니다. 변호사는 재판관·검찰관과는 달리 공권력을 행사하는 것이 아니라, 사인(私人)의 입장에서 기본적 인권의 옹호와 사회정의의 실현에 진력할 것을 사명으로 합니다. 이러한 변호사의 직업적 성격을 일본국헌법의 정신에 비추어 보면 외국인이 변호사가 될 수 없는 이유는 없다고 생각합니다(실제로 변호사법이 외국인이 변호사가 되는 것을 배제하고 있지 않음은 이 논리를 고려한 결과라고 생각합니다). 오히려 국가 간 교류의 현저한 발전에 따라 재류외국인에 관한 여러가지 인권문제·법률문제가 발생하고 있는 현재의 상황에서는, 외국인 변호사의 존재가 필요하지 않을까요? 특히 일본에 재류하는 외국인의 85% 이상을 재일조선인(한국적·조선적을 불문하고 민족으로서의)이 차지하고 있는 점, 그들은 일본사회에 생활의 본거지를 가지고 있는 점을 고려할 때 재일조선인 변호사의 존재는 더욱 강하게 요청되고 있다고 할 수 있습니다.

외국인도 일본인과 동일하게 변호사가 될 수 있어야 한다면 변호사가 되기 위한 길도 일본인과 동일하게 열려 있어야 합니다.

외국인이기 때문이라는 이유로 일률적으로 사법연수생이 될 수 없다고 하는 것은 이 길을 막는 것을 의미합니다. 사법연수생 채용전형 결격사유 제1호는, 적어도 변호사가 되고 싶은 외국인에게는 적용되지 않는다고 해야 하지 않을까요?

만약 현재 즉시 외국인에게 일본인과 유사한 조건으로 변호사 자격을 인정할 수 없다고 하더라도, 재일조선인에 대해서는 특별한 배려가 있어야 합니다. 왜냐하면 재일조선인은 본국과 일본의 특별한 역사적 경위로 인해 일반 외국인과는 다른 지위(법126호 해당자와 협정영주권자 ―저 스스로 후자에 해당합니다― 등)를 가지고 있기 때문입니다.

3. 사안을 저 개인이 사법연수생이 될 수 있는지 여부의 문제라고 생각한다면, 제가 일본국으로 귀화함으로써 해결할 수 있을 것입니다. 그러나 저는 사안이 저 개인의 문제에 그치지 않고 재일 650,000 동포의 권리에 관한 것이라고 생각하기 때문에, 개인적 해결(귀화)을 해서는 아니되며, 이 일이 일본의 민주화에도 연결되는 것이라고 생각하는 바입니다.

민주주의란 개인의 인간으로서의 권리 및 자유, 개인의 존엄이 최대한도로 존중되는 사회체제의 실현을 목표로 하는 것입니다. 가치관은 다양하고 개개인은 다르기 때문에 소수자 권리의 존중이 민주주의 사회 실현을 위해서는 필수적입니다.

그러나 오늘날 일본사회에서는 재일조선인의 민족적 특성, 소수자로서의 권리가 반드시 존중되고 있다고는 할 수 없는 것이 현재의 상황입니다. 재일조선인 개개인은 일본사회의 뿌리 깊은 차별과 편견 때문에 인간으로서의 기본적 권리와 개인의 존엄을 위협받고 있습니다.

저는 어린 시절부터 조선인으로서 태어난 것을 원망하고 자신의 몸에서 일체의 조선적인 것을 배제하기 위해 노력해 왔습니다. 초·중·고·대학으로 해를 거듭하면서 일본인답게 행동하는 것이 습성이 되어 있었습니다. 그러나 일본인의 차별을 피하기 위해 일본인인 척 꾸미는 것은 매우 고통스러웠습니다. 저는 대학 졸업이 가까워질수록 조선인임을 들키지 않을까 주변 눈치를 보고 소심하게 살아가는 것에 대한 비참함을 견딜 수 없게 되었습니다. 일본인을 가장하기 위해 노력하는 것이 얼마나 바보 같은지를 통감하게 된 것입니다.

생각해 보면 노력을 해야 하는 것은 차별을 없애는 것에 대해서이며, 일본인으로 가장하는 것에 소비해서는 아니 되었던 것입니다. 저는 그것을 깨달았습니다.

차별에 대처하는 재일조선인의 삶은, 한편으로는 조국의 통일을 빨리 실현하여 조국과 일본의 관계를 정상적인 것으로 만드는 것이며, 다른 한편으로는 개개인의 삶의 장에서 조선인이라는 구체적 존재를 통해 일본인의 의식 속에 있는 조선인관을 바꾸어 나가는 것에 있습니다.

저는 대학 졸업 시에 경험한 사회적, 직업적 차별을 계기로, 일본인 앞에 조선인으로서의 나의 존재를 나타내기로 결심했습니다. 동시에 일본에서의 조선인 차별 해소, 일본의 민주화를 위해

제가 할 수 있는 가장 효과적인 것이 무엇일지, 일본사회의 차별로부터 도망치면서 살아 온 과거 23년간의 공백을 되찾는 길은 무엇일지, 대학 법학부에 진학한 것을 의미 있게 하기 위한 길은 무엇일지에 대해 생각했습니다. 그 종합적 결론이 사법시험에 합격하여 조선인 사법연수생, 조선인 변호사가 되는 것이었습니다. 이후 4년간 아르바이트로 생계를 꾸리면서 수험공부에 힘썼고 마침내 올해 사법시험에 합격할 수 있었습니다.

이상과 같은 연유로 지금, 사법시험에 합격하여 최고재판소로부터 국적 변경을 하도록 압박당하고 있는 이 시점에, 섣불리 귀화 신청을 하는 것을 나는 할 수 없습니다. 귀화 신청은 제가 변호사가 되려고 한 입각점 자체를 잃게 되는 것을 의미하기 때문입니다. 귀화한 후에 조선인 차별 해소를 위해 노력하면 되고, 조선인을 위해 변호활동을 하면 되지 않느냐고 한들, 귀화한 제가 어떠한 형태로 조선인 차별 해소에 관여해 나갈 수 있을까요? 귀화를 한 제가 어찌하여 재일동포들의 신뢰를 얻을 수 있을까요? 또한 조선인임을 원망하고 어린 가슴에 상처를 입고 있는 동포 아이들에게 "조선인임을 부끄러워하지 말고 강하게 살아요!"라고 말한들 그것이 귀화한 인간의 말이라면 대체 얼마나 효과가 있을까요?

일본사회의 조선인 차별이 없어지지 않는 한, 저의 귀화에는 어떠한 이유를 붙여 보아도 어차피 어두운 그림자가 붙어 다닐 것입니다.

저처럼 자신의 민족에게 등을 돌리며 살아온 인간이라도, 지금,

어떻게든 자신의 입각점을 찾아낼 수 있었던 것은 제가 대한민국 국적을 가지고 있기에 가능한 일이었습니다. 그러므로 저는 제 존재 의의를 상실케 하는 일본국으로의 귀화를 긍정할 수 없습니다.

4. 저는 일본에서의 조선인 차별 해소가 일본의 민주화, 조국의 통일, 아시아의 연대, 세계 평화로 이어질 것이라고 믿고 있습니다. 아무쪼록 대법원에서 제 진정을 이해해 주시고, 대한민국 국적을 유지한 채로 사법연수생으로 채용해 주시기를 부탁드립니다.

1976년 11월 20일

위 김경득

최고재판소 귀중

조정위원·사법위원·참여원—
중재역에 일본국적이 필요한가?

현재 많은 변호사들이 변호사회의 추천을 받아 조정위원·사법위원·참여원 등의 법원에서의 일을 맡아 활동하고 있습니다. 그러나 외국적 변호사들은 법률상의 요건을 충족하였더라도 최고재판소가 채용을 거부하고 있다는 것을 알고 계십니까?

조정위원은 어떤 일을 하는가?

법원의 '조정'이라 하면 어떤 이미지가 떠오르나요?

'재판'과 달리 영화나 드라마에 나오는 일도 거의 없으나, 민사 및 가족 간 분쟁에 대해 조정위원이 양측 당사자들 사이에 들어가, 양측의 의견이나 감정에도 귀를 기울이고 서로의 주장을 정리하면서 의견을 조정하여 합의로 이끄는 시스템을 말합니다. 법원이 판결을 내리면 그것을 따르는 방법과는 달리, 쌍방이 타협점을 찾아 납득한 후에 합의하는 방법입니다.

최근에는 조정의 이용건수가 증가하고 있습니다. '이혼'에 대해 보면, 일본에서는 3쌍 중 1쌍 이상이 이혼하는 상황인 가운데, 그 중 9할 정도가 협의이혼, 나머지 1할 중 80%가 조정을 통한 이혼입니다.

조정에는 이용자와 동일한 지역의 시민이 조정위원으로 참가합니다.

판사처럼 어느 쪽 말이 옳은지를 판단하는 것이 아니라, 양측 모두에게 공정한 제3자로서 참여하기 때문에, 사람들의 다양한 고민을 이해할 수 있는 인생 경험이 필요합니다.

법원이 각 분야의 시민 중에서 조정위원을 선택할 때에는 변호사를 비롯하여 의사, 대학교수, 공인회계사, 부동산 감정사, 건축사 등의 전문가, 그 밖에 지역사회와 밀착하여 폭넓게 활동해 온 사람을 각 분야에 추천 의뢰를 부탁한 후에 선임합니다. 현재 전국에 약 2만명의 조정위원이 있습니다.

지금까지 변호사는 조정위원의 공급원으로서, 질·양 양쪽에서 중요한 역할을 담당해 왔습니다. 변호사는 원래 법을 통해 분쟁을 해결하는 직업이며, 대립하는 당사자가 타협점을 찾고 합의를 통해 해결방법을 결정하는 장면에도 자주 관여합니다. 유산상속 문제 등에서는 변호사로서의 법적 지식도 도움이 됩니다. 경험을 쌓은 변호사들은 기본적으로 조정위원·사법위원으로서의 적성을 갖춘 것으로 생각되고 있으며, 변호사에게 조정위원은 공익적 활동 중 하나입니다.

한편 조정위원은 비상근 공무원으로, 임명에 대해서는 「조정위원 규칙」에 규정되어 있으며, 거기에 "일본국적을 필요로 한다"는 규정은 일절 없습니다.

사법위원·참여원은 어떤 일을 하는가?

사법위원은 간이법원에서의 민사소송에서 화해나 심리 등에 참석하여 풍부한 사회 경험에 따라 재판관에게 참고가 될 의견을 진술하거나, 재판관과 함께 당사자에 대한 설명이나 조정을 수행합니다. 일본 전국에 약 6,000명의 사법위원이 있습니다.

참여원은 가정법원에서의 이혼소송 심문이나 화해 등에 참석하여 솔직한 의견을 재판관에게 진술하여 분쟁을 해결로 인도하는 일을 합니다. 일본 전국에 약 6,000명의 참여원이 있습니다.

사법위원이나 참여원의 의견은 어디까지나 참고의견으로, 최종적인 판단은 재판관이 합니다. 모두 법원에 의해 선임되는 비상근 공무원이라는 점은 조정위원과 동일합니다. 임명에 '국적요건'이 없는 것도 조정위원과 동일합니다.

외국적인 사람은 할 수 없는가? 될 수 없는가?

일본에서 변호사 활동을 계속하던 중에 자신의 경험을 살릴 수 있는 지역활동으로서 조정위원을 하겠다고 생각하는 것은 자연스러운 일입니다.

의뢰인의 대리인 변호사로서 조정을 이용하면서, 조정위원이 차분히 이야기를 들어주고 문제점을 공정하고 적확하게 파악하여 지지해 주면, 많은 당사자들이 법원 판결로 명령받지 않더라도 원래 본인이 가지고 있는 해결을 향한 힘을 살려 스스로 결단할 수 있음을 실감해 왔습니다. 법원이 조정제도의 장점을 살리려는 자세를 가지고, 조정위원도 조정의 장점을 잘 이해하고 관여하면, 분쟁이 좋은 해결 방향으로 인도되어 갑니다. 저는 조정에는 재판 이상으로 당사자의 인생을 바꿀 수 있는 힘이 있다고 느끼고, 의뢰인의 대리인으로서 관여할 뿐만 아니라 조정위원으로도 활동해 보고 싶어졌습니다.

2003년 10월부터 현재(2021년 5월)까지 17년 정도, 필자가 소속된 효고현(兵庫県) 변호사회는 거의 매년 필자를 가사조정위원 후보로서 고베(神戸)가정재판소에 추천해 주었으나, 가정재판소를 통해 선임을 총괄하는 최고재판소는 제가 '외국적임'을 이유로 채용을 계속 거부하고 있습니다.

그 밖에도 지금까지 센다이(仙台)·도쿄(東京)·제2도쿄(第二東京)·가나가와(神奈川)·오사카(大阪)·교토(京都)·효고(兵庫)·오카야마(岡山)·후쿠오카(福岡)의 각 변호사회가, 14명의 재일코리안 변호사를 조정위원이나 사법위원·참여원으로 추천해 왔습니다. 외국적 후보자들은 그 능력이나 인품이 조정위원 등에 적합하다고 판단된다고 각 소속 변호사회 추천위원회의 결정을 거친 후 추천된 것입니다. 그러나 최고재판소는 "일본국적이 없다"는 이유로 매번 정해 놓은 듯 채용을 거부했습니다.

국적이 없다는 그 이유만으로 조정위원 등이 될 수 없는 것은 왜일까요?

'당연한 법리'란 무엇인가?

일정한 공무원에 대해서는 법률에 "일본국적을 필요로 한다"고 명기되어 있습니다. 일본국민에 대해 권력을 행사하는 자는 일본국민이어야 한다는 것이 주된 이유입니다.

그러나 조정위원 등의 자격에 대해서는 일본국적을 가지는 사람에 한정한다는 규정은 어디에도 없습니다. 조정위원의 일은 '조정'이라는 단어가 나타내듯이 무언가를 명령하거나 독립적으로 무언가를 결정하는 일이 아닙니다. 그러므로 조정위원은 권력을 행사하는 자라고 할 수 없습니다. 이는 사법위원·참여원도 마찬가지입니다.

그런데 최고재판소는 비록 법률에는 쓰여 있지 않지만 조정위원 등은 공권력의 행사 또는 중요한 시책에 관한 결정을 하고 결정에 참여하는 국가공무원이기 때문에, 일본국적을 가진 자에 한정한다고 말합니다. 이를 '당연한 법리'라 일컫는데, 그냥 안 되니까 안 된다고 말하는 것과 같으며, 전혀 설득력이 없습니다.

애초에 '당연한 법리'는 어떠한 경위에서 생겨난 것인지를 되짚어 보면,

태평양전쟁 종결로부터 7년이 경과한 1952년 2월, 정부가 내각관방(內閣官房)을 통해 내각법제국에 문의(照會)를 한 것이 계기였습니다. 문의내용은 "일본 공무원이 일본국적을 상실한 경우, 그 자는 공무원 지위를 상실하는가"라는 것이었습니다. 이에 대한 내각법제국 제1부장의 답변(1953년 3월 25일)은 "명문이 있는 것은 아니지만, 공무원에 관한 당연한 법리로서 공권력의 행사 또는 국가의사의 형성에 참가하는 공무원이 되기 위해서는 일본국적을 필요로 하는 것으로 해석해야 하며, 그 외의 공무원이 되기 위해서는 일본국적을 필요로 하지 않는 것으로 해석된다. 그러므로 주신 질문의 경우도 그러한 직책에 있는 것 외에는 국적의 상실로 인해 즉시 공무원 지위를 상실하지는 않는다"는 것이었습니다. 이후 이것은 외국인을 공무원으로 임용할 때의 운용상 기준이 되었습니다.

이 경위를 보면, 답변은 적극적으로 "공권력의 행사 또는 국가의사 형성에 참가하는 사람은 공무원이 될 수 없습니다"라고 알리기 위한 것이 아니었습니다. 식민지시대에 일본국적을 가지고 일본 공무원이 된 한반도 및 대만 출신 사람들이 다수 존재하였는데, 샌프란시스코 평화조약에 의해 법무성 민사국장 통달로 일본국적을 상실하였다는 배경이 있었으며, 선택의 기회도 없이 일본국적을 상실한 그 사람들에 대해 전원 공무원직을 파면해야 하는지, 그건 너무 안타깝다고 하니, 정부가 내각법제국에 답변을 요구한 것이 문의의 경위였습니다. 이에 대한 답변 중에 '당연한 법리'라는 말이 사용되었습니다. 공권력의 행사 또는 국가의사 형성에 관련된 공무원이 아니면 굳이 해고할 필요는 없다는 취지로 사용된 말이며, 이것을 재판규범이나 공무원 임용기준으로 일반적으로 사용하는 것은 구체적인 문제 해결의 맥락을 무시하는 것입니다. 재판규범으로서는 '당연'이라는 단어는 설명도 되지 않고, '법리'라고 당당하게 말할 수 있는 내용도 아니라고 볼 수 있습니다.

국민주권의 관점에서 일정한 공무원에 대해서는 일본국적이 필요하다 하더라도, 공무원의 일에는 다양한 종류가 있습니다. 그 일이 시민의 권리·의무에 미치는 영향이 중대한지 직접적인지 등을 검토하지 않고 당연히 외국적자를 공무원에서 배제하는 것은, 외국인의 권리를 부당하게 침해하는 것과 다르지 않습니다.

실제로 법률상 외국적자가 공무원이 되는 것에 대해 일률적 배제는 규정되어 있지 않고, 법률상 일본국적이 필요하다고 명기되어 있는 공무원의 종류는 한정되어 있습니다. 일본에서는 국가의 행정기관(각 부처)에서의 운용에 맡겨지는 것으로 규정되어 있는데, 일본과 같이 법률에 근거하지 않고 '운용'만으로 외국인의 공무취임을 제약하는 국가는 미국 유럽 등의 여러 국가에서는 찾아볼 수 없습니다.

업무내용을 보더라도 조정위원은 당사자들의 논의를 통해 재판에 이르기 전에 당사자들이 서로 양보하여 분쟁을 해결할 수 있도록 지원하는 일이며, 권력적인 직무와는 거리가 멉니다. 만약 조정위원 등이 권력적이라면 정리될 것도 정리되지 않습니다. 당사자들이 합의하지 않으면 조정은 성립되지 않으며, 조정위원 등에게는 실질적으로 강제력이 있는 권한은 하나도 없습니다.

귀화하면 문제가 해결되는가?

채용을 거부당한 외국적 변호사들 중 대부분은, 일본에서 태어나 일본에서 교육을 받았으며 일본어와 일본문화를 충분히 이해하고 있고 일본 사법시험에 합격하여 사법연수원에서 연수도 마친 사람들입니다.

"그냥 일본에 귀화하면 되는 것 아닌가?"라고 말하는 사람도 있습니다. 그러나 그것은 차별받는 사람에게 원인이 있다는 사고방식이며, 남녀차별을 받는 여성에게 "남자가 되면 차별받지 않을 거야"라고 말하는 것과 같습니다. 괴롭힘을 당하는 아이에게 "괴롭힘을 당하는 이유가 있기 때문"이라고 말하는 것과 같습니다.

2009년 2월 18일, 라트비아에서 국적이 없는 영주 외국인에 대한 사회보장이 문제가 된 사건(안드레이에바 대 라트비아 사건)에서 유럽인권법원의 대법정판결은 다음과 같이 언급하고 있습니다.

"유럽인권조약 제14조에 열거된 차별의 금지는 구체적인 각각의 사안에서 … 신청인의 개인적 상황이 그대로 고려에 포함되어야만 의미가 있는 것이 된다.

오히려 문제가 되는 요소 중 하나를 바꾸어서 ―예를 들어 국적을 취득함으로써― 차별을 피할 수 있었을 것이라는 이유로 피해자의 주장을 물리치는 방법을 택한다면 제14조를 실체가 없는 것으로 만들 것이다."

국제사회는 이 문제를 어떻게 보고 있는가?

일본변호사연합회(이하 '일변련')는 조정위원 등의 문제에 대해 국제인권규약(자유권규약, 사회권규약, 인종차별철폐조약)을 위반한 위법이 있다고 하여 그 시정을 요구하도록 각 조약의 위원회에 의견서를 제출했습니다.

이에 따라 유엔인종차별철폐위원회는 2010년 이후 3번에 걸쳐 현황에 우려를 표명하였으며, 2010년 3월과 2014년 8월에는 "조정 처리를 실시하는 후보자로서 추천된 능력 있는 일본국적을 가지지 않는 자가 가정재판소에서 활동할 수 있도록, 가맹국의 입장을 재검토할 것"을 국가에 대해 권고하였습니다. 또한 2018년 8월에는 "몇 세대에 걸쳐 일본에 체류하는 한국·조선인에 대해 … 공권력의 행사 또는 공공의사 형성에도 참가하는 국가공무원으로 근무하는 것을 인정할 것" "시민이 아닌 자 특히 장기체류자 및 그 자손에 대해 공권력의 행사 또는 공공의사의 형성에 참가하는 공직에 대한 액세스를 인정할 것"을 권고하였습니다. 국제사회도 현재의 최고재판소 방침에 우려를 표명하고 있는 것입니다.

일본변호사연합회의 움직임

일변련도 외국적 조정위원·사법위원 문제에 대해 지금까지 아래와 같이 의견서·회장성명·요망서 등을 발표하여 최고재판소에 대해 외국적 조정위원 등의 채용을 요구하고 있습니다.

2009년 3월 18일	외국적 조정위원·사법위원의 채용을 요구하는 의견서
2010년 4월 6일	인종차별철폐위원회의 총괄소견에 대한 회장성명
2011년 3월 30일	최고재판소 앞으로 "외국적 조정위원 임명문제에 대하여(요청)"
2012년 2월 15일	외국적 회원의 참여원 선임을 요구하는 회장성명
2018년 10월 5일	"새로운 외국인 노동자 수용제도를 확립하고, 외국에 뿌리를 가진 사람들과 공생하는 사회를 구축할 것을 요구하는 선언"(제61회 일변련 인권대회)에서 외국적 조정위원 채용을 요구한다고 발표

이러한 일에도 외국적 사람들이…

대학에서는 외국적 사람이 국공립대학의 교수가 되어 학장 등의 관리직에도 취임하고 있습니다.

죄를 지은 사람들의 개선 갱생을 돕고, 가석방된 사람들을 지원하거나 감독하는 일도 하는 보호사(保護司, 법무대신이 임명)와 도도부현(都道府県) 경찰의 비상근직원에도 외국적 사람들이 있습니다.

검찰관이 기소하지 않았던 사건을 강제 기소할지 여부를 결정하는 검찰심사회 심사보조원(검찰심사회가 변호사 중에서 임명)이나, 형무소 수용자의 불만을 듣고 시설에 필요한 의견을 진술하는 시찰위원(법무대신이 임명)에도 외국적 변호사가 취임하고 있습니다.

또한 많은 외국인 변호사들이 법원에 의해 파산관재인, 상속재산관리인, 부재자재산관리인으로 선임되어 조정위원보다도 공적인 성격의 직무를 담당하고 있습니다.

또한 조정과 마찬가지로 당사자들의 합의를 통한 해결이며 합의에 확정판결과 동일한 효력이 있는 중재절차(2003년 시행 중재법에 의함)는 국제·국내, 민사·상사분야에서 행정기관·민간기관을 불문하고 실시되고 있는데 (예: 도도부현 건축공사 분쟁심사회, 일변련 중재센터, 일본상사 중재협회, 일본지재 중재센터 등), 이 중재를 실시하는 중재인으로는 외국적 변호사가 위원으로 활동하고 있습니다.

변호사회 회장과 부회장 등의 임원에도 일변련이나 각지 변호사회에서 외국적 변호사가 취임하고 있습니다. 변호사회 임원은 회원에 대한 지도·연락·감독을 하는 입장에서 징계권한도 가지는데다 각지의 회장직에 보호사 선정위원·간이법원 재판관 선정위원이 할당되는 경우도 있습니다. 이러한 직무에 외국적 변호사가 취임하는 것에 대해 지금까지 이견이 나온 적도 없고, 법원도 이를 수용하고 있습니다. 그러나 조정위원 등에 대해서는 각 변호사회에서 최고재판소에 추천한 외국적 사람들이 일본사회에 정착하고 일본 변호사 자격을 가지고 있음에도 불구하고, 일본국적이 없다는 이유만으로 채용되지 않는 상태가 계속되고 있습니다.

과거에는 조정위원으로 활약했던 외국적 변호사가 있었다—
다민족 다문화 사회인 지금은?

최고재판소는 1974년부터 1988년까지 일본국적이 없는 중국(대만) 국적의 오사카(大阪)변호사회 회원 장유충(張有忠) 변호사를 민사 조정위원으로 채용하였습니다. 오사카지방재판소는 장유충 변호사의 조정위원으로서의 오랜 공적에 표창장도 수여하였습니다. 이러한 선례도 있는데 최고재판소는 채용을 계속 거부하고 있습니다.

조정은 시민의 사법참가제도이며, 조정위원·사법위원과 이를 이용하는 사람이 같은 기반에 서는 시민이라는 것이 관건입니다. 시민이기 때문에 친밀한 분쟁해결 수단으로 기능하는 것이며, 이를 고려한다면 현재 일본에는 2,000,000명이 넘는 외국적 사람들, 500,000명을 넘는 일본에 귀화한 사람들, 국제결혼 커플의 자녀들 등 외국에 뿌리가 있는 사람들이 다수 살고 있는 현실을 조정위원 등의 구성에 반영할 필요가 있습니다.

일본은 이미 50명에 1명의 비율로 외국적 및 외국에 뿌리가 있는 사람들이 사는 다민족·다문화 사회입니다. 생활에 밀접해야 하는 조정제도 운용에 외국적 사람도 평등하게 참여하는 것은 일본사회가 진정으로 다민족·다문화 공생사회가 되기 위해 필요한 것입니다.

중재위원·사법위원에 외국적 변호사의 선임이 인정되지 않는 것은 사법분야뿐만 아니라 교육과 지방자치, 지역운영 등 다양한 분야에서 외국인의 사회참여 문제에 깊이 관련되어 있습니다. '당연한 법리'의 불합리를 극복하고 다민족·다문화 공생사회를 실현하기 위해 이러한 현황을 바꾸어 나가야 합니다.

《참고문헌(일본어)》

日本弁護士連合会第四七回人権擁護大会, 「多民族・多文化の共生する社会
　　の構築と外国人・民族的少数者の人権基本法の制定を求める宣言」,
　　2004年10月8日採択.

同人権擁護大会シンポジウム第一分科会基調報告書, 「多民族・多文化の共生
　　する社会をめざして―外国人の人権基本法を制定しよう」.

近畿弁護士連合会, 「外国籍の調停委員任命を求める決議」, 2005年11月25日
　　採択.

吉井正明, 「なぜ日本国籍がないと調停委員になれないのか―司法参画にお
　　ける人種差別」, 『自由と正義』, 57巻7号, 2006, 30~35頁.

日本弁護士連合会, 「外国籍調停委員・司法委員の採用を求める意見書」, 2009
　　年3月18日.

近畿弁護士連合会, 「外国籍の調停委員の採用を求める決議」, 2010年11月19
　　日採択.

日本弁護士連合会, 「外国籍調停委員任命問題について(要望)」, 最高裁判所宛
　　て, 2011年3月10日.

坂本洋子, 「『外国籍者は調停委員になれない』問題を問う」時の法令二一〇五
　　号, 2020, 57~67頁.

《참고문헌(한국어)》

일본변호사연합회 제47회 인권옹호대회, 「다민족·다문화가 공생하는 사회
　　의 구축과 외국인·민족적 소수자의 인권기본법 제정을 요구하는 선
　　언」, 2004년 10월 8일 채택.

동 인권옹호대회 심포지엄 제1분과회 기조보고서, 「다민족·다문화가 공생하
　　는 사회를 목표로 하며―외국인의 인권 기본법을 제정하자」.

긴키변호사연합회, 「외국적의 조정위원 임명을 요구하는 결의」, 2005년 1월 25일 채택.

요시이 마사아키, 「왜 일본국적이 없으면 조정위원이 될 수 없는 것인가—사법참가에서의 인종차별」, 『자유와 정의』 57권 7호, 2006, 30~35면.

일본변호사연합회, 「외국적 조정위원·사법위원의 채용을 요구하는 의견서」, 2009년 3월 18일.

긴키변호사연합회, 「외국적 조정위원의 채용을 요구하는 결의」, 2010년 1월 19일 채택.

일본변호사연합회, 「외국적 조정위원 임명문제에 대하여(요청)」 대법원 앞, 2011년 3월 30일.

사카모토 요코, 「'외국적자는 조정위원이 될 수 없는' 문제를 물을」 때의 법령 2105호, 2020, 57~67면.

양영자(梁英子)

지방참정권 소송─
세금은 내지만 선거권은 없는 재일코리안

재일코리안의 참정권

재일코리안은 선거에서 뽑고 싶은 후보자가 있어도 투표하러 갈 수가 없습니다. 또한 자신이 정치인이 되어 살기 좋은 사회를 만들기 위해 힘쓰고 싶어도 선거에 입후보할 수도 없습니다. 그것은 재일코리안이 「공직선거법」이나 「지방자치법」 등의 법률에서 선거권과 피선거권(아울러 '참정권'이라 총칭합니다)을 인정받고 있는 '일본국민'에 포함되지 않는 것으로 취급되고 있기 때문입니다.

재일코리안에게 참정권이 전혀 인정되지 않는 현황에 문제는 없는 것일까요? 재일코리안의 대다수는 일본에서 태어나 죽을 때까지 일본에서 계속 생활합니다. 평생 한 번도 일본 밖으로 나가지 않았다는 재일코리안도 드물지 않습니다. 그리고 재일코리안은 '일본국민'과 완전히 똑같이 일본에서 세금을 납부하고 있습니다. '일본국민'이 아니어서 세금을 면제받거나 세금액을 할인받는 경우는 없습니다. 이러한 재일코리안이 자신의 생활과 밀접하게 결부되어 있는 일본 정치가 잘 이루어지도록 바란다거나, 자신이 납부한 세금이 가치 있는 용도로 쓰이기를 결정하고자 하는 것은 자연스러운 일입니다. 그러나 참정권이 인정되지 않은 재일코리안은 이러한 자신의 생각을 정치에 반영시킬 기회를 박탈당하고 있습니다.

세계적으로 보면 구(舊)종주국에서 생활을 계속하고 있는 구 식민지 출신자와 그 자손에게는 구종주국에서의 참정권이 인정되고 있는 것이 일반적입니다. 그러나 재일코리안은 전후 75년 이상 이 지난 지금도 참정권을 인정받지 못하고 있습니다. 게다가 재일코리안의 경우에는 다른 외국인과 달리 전쟁 전에 인정된 참정권이 전후에 일방적으로 박탈되었다는 특수한 경위도 있습니다(이 책 354면 참조). 이러한 시각에서 볼 때 재일코리안에게 참정권을 인정하지 않는 현황에는 문제가 있을 듯 보입니다.

이에 이 글에서는 정주외국인의 지방참정권 운동에 큰 영향을 준 김정규(金正圭)씨 등의 재판을 단서로 삼아, 재일코리안의 참정권 문제에 대해 생각해 보고자 합니다.

참정권의 의의

본격적으로 시작하기 전에 '참정권'의 의미에 대하여 알아보기로 합니다.

국정참정권

일본은 '민주주의' 나라입니다. 민주주의란 한 명의 '군주'가 나라를 다스리는 것이 아니라, 인민 전원('민주')이 나라를 다스리는 정치제도입니다.

국가의 정치는 형벌의 내용, 세금의 액수, 복지의 내용, 전쟁이나 징병의 유무, 외교 방침의 결정 등과 같이 그곳에 사는 인간의 생활에 중대한 영향을 미칩니다. 누군가가(군주 등) 정치를 마음대로 결정하고 자신의 생활에 불이익이 초래된다면 참을 수 없을 것입니다. 그러므로 그 나라에 사는 인민('국민')이 내 일이라 생각하고 스스로 결정하자는 것이 민주주의의 근본적인 사고방식입니다. 이처럼 국민 전원이 나라를 다스리는 주인('주권자')이 된다는 원리를 '국민주권'의 원리라고 합니다.

국민 전원으로 정치를 한다고 해도 현실적으로 전원이 모여 정치를 하는 것은 시간적으로나 장소적으로 불가능하겠지요. 그래서 일본에서는 인민이 '선거'를 하고 국회의원이나 내각총리대신(이것은 간접적이지만) 등을 선택하고, 그 선택된 사람에게 구체적인 정치를 맡기는 구조를 채택하고 있습니다.

이와 같이 선거라는 것은 국가의 주권자인 인민이 자기 대신에 자신의 생활에 중대한 영향을 미치는 정치를 담당하는 사람을 선택한다는 매우 중요한 의의를 가지는 작업입니다. 그리고 이러한 중요한 의의가 있는 선거에 참가할 권리를 '(국정)참정권'이라 합니다. 헌법에는 제15조에 규정이 있습니다.

지방참정권

일본에서는 국가와는 별도로 지방공공단체(도도부현 또는 시구읍면)가 설치되어, 지방공공단체마다 국가에서 독립한 보다 주민과 밀착한 형태로 정치가 이루어지고 있습니다. 이러한 구조를 '지방자치'라고 합니다.

그리고 이 지방자치에서도 국정의 경우와 동일하게 민주주의 제도가 채택되고 있습니다. 구체적으로는 그 지방에서 생활하며 공동의 이해를 가지는 '주민' 전원이 지방공공단체의 주권자로서 선거를 하고, 지방의원이나 수장(지사나 시구읍면장)을 선발하여 선발된 자에게 정치를 담당하게 하고 있는 것입니다.

이와 같이 그 지방의 일은 그곳에 사는 주민이 주권자로서 스스로 결정한다는 원리를 '주민자치'의 원리라 합니다. 그리고 이러한 지방자치 차원의 선거에 참가할 권리를 특히 '지방참정권'이라 말합니다. 헌법에는 제93조에 규정이 있습니다.

'국민국가의 상식'이라는 벽

재일코리안은 일본에서 태어나 일본에서 생활하며 일본에서 세금을 납부하고 일본의 법률을 지킬 의무를 지는 등, 일본정치의 영향을 매우 강하게 받으며 살고 있습니다. 따라서 참정권이라는 것이 자신의 생활에 영향을 미치는 상황에 대하여 자신의 손으로 절차에 참여할 권리라고 한다면, 일본에서 생활하는 재일코리안에게도 당연히 일본에서 참정권이 인정되어야 한다고 생각합니다.

하지만 현실에서는 재일코리안의 참정권은 전후 일관되게 '국민국가의 상식'이라는 헌법이나 법률에 규정되어 있지 않는 논리에 가로막혀 인정되지 않고 있습니다. 그 '상식'이란 이런 것입니다. ① 헌법(제15조 제1항 등)은 국민주권의 원리하에 '국민'을 주권자로 정하여 참정권을 보장하고 있다. ② 여기에서 '국민'이란 '일본국적을 가진 자'이다. ③ 따라서 일본국적을 가지지 않는 '외국인'인 재일코리안은 주권자인 '국민'이 아니기 때문에 참정권을 인정할 수 없다. 무엇보다 일본에서는 근대 이후의 국민국가라는 골조 안에서, "국민주권의 '국민'이란 국적보유자를 가리킨다"(②)는 명제가 이른바 '상식'으로서 오랫동안 거의 의심받는 일 없이 믿어져 왔습니다. 이 '상식'이라는 것이 정말로 올바른 것인지에 대해 충분한 검증도 하지 않은 채, 재일코리안을 참정권에서 배제하는 역할을 계속하게 되었습니다.

그러나 1980년대에 들어와 유럽을 중심으로 정주외국인에게 일정한 참정권을 부여하는 국가가 증가하기 시작하면서, 반드시 '국적'과 '참정권'의 연결이 세계의 '상식'은 아닌 것으로 되어 갑니다. 그리고 이러한 흐름은 일본에도 조금씩 영향을 미치게 되었고, 1989년 11월에는 영국 국적으로 일본에서 영주하고 있던 힉스 알란씨가 처음으로 '외국인'으로서 선거권을 요구하는 재판을 제기하는 등 서서히 외국인의 참정권에 대한 논의가 구체화되어 갑니다.

김정규(金正圭) 씨 등의 재판

재판의 경과

이러한 흐름 속에서 1990년 11월, 한국국적 재일코리안인 김정규 씨 등 11명은, 선거권을 가지는 자가 등록되는 선거인명부에 자신들이 등록될 수 없음에 불복하여 오사카(大阪)지방재판소에 자신들을 선거인명부에 등록하도록 요구하는 재판을 제기했습니다.

이 재판에서 원고인 김정규 씨 등은 다음과 같이 주장했습니다. ① 자신의 생활에 영향을 미치는 것들을 스스로 결정하는 절차에 참가할 수 있다는 참정권의 성격에 비추어 볼 때, 헌법 제15조 제1항에 규정된 '국민'에는 국적에 관계없이 일본국내의 정주자가 포함된다(국정참정권의 문제). ② 헌법 제93조 제2항에 규정된 '주민'이란, 국적에 관계없이 그 지역에서 공동생활상의 이해관계를 가지는 거주자가 포함된다(지방참정권의 문제). ③ 따라서 이러한 '국민'과 '주민'의 해석에 반하여 공직선거법이나 지방자치법이 일본국적을 가진 자에 한정하여 선거권을 인정하는 것은 헌법 위반이다. 이는 '국민국가의 상식'이라는 논리에 대해 참정권의 본질론에서 이론적 검증을 가하고자 하는 접근이었습니다.

그러나, 오사카지방재판소는 이러한 원고의 새로운 접근방식에 대해 별다른 이유를 설명하지도 않고, ① 헌법 제15조 제1항의 '국민'은 '일본국적을 가지는 사람'을 말하고, ② '주민'은 '국민'의 일부라고 생각해야 하는 것이므로 '일본국적을 가진 자'라는 것을 전제로 하며, ③ 따라서 일본국적을 가지지 않는 외국인에게는 선거권을 인정할 수 없다고 판시하였습니다.

이는 원고의 문제제기에 대하여 전혀 답변을 하지 않은 판결이었습니다. 이에 불복하여 원고가 최고재판소에 상고한 결과, 1995년 2월 28일에 최고재판소 판결이 내려졌습니다.

최고재판소 판결의 내용

최고재판소 판결은 다음과 같습니다. ① 헌법 제15조 제1항의 '국민'은 일본국적을 가진 자를 의미하기 때문에, 헌법 제15조 제1항에 의해서 보장되는 선거권은 일본에 재류하는 외국인에게는 미치지 않는다. ② 헌법 제93조 제2항의 '주민'이란 "지방공공단체의 구역 내에 주소를 가지는 일본국민"을 말하므로, 동 조항 이 일본에 재류하는 외국인에게 "지방공공단체의 장, 그 의회의 의원 등의 선거의 권리를 보장한 것이라고 할 수는 없다" 이와 같이 오사카지방재판소의 판결을 지지하며 원고의 상고를 기각했습니다. 최고재판소도 오사카지방재판소와 동일하게 "참정권은 '권리의 성격상 일본국민만을 대상으로 한다"는 것만으로 '국민=국적 보유자'라는 명제가 정말 올바른 것인지에 대해서는 전혀 검증하려 하지 않았고, 원고의 문제제기에 정면으로 답하지 않았던 것입니다.

그러나 한편으로 최고재판소 판결은 오사카지방재판소가 짚어 보지 않았던 하나의 논점에 접근하는 판단을 제시했습니다. 일본국적을 가지지 않는 외국인에 대해 지방참정권을 부여하는 법률을 만드는 것이 헌법을 위반하지 않는가 하는 논점입니다. 최고재판소 판결은 이 점에 대해 이렇게 말하고 있습니다.

"헌법 제8장의 지방자치에 관한 규정은 민주주의 사회에서 지방자치의 중요성에 비추어 볼 때, 주민의 일상생활과 밀접한 관련을 가지는 공공적 사무는 그 지방의 주민의 의사에 따라 그 구역의 지방공공단체가 처리한다는 정치형태를 헌법상의 제도로 보장하고자 하는 취지에서 나온 것으로 해석되기 때문에, 일본에 재류하는 외국인 중에서도 영주자 등으로서 그 거주하는 구역의 지방공공단체와 특별히 긴밀한 관계를 가지게 되었다고 인정되는 자에 대해, 그 의사를 일상생활에 밀접한 관련을 가지는 지방공공단체의 공공적 사무처리에 반영시킬 수 있도록 법률로써 지방공공단체의 장, 그 의회의 의원 등에 대한 선거권을 부여하는 조치를 강구하는 것이 헌법상 금지되어 있는 것은 아니다"

즉 최고재판소는 ① 헌법은 외국인에게 지방참정권을 보장하고 있다고는 말할 수 없지만, ② 주민자치의 취지에서 생각하면 반대로 법률을 제정하여 정주외국인에게 지방참정권을 인정하는 것을 헌법이 금지하고 있다고 말할 수 없다. ③ 따라서 법률을 제정하여 정주외국인에게 지방참정권을 부여하는 것은 헌법을 개정하지 않아도 가능하지만, 실제로 부여할지

지방참정권을 요구하는 재일코리안들

여부는 입법정책의 문제(=그러므로 국회에서 논의할 문제)라고 말한 것입니다.

최고재판소 판결에 대한 평가

이 재판에서는 원고들은 참정권의 전제가 되는 '민주주의'·'국민주권'·'주민자치'와 같은 기본원리의 본질로 거슬러 올라가 '국민'의 범위나 '주민'의 범위를 검토해야 한다는 주장을 제기했습니다. 이는 그때까지 '국민국가의 상식'에 매몰되어 충분히 논의되지 않았던 논점이며, 최고재판소의 판단이 내려지면 향후의 외국인 참정권 논의에도 크게 기여할 것이었습니다. 그렇지만 최고재판소 판결은 '국민'이란 '국적보유자'인 것이 '분명하다'는 식으로 말했을 뿐, 왜 '국민'을 '국적보유자'라고 생각하여야 하는지에 대해서는 아무 설명도 하지 않았습니다. 이것은 기존의 '국민국가의 상식'이라는 틀로부터 한 걸음도 전진하지 못한 것으로 매우 유감스러운 판결이었다고 말하지 않을 수 없습니다.

그러나 한편으로 최고재판소는 특히 지방참정권에 대해 주민자치의 원리를 중시하고 '국민' 이외의 자에게 지방참정권을 인정하는 것을 헌법으로 금지하고 있지 않고 법률로 정한다면, 영주자등의 외국인에게도 지방참정권을 인정하는 것이 가능하다고 명시했습니다. 이것은 지금까지 외국인에게 참정권을 인정하는 것을 반대하는 사람들이 주장하던 사항, 즉 "'국민'이 아닌 외국인에게 참정권을 인정하는 법률을 만든다 해도, 그것은 '국민' 이외의 사람에게 주권을 인정하는 것으로 '국민주권' 원리를 위반하기 때문에 무효이다"라는 주장을 최고재판소가 채용하지 않았다는 것을 의미합니다. 즉 외국인의 지방참정권을 인정하는 것에 대해서 헌법은 '금지'도 '요청'도 하고 있지 않기 때문에, 법률에서 어느 쪽으로 결정해도 괜찮다는 생각(허용설)으로 보는 것이 명확할 것입니다. 즉 이 판결은 정주외국인의 지방참정권 문제가 헌법개정을 필요로 하지 않고 단순한 입법문제로 해결될 수 있다는 것을 밝혔다는 점에서 매우 중요한 의의를 가지는 것이었습니다.

사실 이 최고재판소 판결을 계기로 정주외국인의 지방참정권 문제는 법을 정비하는 방법으로 해결해야 한다는 기운이 높아져 갑니다. 그리고 1998년 10월에는 영주외국인에게 지방선거권을 부여하는 「영주외국인 지방선거권부여 법안」이 국회에 제출되기에 이릅니다. 이 법안은 유감스럽게도 자민당 내에 존재하는 뿌리 깊은 반대 의견으로 폐안이 되어 현재도 언제 성립될지 알 수 없는 상황입니다. 그러나 이 판결이 일본의 정주 외국인 참정권 운동에 큰 바람을 일으킨 것만은 틀림없는 사실입니다.

재일코리안의 정치참가를 요구하며

일본국적을 가지고 있지 않기 때문에 정치에 의견을 피력하지 못하고, 일본국적을 가지는 '국민'이 자신과는 관계없이 결정한 룰을 따를 수밖에 없는 재일코리안의 상황은, 스스로 자신의 일을 결정할 수 없다는 의미에서 '군주'의 지배를 받고 있는 것과 큰 차이가 없는 것 아닐까요? 그렇게 생각하면 일본을 생활의 본거지로 살고 있는 재일코리안 등의 정주외국인이 스스로의 생활에 관계하는 일들을 결정하는 절차에 참가하고 싶다고 생각하여 참정권을 바라는 것은 자연스러운 욕구라고 생각합니다.

일찍이 참정권은 '소유재산(납세액)이 적은 사람'이나 '여성'에게도 인정되지 않았습니다. 이러한 참정권 제한의 경우에도 소유재산이 적은 사람에게는 "과세 없이 대표 없음(일정액의 납세를 하지 않으면 선거권이 인정되지 않는다)", 여성에게는 "선거권은 징병의 대가이다" "남존여비" 등 '상식'의 벽이 우뚝 솟아 있었습니다. 그러나 지금은 정반대로 납세를 하고 있지 않아도, 여성이어도, 선거권을 가지는 것이 '상식'이 되어 있습니다. 이와 같이 그

때그때의 '상식'이 항상 '올바르다'고는 할 수 없습니다.

그리고 실제로 '국적'이라는 개념 자체도 반드시 일의적(一義的)인 개념은 아닙니다. 예를 들어 일본의 국적법은 부모가 일본국적을 가지는 경우에 아이에게 일본국적을 인정한다는 '혈통주의'를 채용하고 있습니다. 그 때문에 부모님이 재일코리안인 아이들은 4세가 되어도 5세가 되어도 일본국적이 인정되지 않습니다. 그러나 국적에 대해서는 미국처럼 부모의 국적과는 관계없이 그 나라에서 태어난 아이에게는 국적을 준다는 '출생지주의'를 채용하는 나라도 많습니다. 일본이 이 출생지주의를 채용한다면, 일본 태생의 재일코리안(2세 이후)은 모두 일본국적을 가지게 됩니다. 그리고 이러한 출생지주의의 채용은 국적법의 개정이라는 통상적 입법문제로 처리할 수 있습니다. 이와 같이 법률을 개정하는 것만으로 간단하게 바뀌어 버리는 '국적의 유무'를 절대적인 기준으로 삼아 외국인에게 참정권을 인정하지 않는다는 '상식'이 얼마나 합리적이라고 할 수 있을까요?

또한 2007년 참의원 의원선거에서 페루의 전 대통령인 알베르트 후지모리 씨가 선거에 입후보를 한 적이 있습니다. 이 입후보는 후지모리 전 대통령이 일본국적을 가지고 있음을 이유로 인정된 것[1]이었습니다. 그러나 이와 같이 외국적(이중 국적)을 가지고 외국 대통령까지 맡아 외국을 생활의 본거지로 하고 있었다고 해도 형식적으로 '일본국적도 있다'는 것만으로 간단하게 참정권이 인정되고 당선되면 국회의원이 될 수 있는 것에 비해, 일본 이외에 생활의 본거지가 없고 본국의 참정권마저 행사할 수 없는 재일코리안에게는 형식적으로 '일본국적이 없다'(정확하게는 전후에 일본국적을 박탈당했다. 이 책 119면)는 것만으로 자신이 살고 있는 지역의 지방의회 선거에서의 투표권조차 인정되지 않는다는 취급이 정말로 타당한 것이라고

---

1 페루는 복수국적을 인정하고 있으므로, 후지모리 전 대통령은 페루와 일본, 2개의 국적을 가지고 있다.

할 수 있을까요?

역사적으로 외국인에게 너그럽지 않다는 소리를 들어온 한국에서도 2005년 6월 30일, 종래의 방침을 변경하여 영주외국인에게 지방선거권을 인정하는 법률이 생겼습니다. 따라서 한국에서 영주 자격을 가진 일본인은 자신이 살고 있는 한국 지방의회 선거에서 실제로 투표할 수 있습니다. 한국에서는 '국적이 없는 것만으로 자신이 살고 있는 곳에서 정치에 참가할 수 없는 것'은 이상하다는 생각이 주류가 되었고, 이를 이유 없이 부정하는 '국민국가의 상식'이라는 논리는 이제 낡은 사고방식이라 여겨지고 있습니다.

이처럼 한국에서는 이미 무너진 '과거의 상식'이 일본에서는 무비판적으로 현재도 여전히 견고한 '상식'인 채로 남아 있는 유감스러운 상태가 계속되고 있습니다. 이동수단과 통신수단이 급격하게 발달하여 지역 구분이 무너지고 있는 현대사회에서, 20세기의 낡은 '구시대의 국민국가'관에 묶여 생겨난 '국민국가의 상식'이라는 논리에 대해 이제 일본에서도 재검토하여야 할 시기라고 생각합니다.

김철민(金哲敏)

《참고문헌(일본어)》

金敬得,『在日コリアンのアイデンティティと法的地位』, 明石書店, 1995.

宇都宮純一,『平成七年度重要判例解説』, 有斐閣, 1996, 20~21면.

近藤敦,『「外国人」の参政権—デニズンシップの比較研究』, 明石書店, 1996.

田中宏,『Q&A外国人の地方参政権』, 五月書房, 1996.

福岡右武,『最高裁判所判例解説民事編平成七年度(上)』, 法曹会, 1998,
　　257~281면.

後藤光男,『憲法判例百選(一)[第四版]』, 有斐閣, 2000, 12~13면.

長尾一紘,『外国人の参政権』, 世界思想社, 2000.

河原祐馬・植村和秀編,『外国人参政権問題の国際比較』, 昭和堂. 2006.

田中宏・金敬得共編,『日・韓「共生社会」の展望』, 新幹社, 2006.

《참고문헌(한국어)》

김경득,『재일코리안의 아이덴티티와 법적 지위』, 아카시서점, 1995.

우쓰노미야 준이치,『1995년도 중요판례 해설』, 유비각, 1996, 20~21면.

곤도 아쓰시,『「외국인」의 참정권―데니즌십의 비교연구』, 아카시서점, 1996.

다나카 히로시,『Q&A 외국인의 지방참정권』, 오월서방, 1996.

후쿠오카 유부,『최고재판소 판례 해설 민사편 1995년도(상)』, 법조회, 1998,
　　257~281면.

고토 미쓰오,『헌법 판례 백선 (1)[제4판]』, 유비각, 2000, 12~13면.

나가오 가즈히로,『외국인의 참정권』, 세계사상사, 2000.

가와하라 유마・우에무라 가즈히데 편,『외국인 참정권 문제의 국제 비교』, 쇼
　　와당, 2006.

다나카 히로시・김경득 공동편찬,『한일 공생사회의 전망』, 신간사, 2006.

왜 귀화를 하지 않는가?

● 구 식민지였던 조선반도 사람들이 일본에 건너오게 된 후 100년 정도가 지났습니다. 조선반도에서 일본으로 건너온 사람을 1세라 한다면, 현재 일본에 살고 있는 재일코리안 아이들은 4세, 5세일 것입니다. 재일코리안들은 여러 세대에 걸쳐 일본사회에 정착하여 생활해 온 사람들입니다.

정주가 진행되던 중 재일코리안들의 가치관도 다양하게 변하였습니다. '귀화'를 하여 일본국적을 취득하는 사람도 있고, '귀화'를 하지 않고 '한국'이나 '조선'의 국적 표시를 계속 유지하는 사람도 있습니다. 한국·조선식 이름을 사용하는 사람도 있고, 일본식 통칭명을 사용하는 사람도 있습니다. 국적국인 대한민국이나 조선민주주의인민공화국과의 교류 및 친근함의 정도도 사람마다 다양합니다.

● '귀화'를 하지 않고 '한국'이나 '조선'이라는 국적 표시를 계속 유지하고 있는 재일코리안에게 왜 일본에 귀화하지 않는지 의문으로 여기는 사람이 적지 않습니다. 그중에서는 선거권을 원한다면 일본에 귀화하면 된다, 관리직 공무원이나 법원의 조정위원이 되고 싶으면 일본에 귀화하면 된다고 말하는 사람이 있습니다. 이렇게 말하는 사람이 반드시 치우친 생각을 가진 것은 아닙니다. 악의 없이 또는 조심스럽게 단어를 선택하면서 비슷한 발언을 합니다.

● 귀화를 하지 않는 재일코리안은 '반일'이라는 낙인이 찍히는 경우도 있을 수 있습니다. 굳이 말하자니 어색한 생각이 듭니다만, 재일코리안이 귀화하지 않는 것은 일본이 싫기 때문이 아닙니다.

일본에서 생활하는 재일코리안은 일본에서 태어나 자란 사람이 대부분입니다. 대개 사람은 태어나고 자란 사회에 애착을 갖습니다. 현재도 장래에도 살아갈 장소가 일본이면 더욱 그렇습니다. 그리고 성인이 되면 그 사회에 공헌하고 싶다고 생각하는 것도 사람으로서 자연스러운 감정입니다.

반면, 태어나서 자라 온 사회로부터 수용받고 싶은, 스스로의 뿌리를 부정당하지 않고, 존엄을 가지고 생활해 나가고 싶다고 생각하는 것도 사람으로서 당연한 일입니다. 재일코리안이 일본사회에 대해 목소리를 높여 의견을 내는 일이 있는데, 그것은 '반일'이기 때문이 아니라 이러한 소망이 있기 때문입니다. 그리고 그러한 사회를 자녀와 손자들에게 넘겨주고 싶다는 소원이 있기 때문입니다.

● 일본에서는 전쟁 전부터 식민지였던 한반도 출신자에 대해 심한 차별과 편견이 존재했습니다. 1세 재일코리안들이 당해 온 차별과 편견은 현재와 비교할 수 없을 정도로 가혹했습니다. 2세 재일코리안들은 어릴 적부터 이러한 차별과 편견을 가까이서 접해 왔습니다. 세대교체가 진행됨에 따라 차별·편견이 완화되었다고 생각했는데, 재일코리안을 표적으로 삼는 혐오발언(헤이트 스피치)이라는 단어가 유행어대상 후보에 오를 정도가 된 것은 2013년의 일이었습니다. 재일코리안에 대한 차별의식과 편견이 뿌리 깊게 남아 있음을 여실히 보여 주었습니다.

K-POP 유행의 영향도 있기에 재일코리안 4세·5세 세대는 다를지도 모릅니다. 그러나 일본사회는 동조 압력이 강한 사회라고 일컬어지고 있

으며 실제로도 그렇게 느낍니다. 일본에 사는 사람은 일본인이라는 것이 당연하다는 감각을 가지고 있습니다. 그러한 사회에서 재일코리안으로 살아가는 것은 적지 않은 어려움과 갈등을 수반합니다.

● 자신이 재일코리안이라는 점은 그 사람의 뿌리와 연결됩니다. 뿌리는 태어날 때 결정됩니다. 바꿀 수 없습니다. 그냥 숨기고 살아갈 수도 있고, 정면으로 마주 보고 살 수도 있습니다. 정답이 있는 것은 아닙니다. 그 사람의 가치관, 생활방식과 연결됩니다. 주변 환경에 따라서도 달라질 수 있습니다.

● 고(故) 김경득 변호사는 최고재판소 앞 청원서(이 책 234면)에서 아래와 같이 언급하였습니다.

"저는 어린 시절부터 조선인으로서 태어난 것을 원망하고 자신의 몸에서 일체의 조선적인 것을 배제하기 위해 노력해 왔습니다. 초·중·고·대학으로 해를 거듭하면서 일본인답게 행동하는 것이 습성이 되어 있었습니다. 그러나 일본인의 차별을 피하기 위해 일본인인 척 꾸미는 것은 매우 고통스러웠습니다. 저는 대학 졸업이 가까워질수록 조선인임을 들키지 않을까 주변 눈치를 보고 소심하게 살아가는 것에 대한 비참함을 견딜 수 없게 되었습니다. 일본인을 가장하기 위해 노력하는 것이 얼마나 바보 같은지를 통감하게 된 것입니다. 생각해 보면 노력을 해야 하는 것은 차별을 없애는 것에 대해서이며, 일본인을 가장하는 것에 소비해서는 아니 되었던 것입니다. 저는 그것을 깨달았습니다."

김변호사가 청원서를 작성한 것은 1976년이었습니다. 지금의 일본사회는 당시와 달라졌을까요?

● 귀화를 했기 때문에 차별이나 편견에서 해방되는 것은 아닙니다. 귀화를 해서 일본국적을 취득한 사람에게도 혐오 발언은 이루어집니다. 실제로 DHC 회장이 자신의 홈페이지에서 '코리안계'라면서 귀화한 재일코리안들에 대한 심한 편견을 공표했습니다. 유감스럽게도 귀화를 하여 일본국적을 취득하여도, 한반도에 뿌리를 가지는 것은 변하지 않으며, 거기에 주목한 차별이나 편견에 노출되는 것이 현실입니다.

● 한편으로, 국적이 다른 것에서 기인하는 다양한 고민·갈등에서 해방된다, 적어도 우리 아이들에게는 같은 고민·갈등을 겪게 하고 싶지 않다, 무엇보다도 앞으로도 일본에서 살아갈 것이다, 이러한 생각으로 귀화를 선택한 사람도 있습니다. 이러한 선택은 존중되어야 하며, 다양한 사정에서 귀화를 선택하는 재일코리안들이 많이 있는 것이 사실입니다.

● 지금의 일본 귀화제도에도 문제가 있습니다. 신고만 하면 일본국적을 취득할 수 있는 것이 아닙니다. 국적법은 귀화에 의해 일본국적을 취득하는 조건에 대해 규정하고 있습니다. 귀화를 하려면 법무대신의 "허가"를 받아야 합니다(국적법 제4조). 또한 소행이 선량할 것, 자립해서 생활할 수 있는 경제력이 있을 것, 일본의 치안을 해하는 단체에 속한 적이 없을 것 등이 조건으로 규정되어 있습니다(동법 제5조). 이러한 조건들에 대한 대량의 자료를 제출한 후, 몇 개월이나 조사를 받고 법무대신이 "OK"라며 인정한 자만 귀화할 수 있습니다. 게다가 일본국적을 취득하면 원래 국적을 상실해야 합니다. 국제적으로는 이중국적을 인정하는 추세입니다. 일본의 귀화제도는 이중국적을 인정하지 않는 배타적인 제도입니다.
다만 기존에는 귀화 후의 성씨로서 일본식 성씨로 바꾸도록 지도하고 있었으나, 현재는 한국·조선식 성씨로 정하는 것도 가능해졌습니다. 귀화를 해도 이름 면에서는 스스로의 뿌리를 부정당하는 일은 없어졌습니다.

● 왜 재일코리안들은 귀화하지 않는 거냐며 한국에 사는 한국인이 묻는 경우도 있습니다. 그들이 볼 때는 말도 문화도 (거의) 일본인과 동일하니 앞으로도 일본에서 계속 살아갈 것이라면 일본에 귀화하는 편이 좋지 않겠느냐는 것입니다.

일본에서 몇 세대에 걸쳐 생활하고 있는데, 일본인도 아니고 본국에 사는 대한민국이나 조선민주주의인민공화국 사람과도 다르다. 그럼 나는 무엇일까? 재일코리안은 항상 자신의 정체성과 마주할 수밖에 없는 존재입니다. 귀화할지 말지를 정하는 것은 그 사람의 인생과 관련된 문제입니다. 이러한 재일코리안의 처지에 대해 한국에 사는 한국인도 좀처럼 이해를 못하는 것 같습니다.

재일코리안은 왜 귀화하지 않느냐는 질문에 대한 대답이 간단하지 않다는 것을 조금은 이해 하셨을까요? 조선반도에 뿌리를 가진 자도 차별이나 편견에 노출되지 않고 존엄을 가지고 살아갈 수 있는 그러한 사회가 실현된다면, 귀화를 둘러싼 문제는 조금 더 단순해질 수 있을 것이라 생각합니다.

한아지(韓雅之)

제7장

민족적 교육을 받을 권리

다카쓰키(高槻) 마이너리티 교육권 소송―
다문화 공생을 요구하며

일본학교에서 배우는 코리안 아이들

　현재 일본의 학교에 코리안을 비롯한 외국인 아이들이 얼마나 다니고 있는지 아시나요? 2020년 5월 1일 시점에 국공사립 초등학교에 약 68,000명, 중학교에 약 28,000명의 외국인이 재적 중입니다. 공립 고등학교에는 2018년 5월 1일 시점 통계로, 약 9,600명의 외국인이 재적 중입니다. 일본학교에 다니는 외국인은 해마다 증가하고 있습니다. 편의점이나 패스트푸드점 등에서 다양한 나라의 외국인이 일하는 것이 일반적이 되었는데, 많은 외국인 아이들도 일본에 살고 있습니다.

　외국인 아이들이 일본학교에서 배우게 된 것은, 일본이 조선 등을 식민지화한 것에서 비롯됩니다. 많은 사람들이 일본으로 이주하였고, 또 태평양전쟁 시기에 노동력으로서 강제적으로 연행되어 왔는데, 1945년의 일본 패전 후에도 많은 사람들이 일본에 계속 머물렀습니다. 일본에 남은 코리안들은 일본 식민지 당시 자유롭게 배울 수 없었던 언어와 역사를 아이들에게 가르치기 위해 한글이나 코리아 역사를 가르치는 '국어강습소'를 개설했습니다. '국어강습소'는 1948년 3월 시점에 600개의 학교, 53,000명의 학생, 1,425명의 교사를 품은 민족학교로 발전해 갔습니다. 한편 일본정부는 재일코리안에게 일본학교에서 배울 것을 강제했습니다. 1948년 1월 문부성은 "조선인 자제여도 취학연령에 해당하는 자는 일본인과 동일하게 공립·사립 초등학교 또는 중학교에 입학시켜야 한다"는 통달을 내렸고, 이 국가 방침에 따라 각 도도부현은 같은 해 4월 전후에 「조선인학교 폐쇄령」을 발령했습니다. 이에 대해 재일코리안이 격렬한 항의운동을 했는데, 미국점령군이 비상사태선언을 발하여 무력으로 탄압하였고, 민족학교는 강제적으로 폐쇄되었습니다. 그 과정에서 재일코리안 16세였던 김태일(金太一) 소년이 총격으로 사망하는 사건도 있었습니다.

그 후 일부지역에서 민족학교가 재건되었으나, 민족학교에 다니던 재일코리안의 대부분은 일본학교에 다니게 되었습니다. 그러나 일본의 학교에서는 재일코리안에게도 일본인 학생을 위한 역사나 문화교육을 그대로 적용했습니다. 자국의 말이나 역사를 배운다는 일본인에게는 당연한 것이, 재일코리안에게는 어려운 일이 된 것입니다.

오사카부(大阪府) 다카쓰키시(高槻市)의 '재일한국조선인 교육사업'

민족학교의 강제 폐쇄 후, 일본학교에서 방과 후 과외수업으로 한글이나 코리아의 역사·문화를 가르치는 움직임이 새로이 일었습니다. 그중 하나가 1967년에 시작된 다카쓰키(高槻)시립 제6중학교(이하 "다카쓰키 6중")에서의 활동이었습니다.

다카쓰키 6중 2학년 5반 요시오카 하루코(吉岡治子) 선생님 학급에서는, 코리안인 것을 숨기고 있던 학생에게 코리안인 자신과 마주 보게 함과 동시에 일본인 학생에게는 '조선인 차별'의 실태를 가르치며, 코리안 학생을 동료로 생각하고 차별을 하지 않는, 차별을 하게 하지 않는 교육을 지향했습니다.

동시에 '학교 어린이회'도 시작했습니다. '학교 어린이회'는 주 1회 재일코리안 학생들이 과외시간에 자발적으로 모여 조선인 차별을 생각하고 서로에게 도움이 되기 위한 장이었습니다. 거기서 언급된 요시오카 선생님 학급에서의 활동이 다른 반 코리안 학생들에게 자극을 주었고, 동일한 움직임이 학교 전체로 확대되었습니다. 나아가 '학교 어린이회'는 다카쓰키 6중을 넘어서 시내 8개 학교의 초·중학교에도 설치되었습니다. 다카쓰키시도 1968년경부터 '학교 어린이회'에 예산을 편성하여 그 활동을 장려했습니다.

1972년, 재일코리안인 다카쓰키 6중 졸업생이 '다카쓰키 무궁화회'를 만들었습니다. '다카쓰키 무궁회회'는 '학교 어린이회'가 설치되어 있지 않는 학교의 코리안 아이들을 위하여 '지역 어린이회'를 시행하여, 학교 밖에서 한글이나 코리아의 역사·문화를 배울 수 있는 장소를 만들었습니다. 또한 재일코리안 고령자를 대상으로 한 일본어 식자교실도 시작했습니다. 이러한 '지역 어린이회' 등의 활동을 1985년, 다카쓰키시는 '재일 한국조선인 교육사업' 창설을 통한 시의 사업으로 계승했습니다.

'학교 어린이회'의 폐지 및 '지역 어린이회'의 축소

다카쓰키 시내에서는 이후 코리안 아이들이 감소하는 한편, 코리안 이외의 외국 아이들, 또는 일본인과 코리안, 중국인, 필리핀인, 태국인 등의 부부 사이에서 태어난 복수의 민족적 뿌리를 가진 다문화 아이들이 증가했습니다. 이에 따라 '학교 어린이회' '지역 어린이회'는 한국·조선 국적의 아이들뿐만 아니라 외국적 또는 다문화의 다양한 뿌리를 가진 아이들이 모여 부모님 나라의 언어·역사·문화를 배우고 접하는 장소가 되어 갔습니다. 뿐만 아니라 '지역 어린이회'에서는 일본어를 잘 하지 못하는 외국인 아이들에게 학력향상을 위한 교육지원도 실시하여, 외국인 아이들의 고교 진학률 향상으로 이어졌습니다.

1994년 12월 유엔총회에서는 1995년부터 2004년까지의 10년간을 '인권교육을 위한 유엔 10년'으로 할 것을 결의하고, 일본정부 또한 '인권교육을 위한 유엔 10년 추진본부'를 설치하여 적극적인 대처를 추진해 나가기로 했습니다. 이것을 받아 다카쓰키시도 1999년 9월에 '인권교육 기본방침', 2000년에 '인권교육 추진플랜'을 수립하여 '재일 한국조선인 교육사업'을 코리안을 넘어선 '다문화 공생·국제이해 교육사업'으로 발전시켰습니다. '인권교육 추진플랜'에는 '학교 어린이회' '지역 어린이회'를 다문화 공생교육 사업으로 발전시키도록 노력할 것이 명기되었습니다.

그러나 시는 2001년 9월, "학교 어린이회 활동, 지역 어린이회 활동, 일본어 식자교실에 대한 행정적 지원의 폐지가 바람직하다"는 '인권교육 추진플랜'과는 정반대 제언을 표했습니다. 그리고 시는 2003년 3월, '다문화 공생·국제이해 교육사업'의 예산을 대폭 삭감하여 시내의 초등학교 3개소, 중학교 5개소에 설치되었던 '학교 어린이회'를 모두 폐지하고, 주 3회 행해지던 '지역 어린이회'를 주 1회로 축소했습니다.

'학교 어린이회' '지역 어린이회'는 30년 이상에 걸쳐 외국적 및 다문화 등 일본사회 소수자(마이너리티)의 아이들이, 부모님 나라의 말·역사·문화를 배우고 자신의 뿌리에 자부심을 가지며 차별과 왕따에 마주하는 힘을 기르기 위한 장소였습니다. 그런 장소를 시가 빼앗아 간 것입니다.

소송—더없이 소중한 장소를 지키기 위하여

2004년 7월 14일, '학교 어린이회' '지역 어린이회'에 참가 중이던 한국·중국·브라질·베트남·필리핀·태국·미국 등에 국적이나 뿌리를 가지는 아이들 50명은 다카쓰키시를 상대로 '학교 어린이회'의 폐지, '지역 어린이회'의 축소에 의해 큰 정신적 고통을 입은 것에 대한 위자료를 청구하는 소송을 오사카지방재판소에 제기했습니다.

원고들은 국적이 외국적이거나 부모와 그 조부모의 뿌리가 외국에 있는 등의 일본사회 소수자(마이너리티)에게는 일본이 비준한 국제인권규범의 규정—자유권규약 제27조, 사회권 규약 제13조, 어린이 권리조약 제30조, 인종차별 철폐조약 제2조 및 일본헌법 제26조, 「인권교육 및 인권계발의 추진에 관한 법률」 제5조에 따라 마이너리티 교육을 받고, 마이너리티 언어를 사용하고, 마이너리티 문화에 대해 적극적으로 배우는 환경을 향유할 수 있는 마이너리티 학습권(교육권)이 보장되어 있다고 주장했습니다. 그리고 '학교 어린이회'의 폐지, '지역 어린이회'의 축소에 따라 마이너리티 학습권(교육권)이 부당하게 침해당했다고 주장했습니다.

이 재판에서 '학교 어린이회' '지역 어린이회'에 참가하고 있던 아이들은 '학교 어린이회' '지역 어린이회'가 자신에게 소중하고 대체 불가능한 일본사회에서 살아가기 위한 용기와 힘을 주는 장소였음을, 다음과 같이 법원에 호소했습니다.

"학교에 어린이회가 있어서 재일 어린이들을 소중히 여기고 있다는 것을 느꼈습니다" (코리아·일본의 다문화 어린이)

"내가 이렇게 적극적으로 바뀔 수 있다고는 생각하지 못했어요. 일본에 처음 왔을 때는 웃지를 않았는데, 어린이회를 알게 되고 나서는 미소를 되찾은 것 같아요" "같은 필리핀인 친구가 생겼어요. 어린이회에서 가장 좋았던 일입니다. 뭔가 구원받은 느낌이었습니다." (필리핀 국적 어린이)

"지금까지 자신의 마음 속에만 담아 두었던 고민, 바보취급 당한 일이라든지 가족의 일도, 다른 사람에게는 말 못 해도 어린이회 친구들과 지도원 선생님께는 말할 수 있게 되었습니다. 정말 기뻤습니다." "학교에서 안 좋은 일이 있어도 어린이회 친구들이나 지도원 선생님께 이야기를 하고 상담을 받았습니다. 정말 기뻤습니다. 어린이회는 따뜻했습니다. 저는 일본에도 이런 장소가 있다는 것을 알았습니다. 일본인을 믿을 수 있을 것 같은 기분이 들었습니다." (중국 국적 어린이)

"차별이 있었을 때, 학교 선생님보다 어린이회 지도원 선생님이 이야기하기 쉽습니다. 학교 선생님께 상담 드리기 전에 어린이회 지도원 선생님이나 어린이회 친구들에게 상담합니다." "어린이회에서는 여러 나라에 대해 배웁니다. 어린이회에서는 태국인인 자신을 소중히 할 수 있습니다. 어린이회에 오면 안심이 됩니다. 큰 소리를 낼 수 있습니다. 마음이 자유로워집니다." (태국 국적 어린이)

"학교에서는 외국에 뿌리를 둔 사람은 별로 없다. 그래서 캠프나 합숙에 가면 똑같이 외국인인 친구들과 친해져서 기쁘다. 나 혼자가 아니라는 생각이 든다. 어린이회는 차별을 없애려고 생각하고 있다. 소중한 장소라고 생각한다." (미국·일본의 다문화 어린이)

"학교에서 일본어를 가르쳐 주지 않기 때문에, 중학교 때 수업을 따라갈 수 없어서 어린이회에 1주일에 2번 와서 공부를 했습니다. 지금은 야간 고등학교에 다니고 있습니다. 지금도 공부는 어렵습니다. 어린이회에서 지도원 선생님 도움을 받으며 열심히 하고 있습니다." (필리핀 국적 청소년)

그러나 오사카지방재판소는 2008년 1월 23일, 원고인 아이들의 호소를 기각하는 판결을 내렸습니다. 법원은 마이너리티 교육권이 보호해야 할 구체적인 권리가 아니기 때문에, '학교 어린이회'를 폐지하고 '지역 어린이회'를 축소한 다카쓰키시의 조치는 불법이 아니라는 판단을 제시했습니다.

원고들은 이 지방재판소의 판결에 대해 항소하여 다투었으나, 오사카고등재판소도 2008년 1월 27일, 항소를 기각하는 판결을 내렸습니다. 오사카고등재판소도 마이너리티 교육권이 구체적인 권리가 아니라는 오사카지방재판소의 판단을 답습했습니다. 고등재판소의 판결에 대해서도 최고재판소에 상고하여 다투었으나, 오사카지방재판소·오사카고등재판소의 판단을 뒤집지 못했습니다.

이후 다카쓰키시의 축소된 '지역 어린이회'는 계속되고 있으나, '학교 어린이회'는 재개되지 않고 있습니다. 학교 내에서 마이너리티 아이들을 지원하는 장소는 여전히 상실된 상태입니다.

국제기준에 등을 돌리는 일본 법원

원고들은 자유권규약·사회권규약·어린이의 권리조약·인종차별 철폐조약이라는 국제인권규범은 마이너리티 교육권을 보장하는 유엔총회와 조약기관에서 채택된 문서에 따라 해석되어야 한다고 주장했습니다.

예를 들어 자유권규약은 제27조에서 "종족적, 종교적 또는 언어적 소수민족이 존재하는 국가에서 해당 소수민족에 속하는 자는, 그 집단의 다른 구성원들과 함께 자신의 문화를 향유하고 자신의 종교를 믿고 실천하거나 자기 언어를 사용할 권리를 부정 받지 않는다"고 규정하고 있습니다. 이 규정에 대해 자유권규약의 실시를 감독하는 자유권규약위원회는, "입법, 사법 또는 행정의 어느 당국에 의하는지를 불문하고, 가입국 스스로의 행위에 대해서뿐만 아니라, 가입국 내의 다른 사람의 행위에 대해서도 적극적인 보호조치가 필요하다"는 문서(일반적 의견 23)를 채택하고 있습니다. 자유권규약 제27조의 해석에 대해서는 유엔총회에서 1992년에 '민족적 또는 인종적, 종교적 및 언어적 소수민에 속하는 사람들의 권리에 관한 유엔선언'(이하 "권리선언")이 채택되었으며, 유엔 내의 마이너리티작업부회 의

장에 의해 권리선언 각 조항의 해석을 상세히 기재한 해설서 '코멘터리'가 1997년에 제출되었습니다. 권리선언 제4조 제1항에서는 국가는 모든 인권과 기본적 자유를 법 앞에서 완전히 평등하게, 충분하고도 효과적으로 행사할 수 있도록 확보하기 위한 조치를 취할 것이 규정되어 있으며, 이에 관한 '코멘터리' 제55항에서는 "시한적인 적극적 차별 시정조치(affirmative action)를 취할 필요가 있다"고 기재되어 있습니다.

이와 같이 유엔총회와 조약기관에서 채택된 문서에서는 마이너리티가 자신의 언어를 사용하고 문화를 향유할 권리를 보호하기 위해 마이너리티가 소속된 국가가 적극적인 조치를 취해야 할 의무가 있다고 언급합니다. 그러나 오사카지방재판소·고등재판소는 유엔총회와 조약기관에서 채택된 문서에 법적 구속력이 없다고 하여 그러한 적극적인 조치를 취해야 할 의무는 국가나 지자체에는 없다는 판결을 선고했습니다. 최고재판소도 그 오사카 지방재판소·고등재판소의 판결을 추인했습니다.

이상과 같이 일본의 법원은 일본이 국제인권규범에 관한 유엔총회와 조약기관의 해석 및 의견과 다른 독자적인 해석을 해도 무방하다며 국제기준에 등을 돌리고 있습니다. 일본은 형사사법에 관해서도 유엔 회의에서 "중세의 방식" "국제표준에 맞출 필요가 있다"는 비판을 받고 여러 번 유엔의 개선권고를 받았으나, 거의 개선되지 않고 있습니다. 이처럼 국제인권법 분야에서도 국제수준에 등을 돌리는 사법의 자세는 다르지 않습니다.

《참고문헌(일본어)》

文部科学省総合教育政策局男女共同参画共生社会学習·安全課, 「外国人の子供の就学状況等調査結果(速報)」, https://www.mext.go.jp/content/

1421568_001.pdf, 2019年9月27日.

文部科学省総合教育政策局男女共同参画共生社会学習・安全課,「『日本語指
　　導が必要な児童生徒の受入状況等に関する調査(平成30年度)』の結果に
　　ついて」, https://www.mext.go.jp/content/1421569_002.pdf, 2019年9
　　月27日.

日本弁護士連合会,「国連拷問禁止委員会は日本政府に何を求めたか―自
　　由を奪われた人々への非人道的な取扱いの根絶を求めて」, https://
　　www.kodomosukoyaka.net/pdf/2013-UNC-against-torture.pdf, 2013年
　　9月24日.

《참고문헌(한국어)》

문부과학성 종합교육정책국 남녀공동참가 공생사회 학습・안전과,「외국인 어
　　린이의 취학상황 등 조사결과(속보)」, https://www.mext.go.jp/content
　　/1421568_001.pdf, 2019년 9월 27일.

문부과학성 종합교육정책국 남녀공동참가 공생사회 학습・안전과,「『일본어
　　지도가 필요한 어린이 학생의 수용상황 등에 관한 조사(2018년도)』의
　　결과에 대하여」, https://www.mext.go.jp/content/1421569_002.pdf,
　　2019년 9월 27일.

일본변호사연합회,「유엔 고문금지위원회는 일본정부에게 무엇을 요구했
　　는가-자유를 빼앗긴 사람들에 대한 비인간적인 취급의 근절을 요구
　　하며」, https://www.kodomosukoyaka.net/pdf/2013-UNC-against-
　　torture.pdf, 2013년 9월 24일.

김봉식(金奉植)

고등학교 무상화 재판—교육제도의 불평등

반복되는 조선학교에 대한 차별

조선학교는 전후 일본에 잔류한 재일조선인들이 조선어와 조선문화를 아이들에게 전하기 위해 만든 학교입니다.

학교교육법 제1조에 규정되어 있는 초등학교·중학교·고등학교와 동일한 세대의 학생들이 다니지만, 독자적인 교과서를 사용하고 조선어로 수업을 하기 때문에, 학교교육법 제1조의 학교와는 구별되고, 학교교육법 제134조의 '각종 학교'로 취급되고 있습니다. 초등학교와 동일한 세대들이 다니는 학교가 '초급학교', 중학교와 동일한 세대들이 다니는 학교가 '중급학교', 고등학교와 동일한 세대들이 다니는 학교가 '고급학교'입니다. 부속 유치원을 보유한 학교도 있습니다.

필자(김영철) 자신도 유치원부터 고급학교까지 조선학교를 나왔습니다. 조선학교에서는 일본어가 아닌 조선어를 일상적으로 사용하도록 지도받고 있으며 수업도 조선어로 합니다. '국어'는 조선어이고 일본어 수업도 있으니 2개의 언어를 익힐 수 있습니다. 모두 일본에서는 소수자이지만, 학교에서는 자신의 출신을 숨기지 않고 본명인 조선어 발음으로 서로를 부릅니다. 성적은 10점 만점 절대평가이기 때문에, 모두가 좋은 점수를 받을 수 있도록 친구들과 함께 공부하는 경우도 많아, 시험 기간에는 공부한 다고 말하고 친구 집에서 자는 것이 즐거움 중 하나이기도 했습니다. 동아리 활동도 활발하여 선생님의 열혈 지도를 받으면서 마음과 몸을 단련할 수 있습니다. 조선학교에 함께 다닌 친구들과의 유대감은 강한 편으로, 곤란한 일이 생기면 서로서로 돕는 관계가 되어 갑니다. 처음 만난 사람이어도 그 사람이 조선학교 출신일 경우, 그 사실만으로 안심하고 친해질 수 있는 신기한 점도 있습니다.

다만 조선학교에 다니면서 불합리한 차별을 몇 번 경험했습니다. 필자는 고급학교까지 축구부 소속이었는데, 당시 전국 고등학교 선수권대회 예선에 대한 출전자격이 없었습니다. 똑같이 동아리 활동을 하고 평소에는 연습경기를 하는 학교의 학생과도 전국대회를 목표로 하는 공식전에서는 싸울 수 없었습니다.

또한 대학입학시험을 치르기 위한 수험자격이 없었습니다. 그래서 대학 입학시험을 보기 위해서는 대학입학자격검정(대검)에 합격해야 했으며, 조선 초급학교·중급학교 출신자는 의무교육을 받지 않았다는 이유로 대검 수험자격도 없었습니다. 어쩔 수 없이 고급학교 입학과 동시에 야간 고등학교에도 입학하는 것을 통해 겨우 대검을 볼 수 있었습니다. 대검을 봐서 12과목 합격해야 대학 입시를 치를 자격을 취득할 수 있었습니다. 조선어로 수업을 받았다 하여도 학습한 내용은 기본적으로 동일한데 왜 수험자격조차 없는지 매우 불합리하다고 생각했습니다. 경쟁해서 지는 것이라면 납득할 수 있으나 경쟁조차 어렵게 하는 것은 차별이 틀림없다고 느꼈습니다.

이후의 학생·보호자·조선학교 관계자·지원자들의 노력으로 지금은 이러한 차별이 대폭 개선되었으나, 고등학교 무상화 등의 제도가 신설될 시에 유사한 차별이 또다시 반복되게 됩니다.

'고등학교 무상화' 제도에서의 배제

2010년 3월, 「공립 고등학교에 관한 수업료의 부징수 및 고등학교 등 취학지원금의 지급에 관한 법률」(이른바 '고교 무상화법')이 성립되었습니다. 법의 목적은 "고등학교 등에 있어서의 교육에 관한 경제적 부담의 경감을 도모하고, 이로써 교육의 기회 균등에 기여하는 것"(제1조)에 있으며, 외국인 학교에 다니는 학생에게도 평등하게 취학지원금을 지급하는 제도였습니다.

다만 각종 학교에 해당하는 외국인학교에 다니는 학생이 취학지원금의 지급을 받기 위해서는 그 학생들이 다니는 교육시설이 문부과학대신으로부터 취학지원금 지급대상학교로 지정을 받을 필요가 있었습니다.

전국의 조선 고급학교 10개 학교도 지정을 받기 위한 신청을 했는데, 2년 이상이나 심사결과가 나오지 않았습니다. 이 사이에 조선학교 이외의 외국인학교는 신청을 한 모든 학교가 지정을 받았으나 조선학교에 대해서만 결과가 나오지 않는 상태가 이어졌습니다.

그리고 2012년 12월, 정부는 각 조선 고급학교를 취학지원금 지급대상으로 지정하지 않겠다는 방침을 굳혔습니다. 이러한 가운데 전국 각지에서 변호단이 결성되었고, 필자도 오로지 후배들에게 불합리한 차별을 겪게 하고 싶지 않다는 마음으로 변호단에 합류했습니다.

2013년 1월, 오사카에서는 오사카 조선고급학교를 운영하는 학교법인 오사카 조선학원(大阪朝鮮学園)이 국가를 상대로 언제까지나 결론을 내리지 않는 부작위에 대한 불법확인과 지정의 의무화를 요구하는 행정소송을 제기했습니다.

동시에 아이치(愛知)에서도 아이치 조선 중고급학교의 고등부에 다니는 학생·졸업생들이, 고교 무상화 제도에서의 배제는 불법이라며 국가배상

청구소송을 제기했습니다.

당시 시모무라 하쿠분(下村博文) 문부과학대신은 제1회 기일 전인 2013년 2월, 조선고급학교가 지급을 받기 위한 근거규정인 '고등학교 무상화법' 시행규칙 제1조 제1항 제2호 다항(소위 '다항의 규정')을 삭제함과 동시에, 각 조선학원에 대해 부지정 처분을 실시했습니다.

이후, 도쿄(東京)·히로시마(広島)·후쿠오카(福岡)에서도 조선학원 또는 조선고급 학교에 다니는 학생이, "고등학교 무상화" 제도에서의 배제는 불법이라는 소송을 제기했습니다.

필자는 오사카 사건의 변호단 소속이었기 때문에, 본고에서는 주로 오사카 사건에 대해 다루겠습니다.

국가와의 싸움

문부과학대신의 부지정 처분에 따라 결과가 나오지 않는 부작위 상태는 해소되었으므로, 오사카(大阪)변호단은 즉시 소를 부작위의 위법 확인에서 부지정 처분의 취소소송으로 변경하였고, 같은 해 3월 제1회 기일을 맞이했습니다.

법정에는 수많은 당사자·지원자들이 몰려들었습니다. 만석이었던 대법정에서 변호단은 소장 등의 요지 진술을 하였고, 학원 이사장이 의견 진술을 하였습니다. 그 내용은 "교육의 기회 균등을 목적으로 하는 제도에서, 일본에서 태어나 자란 학생들이 영향을 받을 리가 없는 외교적·정치적인 문제에 의해 불이익을 주는 것은 차별의식을 조장하는 중대한 인권침해 행위"임을 주장한 것이었습니다. 변호단은 매번 대법정의 방청석을 메워 주는 당사자·지원자들 앞에서 제출한 준비서면의 요지를 진술함으로써 재판관뿐만 아니라 당사자·지원자들에게도 제출한 서면의 요지를 전달했습니다.

이에 대해 국가 측은 조선학교를 나쁘게 말하는 단체나 신문기사 등을 대량으로 제출하여 조선학교에 대해 안 좋은 인상을 갖게 하는 주장, 입증을 했습니다. 이에 변호단은 판결을 내릴 재판관이 편견을 가져서는 안 될 것이라 생각하여, 조선학교에 다니는 학생들의 모습을 정확하게 전달하는 신문기사·잡지·팸플릿 등을 적극적으로 제출해 나가기로 했습니다.

또한 국제기관이나 일본국내의 인권단체, 각 변호사회의 성명, 각 신문의 사설에 있는 조선학교에도 평등하게 취학지원금을 지급해야 한다는 다수의 의견서 등을 제출하기로 했습니다. 나아가 학생과 보호자 등 사람들의 비통한 생각을 알리기 위해, 학생과 졸업생의 이야기를 청취한 진술서를 다수 작성·제출함과 동시에, 당시의 오사카부(大阪府) 관내에 있던 전 초급학교(7개소)·중급학교(2개소)·고급학교(1개소)에 다니고 있는 모든 보호자를 대상으로 설문조사를 실시하여(대상이었던 776세대 중 696세대로부터 회수함), 이를 분석한 이지치 노리코(伊地知紀子) 교수의 의견서와 함께 법원에 제출했습니다. 설문조사 결과에 따르면 생활이 '힘들다' '조금 힘들다'고 답한 가구가 전체의 87%에 달했습니다. 자유기술란에도 학비 등의 교육비용을 마련하기 위해 아르바이트 시간을 늘리거나 주변 물건을 줄이고 있다는 기재도 있었습니다. 보호자들은 경제적으로 어려운 가운데 아이들에게 민족의 언어와 문화를 배우게 하여 자기긍정감을 심어 주기 위해 필사적으로 조선학교에 보내고 있음을 알았습니다. 자유기술란에는 "대북정책에 대한 비난의 방향을 학교와 교육으로 돌린 것에 분노를 느낍니다. 학생이나 보호자가 '차별받는 학교구나'라며 비하하거나 잘못된 인식을 갖게 될까 봐 두렵습니다. 자기자신이나 속하는 것에 대해 부정하면 살아가는 과정에서 힘들 것입니다."라는 기재도 있었습니다.

결 심

2016년 10월의 심문기일에는 학교에서의 학생들의 모습을 촬영한 DVD를 상영한 후, 본인심문·증인심문이 행해졌습니다. 공부와 동아리 활동에 매진하는 고등학생의 모습이 보였고, 국가제도에서 차별적으로 배제되어 상처를 입게 될 것에 대한 슬픔과 분노를 눈물을 흘리며 이야기 했습니다. 전(前) 조선학교 교원은 마지막으로 말하고 싶은 일이 있느냐는 질문에 다음과 같이 답변하였습니다.

"조선학교라는 장소는 정말 나에게 친구를 만들어주고, 말을 주고, 정말 내가 믿어야 하는 것, 여러 자부심을 준 정말 중요한 장소입니다. 그것을 정말 국가나, 정말 우리가 어떻게 할 수 없는 것들을 들어서 여러모로 판단을 당해 버리는 것이 매우 슬픕니다. 그러니까 다시 한번 이 재판을 통해 상처를 받는 것은 아이들이라는 점, 17세, 18세의 정말 자기 자신만 생각하면 되는 그런 아이들이 이 문제로 인해 계속 6년간, 졸업해도 그 상처가 결코 치유되지 않았다는 점, 그리고 아마 앞으로도 그런 일이 있을 수 있겠지 라고 계속 생각해야 한다는 점, 그것만은 잊지 말아 주셨으면 합니다."

이후 2017년 2월의 제19회 기일에서는 양측이 최종준비서면을 진술한 후 심리가 종결되었습니다. 원고 측 준비서면은 심문결과도 고려하여 지금까지의 주장을 전면적으로 전개한 165면의 대작이었습니다. 변호단이 요지를 진술하는 동안 재판관이 진지하게 경청하는 모습이 엿보였습니다. 이날 심리가 종결되었고 판결은 7월에 선고되었는데, 그 사이에 히로시마(広島)지방재판소에서는 오사카보다 뒤에 심리가 종결했음에도 불구하고, 먼저 원고 패소 판결이 선고되었습니다.

환희의 대법정

2017년 7월 28일 오전 11시 정적이 감싼 오사카지방재판소 202호 법정에서 재판관의 목소리가 울려 퍼졌습니다. "판결을 선고합니다. 주문, 문부과학대신이 원고에 대해 2013년 2월 20일자로 행한 '2013년 문부과학성령 제3호에 따른 개정전 공립고등학교에 관한 수업료의 부징수 및 고등학교 등 취학지원금의 지급에 관한 법률 시행규칙 제1조 제1항 제2호 다항'의 규정에 근거한 지정을 하지 않는 취지의 처분을 취소한다. 문부과학대신은 원고에 대해, 오사카 조선고급학교에 대해 '2013년 문부과학성령 제3호에 따른 개정전 공립고등학교에 관한 수업료의 부징수 및 고등학교 등 취학지원금의 지급에 관한 법률 시행규칙 제1조 제1항 제2호 다항'의 규정에 근거한 지정을 하라. 소송비용은 피고의 부담으로 한다."

재판관이 주문을 읽은 직후에 방청석에서는 자연스럽게 박수가 일었고, '좋아!'라는 소리와 함께 거의 전원이 일어섰습니다. 변호 단은 서로 악수를 나누었고, 제2교복인 치마저고리를 입고 방청석에 있던 여학생들은 서로 손을 꽉 잡고 기쁜 눈물을 흘리고 있었습니다. 불과 몇 분간의 일이었는데, 역사적인 전면승소 판결이 전해진 법정 내에는 감격하는 사람들의 눈물과 미소가 넘치는 꿈과 같은 무대가 되었습니다.

히로시마의 패소 판결을 받고, 더 이상 사법에 기대할 수 없다는 분위기가 감돌고 있던 가운데 내려진 오사카지방재판소의 판결은, 문부과학대신의 부지정 처분을 취소하고 오사카 조선고급학교를 취학지원금 지급대상 학교로 지정할 것을 문부과학대신에 의무화한다는 획기적인 원고 전면승소 판결이었습니다.

이날의 판결보고집회에는 700명에 달하는 분들이 참석하여 흥분하면서 승소의 기쁨을 나누었습니다. 그중에서도 오사카 조선고급학교 2학년 학생이 다음과 같은 연설을 하여 회장 전체가 감동에 휩싸였습니다.

"거리에 넘쳐 나는 혐오발언, 고등학교 무상화 재판, 보조금 재판으로 이어지던 중 우리가 조선인으로 살아가는 것이 이렇게 어려운 일인 것인가 생각하였고, 또 순도 100%가 아니라고 외부인 취급하는 최근 뉴스를 보면서 정말 불안감이 커지기만 했습니다. 오늘 재판을 들으면서 우리는 손을 잡고 부둥켜안고 울었습니다. 드디어 우리 존재를 인정받았다, 우리는 이 사회에서 살아가도 된다고 그렇게 말해 주는 것 같았습니다. 차별은 차별을 낳습니다. 차별 이외의 아무것도 낳지 않습니다. … 이 오사카, 일본, 그리고 세계가 편견이나 차별이 없고 모두가 평등하고 당연한 인권이 지켜지는 세상이 되기를 바랍니다. 그리고 저는 그런 세상을 만들어 나가는 일원이 될 수 있도록 앞으로도 '우리학교'에 다닐 것입니다. 저는 이 오사카에서, 일본에서, 우리학교에 다니는 재일코리안이 본명으로 당당하게 살아가고, 어느 나라, 어느 민족의 일원이라 하여도 당당하게 살아갈 수 있는, 여러 사람들이 서로 도우며 사는 그런 멋진 사회가 되기를 진심으로 바라면서, 이를 위한 가교와 같은 존재가 되고자 합니다."

오사카지방재판소 판결의 내용

오사카지방재판소 판결은 우선 문부과학대신이 신청을 위한 근거규정('다항'의 규정)을 삭제한 것의 위법성에 대해 판단했습니다.

오사카지방재판소 판결은 문부과학대신이 취임 후 납치문제의 진전이 없다는 등의 이유로 규정을 삭제한 것 등을 들며, 이것이 법의 목적인 교육의 기회균등과는 무관한 외교적·정치적 판단에 근거한 것이기 때문에, 고등학교 무상화법에 따른 위임의 취지에 반하는 것으로서 위법·무효라 판단했습니다.

또 다른 하나의 큰 쟁점은, "규정 제13조에 적합하다고 인정하기에 이르지 않았다"는 이유에 대해서입니다.

지정을 위한 심사기준이 되는 '규정'에는, 수업연한과 수업시간, 교직원 수 등의 객관적으로 판단 가능한 사항이 주로 규정되어 있는데, 제13조는 "전조에 규정한 것 외에 지정교육시설은 고등학교 등 취학지원금의 수업료에 관한 채권의 변제에 대한 확실한 충당 등 법령에 근거한 학교운영을 적정하게 실시하여야 한다"는 추상적인 규정으로 되어 있습니다. 국가는 조선학원이 북한이나 조선총련으로부터 '부당한 지배'(교육기본법 제16조 제1항)를 받고 있지 않다는 확증이 없어 학교 운영의 적정성에 대해 인정하기에 충분하지 않다는 식의 주장을 해 왔습니다. "인정한다"도 아니고 "인정하지 않는다"도 아니고, "인정하기에 이르지 않았다"는 애매한 결론으로 배제된 것입니다. 이러한 결론도 문부과학대신의 재량 범위 내이므로 위법이 아니라고 주장해 온 것입니다.

그러나 오사카지방재판소 판결은 교육의 기회균등 관점에서 취학지원금을 받는 것에 대해 사법적 구제의 필요성이 높다는 점 등에 비추어 볼 때 문부과학대신의 재량권을 인정하여서는 아니 된다고 했습니다. 또한 교육기본법 제16조 제1항의 '부당한 지배'에 대해서도, 교육기본법 제16조 제1항이 특히 교육에 대한 행정권력의 개입을 경계하여 이에 대한 억제적 태도를 표명한 것이라는 최고재판소 판례를 인용하며, 행정권력의 과도한 개입을 방지하는 관점에서도 '부당한 지배'의 판단에 문부과학대신의 재량은 인정되지 않는다고 하였습니다.

그리고 규정 제13조에 적합한지 여부에 대해서는 ① 법에 따라 재산목록·재무제표가 작성되고 있다 ② 이사회 등도 개최되고 있다 ③ 5년 이내에 법령위반 처분을 받지 않았다 라는 다른 외국인학교와 동일한 조건이 충족되고 있으면, 다른 특별한 사정이 없는 한 기준에 적합하다는 틀을 채택했습니다. 또한 오사카 조선고급학교가 재일조선인 자녀에 대해 민족교육을 실시하는 것을 목적 중 하나로 삼고 있는바, 모국어와 모국의 역사 및 문화에 대한 교육은 민족적 자각 및 자존감을 양성하는 데 있어 기본적인 교육이라고 인정한 후, 조선학교와 조선총련 간에 자주성을 탈환하는 등의 지배가 미치고 있다고는 인정되지 않으므로 '부당한 지배'라고 할 수 있는 '특별한 사정'도 없으니, 오사카 조선고급학교는 규정 제13조에 적합하다고 판단했습니다.

따라서 문부과학대신의 부지정 처분은 위법으로 취소되는 점, 심사기준을 충족하기 때문에 지정이 의무화되어야 한다는 점이 인정되었습니다.

오사카고등재판소에서의 심리

2017년 12월에 행해진 항소심 제1회 기일에는 국가 측으로부터 이례적인 의견 진술이 있었습니다. 마지막 문장은 "또한 피항소인이 제출한 답변서의 주장에 대해서는 차회 기일까지 상세한 반론을 준비할 예정입니다"라고 마무리되어 있었습니다. 오사카 조선학원 측에서는 신속한 심리 종결을 요구하였음에도 불구하고 법원은 심리를 종결하지 않았고 제2회 기일이 설정되었습니다.

2018년 2월에 행해진 제2회 기일에는 양측에서 더 이상 주장 입증할 것이 없다고 하였음에도 불구하고, 법원은 당사자 쌍방에 대해 법원이 지적하는 논점(부지정처분에 관한 행정재량과 '부당한 지배'와의 관계)에 대해 더 주장 입증하도록 요구해 왔습니다. 그리고 2018년 4월의 제3회 기일이 열렸고 심리가 종결되었습니다.

역전 패소

2018년 9월 27일, 오사카고등재판소에서 항소심 판결이 내려졌습니다. 결과는 원판결을 취소하고 조선학원의 청구를 기각하는 것이었습니다. 오사카고등재판소는 본건이 심사기준 적합성의 문제라고 하면서 "규정 제13조에 적합하다고 인정하기에 이르지 않았다"는 이유에 대해서만 판단했습니다.

조선학원이 '법령에 근거한 적정한 학교운영'을 하고 있는지 여부에 대해 교육기본법 제16조 제1항의 '부당한 지배'가 이루어지고 있지 않은지 등에 관한 사정을 판단요소로 고려하여야 한다며 그 판단에 문부과학대신의 재량이 인정된다고 했습니다. 그리고 국가 측이 제출한 조선학교에 대한 안 좋은 인상을 갖게 하는 증거들을 그저 나열하고서, 오사카 조선고급학교가 교육의 자주성을 왜곡하는 지배를 받고 있다는 합리적인 의심이 존재한다고 판단한 문부과학대신의 부지정처분은 위법이 아니라고 하였습니다.

오사카 조선학원은 오사카고등재판소에서의 패소 판결에 대해 상고 및 상고수리신청을 했습니다. 그러나 2019년 8월 최고재판소는 실질적인 이유를 아무것도 쓰지 않은 채 상고를 기각하고, 상고수리신청을 수리하지 않겠다는 결정을 했습니다.

끝나지 않는 싸움

오사카·아이치(愛知)·도쿄(東京)·히로시마·후쿠오카(福岡)에서 제기된 '고등학교 무상화' 재판은, 오사카지방재판소에서의 승소 판결을 제외하고는 모두 원고 측이 패소하였습니다. 그러나 교육제도에서의 불평등이 허용될 리 없습니다. 오사카에서는 매주 화요일, 오사카부청 앞에서 조선학교에 대한 평등한 취급을 요구하는 지원자들에 의한 화요행동이 이루어지고 있고, 도쿄에서도 문부과학성 앞에서 마찬가지로 금요행동이 매주 행해지고 있습니다. 아이들의 교육에 대해 평등한 권리를 획득할 수 있을 때까지, 지원자·보호자들의 목소리가 멈추는 일은 없을 것입니다.

김영철(金英哲)

제8장

혐오발언·혐오범죄와의 싸움

교토(京都)조선학교 습격사건 — 겁먹은 아이들

세계인권선언에서 이렇게 말합니다. "모든 사람은 자유로운 존재로 태어났고, 똑같은 존엄과 권리를 가진다"라고. 나는 여기서 말하는 '사람'일까? 그렇게 생각하게 한 사건이 있었습니다.

2009년 12월 4일, '재일 특권을 허용하지 않는 시민들의 모임'(이하 '재특회'), '주권회복을 목표로 하는 시민들의 모임' 등의 구성원 열몇 명이 구 교토조선제일초급학교[교토시 미나미구 가미토바칸진바시쵸(京都市南区上鳥羽勧進橋町)]에서 확성기를 사용하며 "조선학교 따위는 학교가 아니다" "스파이 양성기관" "일본에서 나가라! 아이들이라니, 이런 건 스파이의 아이들이잖아!" "약속이라는 건 사람끼리 하는 거에요. 사람과 조선인 간에 약속은 성립하지 않습니다"라는 등 1시간 이상에 걸쳐 소리를 지른데다가 학교 소유물을 파괴하는 등의 혐오 시위를 벌였습니다. 비슷한 종류의 혐오 시위는 2010년 1월, 3월에도 연이어 행해졌으며, 모두 그 모습을 녹화한 동영상이 인터넷상에 업로드 되었습니다. 필자(구량옥)는 이 학교의 졸업생으로서 피해를 입은 학교 변호단으로 참가하여 약 5년에 걸친 민사재판 투쟁 끝에 최고재판소에서 승리했습니다. 이렇게 말하면 마치 용감한 이야기인 양 들리지만 전혀 그런 게 아닙니다. 나는 지금도 당시의 일, 재판, 그리고 현재 일본의 혐오 상황을 생각하면 가슴이 아픕니다. 그 사건을

'승리'로서 잊기는커녕, 뇌리에 박혀 잠을 이루지 못하는 날도 있습니다. 약한 자신에게 화가 납니다. 이 글은 그러한 한심한 어느 재일코리안 변호사의 이야기입니다.

사건의 발단과 충격

저는 2009년 12월에 변호사가 되자마자 이 사건에 관여하게 되었습니다.

사건의 발단은 2009년 11월, 당시 사법연수생이었던 제게 어느 재일코리안 분이 메일로 동영상 링크를 보내 주신 것에서 시작되었습니다. 그것을 클릭해 보았더니 당시에는 이름조차 들어본 적이 없던 단체(재특회) 구성원들이 제 모교 앞에 있는 공원을 '시찰'한다며 방문하여 조선학교를 가리키며 "이 녀석들 쫓아낼까요?" "12월 초순에"라는 등 소위 건달들처럼 말하는 모습이 찍혀 있었습니다. 저는 초중고를 조선학교에 다녔는데 제가 학창시절, 우익단체의 가두선전 차량이 학교 근처를 배회하거나, 낯선 어른이 조선학교 아이에게 폭언을 하는 등의 일은 적지 않게 있었습니다. 그래서 재특회의 습격 예고 동영상을 보았을 때도 '또 시작했다' '정말 올까?'라는 막연한 생각만 들었습니다.

당시의 저는 다음 달에 변호사 등록을 앞둔 신분이었습니다. 취할 수 있는 법적 조치로서 가처분, 고소 등 여러 가지를 생각하기는 했으나, '아니야, 지금까지도 자주 있던 일이잖아' '괜찮을 거야'라며 불안한 생각을 덮었습니다. 한편 그들이 지금까지와는 다르게 인터넷을 사용하여 당당히 습격 '예고'를 하고 동료를 모집하고 있는 점에 위화감을 느꼈고, 불길한 예감도 든 것을 기억하고 있습니다.

며칠 후 12월이 되어 저는 무사히 제 꿈이었던 변호사가 되었습니다. 기분도 상쾌하고 매일 설레이는 마음이었습니다. 그러던 어느 날, 또다시 한

통의 메일을 받았습니다. 그 내용은 그들이 정말 학교를 습격하러 왔다는 것을 알리는 것이었습니다. 저는 심장이 마구 뛰었습니다. 바로 그 메일에 기재되어 있던 링크를 눌러 서둘러 재생했습니다. 익숙한 학교 건물과 선생님의 모습. 동시에 큰 소리로 흘러나오는 고함소리. 바로 재생을 중단했습니다. 엄청난 일이 일어나 버렸다는 생각이 들었습니다.

저는 그날 부모님이 잠드신 후 심야에 조용히 혼자 노트북을 열어 위 링크를 눌러 재생했습니다.

"빨리 열어 이것들아!!"

교문을 열도록 그들 중 한 명이 외쳤습니다.

"여기는 학교이니까요" 이것이 유일한 학교 측의 발언이었습니다. 말이 끝나기도 전에 고함소리가 이어졌습니다.

"학교? 학교교육법에 따르지 않았잖아! 여기는 자동차교습소 등의 각종 학교와 같은 취급!" "조선학교 따위는 학교가 아니다!" "스파이 양성기관" "개차반 조선학교를 일본에서 내쫓아라! 우습게 보지 마라 이것들아! 내쫓아라!" "나가라! 뭐가 아이들이야, 너 스파이의 아이들이잖아!" 그들은 확성기를 사용하여 귀를 찌르는 듯한 큰 소리로 계속 소리를 질렀습니다.

학교의 신고를 받고 달려온 경찰관들은 그들을 체포하기는커녕 방관할 뿐이었습니다. 그들의 행동은 더욱 격화되어 갔습니다. 학교가 설치한 스피커 선을 절단하고, 조례대를 이동시켜 교문을 치기 시작했습니다. 사건이 일어난 것은 12월 4일 오후 1시, 당시 학교 건물 안에는 초등학교 1학년부터 6학년 연령의 아동들이 점심을 먹고 타 학교와 교류회를 열고 있던 중이었습니다. 아이들은 공포와 불안에 겁을 먹었고 울음을 터뜨리는 아이도 있었습니다.

도망치고 싶다

나는 이때 이 동영상을 몇 번씩 재생하다가 멈추고, 재생하다가 멈추고를 반복하면서 끝까지 보았습니다. 손은 떨리고 서서히 눈물이 맺혀 시야를 가렸습니다. 그래도 저는 음성 볼륨을 높여 그들이 무슨 말을 하는지 필사적으로 청취하려고 했습니다.

"학교가 아니다" "스파이의 아이" "내쫓자" "바퀴벌레" "김치 냄새난다" …

저는 여러 번 반복하여 이 말들을 들었습니다.

사람이 아니다, 학교가 아니다, 이런 말은 돌이켜 보면 제가 이제까지 들어온 말이기도 했습니다. 어른이 되어도 변호사가 되어도 저는 결국 여기서 벗어날 수 없다는 생각에 양손으로 얼굴을 감싸고 목 놓아 울었습니다. '또야' '미안하다' 그렇게 생각했습니다.

저는 한순간에 과거의 자신으로 되돌아간 것 같았습니다. 한반도 정세에 대해 부정적으로 보도될 때마다 조선학교에 다니는 여학생들의 치마저고리가 표적이 되었습니다. 통학로에서 치마저고리가 커터 칼로 찢기는 사건이 일어나거나, 저 스스로도 "죽어!" "돌아가!"라는 폭언을 듣거나, 전철을 타려고 하는 와중에 누가 머리카락을 당긴 폭행을 당하기도 했습니다. 그때마다 '운이 나빴다' '우연이겠지'라며 그렇게 자신을 진정시켜 왔습니다. 그러나 이번 사건은 나의 그러한 경험들이 우연이나 운이 나빴던 것이 아니라, 자신은 이러한 공격과 증오를 받는 일에서 평생 벗어날 수 없다는 현실을 확신하게 하기에 충분한 것이었습니다.

그리고는 머리를 식히고 "이런 사건이 있었다고 한다"며 다른 사람의 일인 양 주변 변호사와 지인들에게 알렸습니다. 바라건대 슈퍼히어로와 같은 변호사가 나타나서 "너무한다! 용서할 수 없다!"라고 앞장서서 법적 행동을 취해 주기를 기대하는 마음이 컸던 것 같습니다. 사회의 반응이 무섭다는 생각도 들었습니다. 한심하게도 나는 '이제 연관되고 싶지 않다' '도망치고 싶다'는 현실도피하고 싶은 마음 쪽이 강했던 것입니다.

멈추지 않는 습격

한편, 당시 학교에 있던 아이들을 생각하면 견딜 수 없는 기분이 되기도 했습니다. 그들은 습격 직후에 동영상을 올렸고, 아이들은 집에서 동영상을 보고 다시 한번 상처를 입었습니다. "조선인라는 게 나쁜 말이에요?" "우리가 뭔가 나쁜 짓을 한 거예요?"라며 부모님께 질문을 하는 아이들도 있었습니다. 이불에 오줌을 싸거나, 진정하지 못하고 불안한 모습을 보이는 아이들도 나왔습니다.

그러던 와중에 첫 번째 습격에서 약 1개월이 지난 2010년 1월, 두 번째 습격 예고가 인터넷상에 올라왔습니다. 학교는 긴급 보호자회의 및 교원회의를 열어 어린이들의 안전확보를 위해 습격예정일에 과외활동에 나갈 준비에 바빴습니다. 행정 및 경찰은 결코 협조적인 태도를 보이지 않았습니다.

나는 가만히 있을 수가 없어서 교토의 변호사들을 중심으로 뜻이 있는 변호사들이 모여 만들어진 변호단에 합류하기로 했습니다. 변호단은 어떻게든 두 번째 시위를 막으려고 경찰·행정에 대한 지원요청, 검찰에 대한 고소, 민사가처분 등 다양한 법적 수단을 검토·준비해 나갔습니다. 그러나 두 번째 혐오 시위도 막을 수 없었고, 학교 앞에서 실시되었습니다. 피해 당사자들은 우리에게는 인권도 없다며 절망했습니다.

재특회는 연이어서 세 번째 습격 예고를 인터넷상에 올렸습니다. 그러한 가운데 드디어 교토지방재판소는 재특회 등이 학교의 반경 20미터 이

재특회의 습격을 당한 교토조선제일초급학교 (당시)

내에서 가두선전 활동 등을 하는 것을 금지하는 가두선전 금지 가처분명령을 3월 24일에 발령하였고, 이 명령이 재특회에 송달되었습니다. 당사자와 변호단은 조금 안도했습니다.

그런데 그로부터 4일 후인 3월 28일, 그들은 법원의 가처분명령을 무시하고 학교에 대한 혐오시위를 벌였습니다. 2번째·3번째 혐오 시위는 "바퀴벌레 버려지 조선인" "개가 더 똑똑하다" "보건소에서 처분해라" "불량선인" 등 살인 예고와 노골적인 모욕 용어를 외치는 등 과격함이 더해진 것이었습니다.

갈등과 깨달음

당사자는 절망했습니다. 경찰은 범죄행위를 목격하고도 방관할 뿐이고, 검찰도 고소장 수리를 거부했습니다. 그들은 민사 가처분명령도 무시했습니다. 이제 남은 것은 민사소송 제기를 할 수 있다는 것이었습니다. 그런데 민사재판은 시간이 걸리는데다 주장 입증을 위해 피해의 고통을 반복해서 떠올려야 하기에, 당사자들에게 큰 고통을 강요하는 것이었습니다. 게다가 재일코리안에 대한 차별 사안에 대해 일본 법원이 그것을 올바르게 판단할지 라는 사법에 대한 불신도 있었습니다.

나 자신을 되돌아보면, 이 학교 앞에 있는 간진바시(勸進橋)아동공원을 학교가 운동장으로 사용해 온 점이 신경이 쓰였습니다. 제가 이 학교에 다니던 시절에는 여기가 운동장이 아니라 공원이고 이웃 주민들과 사이 좋게 함께 사용해야 한다는 것을 이해하고 있었습니다. 이후의 재판 과정에서 학교가 이 공원을 사용하고 있던 것은 자치단체연합회·교토시·학교 간 3자협의에 따른 합의에 근거한 것이었음이 밝혀졌습니다. 그러나 나는 재특회가 이 공원을 학교가 사용하고 있는 것을 '바로잡겠다' '돌려받겠다'고 외치는 것을 듣고, '왜 공원을 사용했을까? 공원만 사용하지 않았으면'이라며 스스로를 비난하는 심정이 된 것도 사실이었습니다.

이때 변호단 중 한 명이 한 발언으로 문득 나는 정신을 차렸습니다.

"구 변호사, 이건 공원 이야기가 아니야. 차별 이야기지"

나는 머리를 한 대 맞은 것 같았습니다. 나는 그때까지 받았던 너무나도 부당한 차별과 증오 속에서 어느새 자신에게 그 원인이 있다고 생각하려고 했음을 깨달았습니다. 그리고 그러한 생각은 더 나아간다면 재일코리안으로 태어나지 않았으면 이라는 생각으로 이어질 위험도 있습니다. 그래, 내가 나쁜 게 아니야, 이건 용서받지 못할 차별과의 싸움이야, 이렇게 깨달은 순간이었습니다.

민사소송에서의 '승리'

학교관계자·보호자·변호단은 논의를 거듭하여 마침내 "더 이상 불합리한 차별을 허용할 수 없다"고 당사자들이 눈물을 흘리며 일어나, 2010년 6월 교토지방재판소에 손해배상청구소송을 제기했습니다. 정말이지 고통스러운 결단이었습니다.

우리 주장의 기둥은 2개였습니다. 혐오 범죄(증오 범죄)인 점, 민족교육권의 침해인 점. 주장 입증은 험난했습니다. 당사자는 그때까지의 피차별 체험, 사건의 아픔을 몇 번씩 기억하여 변호단에게 털어놓고, 법원에서도 이야기를 하고, 차별을 다시 체험했습니다. 학생시절에 배웠던 선생님으로부터 진술을 청취하는데, 나는 가슴이 찢어질 것 같았습니다. 우리의 마음은 하나였습니다. 다시는 이런 사건이 일어나지 않도록 해야 한다!

모두가 마른 침을 삼키며 지켜보는 가운데, 제1심 교토지방재판소는 2013년 10월 7일 획기적인 판결을 내렸습니다. 처음으로 인종차별철폐조약을 인용하며 재일코리안에 대한 '차별'임을 인정하고 12,000,000엔이 넘는 손해배상을 명령한 것입니다. 이 판결은 일본을 포함하여 전 세계에서 보도되었습니다. 오사카고등재판소는 이 1심판결을 유지하고 한층 더 나아가 조선학교가 일본사회에서 '민족교육을 할 이익'을 보유하고 있다는 점도 언급했습니다. 2014년 12월 최고재판소 확정으로 '승리'가 확정되었습니다.

하지만 당사자가 입은 피해, 어린이들의 마음의 상처는 사라지지 않습니다. 교토조선제일초급학교는 재판이 한창 진행 중이던 2013년 3월에 폐교가 되었습니다. 변호단도 '승리'의 기쁨보다는 다행이라는 생각이 강하였고, 판결 후의 보고집회에서는 당사자들과 부둥켜안고 울었습니다. 나는 판결문 중 재특회 등 세 번의 가두선전활동 및 영상공개가 "재일조선인이라는 민족적 출신에 근거한 배제이며, 재일조선인의 평등한 입장에서의 인권 및 기본적 자유의 향유를 방해하는 목적을 가진다"는 부분에서 눈물을 멈출 수가 없었습니다.

끝나지 않는 싸움

이 사건은 2016년 6월에 시행된 이른바 혐오발언 해소법 및 지자체에서의 혐오발언 대책조례 성립 등의 계기가 되었다고 할 수 있습니다.

그런데 이후 일본의 헤이트 상황은 악화되고 있다고 하지 않을 수 없습니다. 실제로 전술한 교토사건에서 중심적 역할을 한 어느 재특회 전(前)간부는, 교토사건으로부터 1개월 후인 2010년 4월에 도쿠시마현(德島県) 교직원조합 습격사건(이 책 302면 참조)을 일으켜 위력업무방해·기물손괴·모욕죄 등으로 유죄 판결을 받았으며, 그 집행유예 기간에 또 혐오시위 사건을 일으킨 것으로 인해 감옥살이를 하게 되었습니다. 그러나 출소 후 1년이 채 지나지 않았던 2017년 4월, 다시 교토조선제일초급학교 터에서 "일본인을 납치한 조선학교"라는 등 확성기를 사용하여 소리를 지르고 다시 혐오시위를 하였습니다. 그는 그 모습을 촬영하여 인터넷에 올렸고 그로인해 영상이 퍼졌습니다. 장소·방법·태양에 있어서 2009년에 일어난 교토사건과 유사했습니다. 그의 의도는 차별이었다고 볼 수밖에 없습니다.

그런데 혐오 사안으로는 처음으로 명예훼손으로 기소된 이 사건에 대해 교토지방재판소(제3형사부)은 피고인이 "주로 일본인 납치사건에 관한 사실관계를 일반적으로 밝힌다"는 '공익'을 도모하고자 하는 목적을 위해 해당 활동을 했다고 인정했습니다. 결론은 진실성의 증명이 없다고 하여 유죄판결이 내려지기는 했으나, 징역형이 아니라 벌금 500,000엔이라는 부당하게 가벼운 판결이었습니다. 처음 교토사건 발생으로부터 딱

10년을 맞이하려는 2019년 1월의 일이었습니다. 이후 오사카고등재판소 · 최고재판소도 이를 유지하여 혐오 시위의 '공익' 목적을 인정하는 부당한 판결이 2020년 12월에 확정되어 버렸습니다. 2010년 2월 25일, 일본 정부는 유엔인종차별철폐위원회로부터 일본의 형사재판은 '인종적 동기(racial motivation)'를 고려하지 않느냐는 질문을 받고, "인종차별 사건에서는 판사가 종종 그 악의적인 관점에서 참조하여 그것이 양형에 반영된다"고 답변했습니다. 그럼에도 불구하고 실제 형사재판 실무에서는 검찰관도 재판관도 차별적 동기를 검토하지 못하고 있어 형사재판 실무의 개선이 필요합니다.

앞서 언급한 교토사건의 피해자들은 그간의 5년에 걸친 민사재판투쟁과 '승리', 혐오에 맞서는 연대 고리의 확대와 지금까지의 활동을 한꺼번에 뒤집어엎는 것 같은 절망을 느끼고 있습니다. 끝나지 않는다, 도망갈 수 없다는 두려움이기도 합니다.

이 끝나지 않는 싸움은 차별과의 싸움이기도 하고, 재일코리안의 존엄성을 회복하기 위한 싸움이기도 합니다. 반드시 극복되어야 할 일본사회의 과제입니다.

구량옥(具良鈺)

도쿠시마현(德島県) 교직원조합 습격사건―
차별과의 싸움이 개척한 새로운 풍경

집단 괴롭힘을 당하고 있는 사람을 도왔더니, 이번에는 그 도운 사람도 괴롭힘을 당했다. 그런 일을 목격하거나 들은 적이 있는 사람도 계시지 않을까요? 집단 괴롭힘은 그 방해가 되는 사람에 대해 "저 자식을 돕다니, 이놈도 우리 편이 아니다!" "저 놈들을 도우려 한 배신자에게 어떤 처단이 내려지는지 보여주자!" 라며 새로운 표적이 될 것입니다. 따라서 집단 괴롭힘은 괴롭히는 사람('적극적'인 가해자), 괴롭힘을 당하는 사람 외에 많은 '방관자'(자기자신은 가해행위를 하지 않으나 괴롭히는 것을 용인하고 있는 '소극적'인 가해자)로 구성됩니다. 본고에서는 재일코리안에 대한 차별(집단 괴롭힘)의 새로운 표적이 된 사람이 스스로가 침묵함으로써 많은 '방관자'를 만들고 차별자의 행동을 조장하지 않기 위해 신념과 용기를 가지고 싸운 사건에 대해 설명하겠습니다.

2010년 4월, 재일 특권을 허락하지 않는 시민들의 모임(이하 '재특회') 관계자들은 도쿠시마현 교직원조합(도쿠시마현에 있는 공립학교 선생님들이 만든 교직원조합. 이하 '도쿠시마현 교조')를 습격하고 그 동영상을 전 세계를 향해 인터넷 공개했습니다. 재특회 관계자가 이 사건을 일으킨 것은 앞 절의 교토조선학교 습격사건 직후였습니다. 재특회 관계자들은 예전부터 차별 대상으로 삼았던 시코쿠(四国)조선초중급학교에 도쿠시마현 교조가 지원금을 전달한 것을 알고, 도쿠시마현 교조를 "매국노" "비국민" "조선의 앞잡이" "조선의 개"라는 등 폭언으로 공격한 것입니다. 이들이 이러한 행동을 취한 목적은 재일코리안을 지원하는 자는 재특회 관계자로부터 공격을 받아 여러 피해를 입을 것이라는 점을 널리 사회에 알려 재일코리안을 지원하려는 사람들을 위축시키기 위함이었습니다.

도쿠시마현 교조와 시코쿠조선초중급학교의 교류, 지원금의 교부

도쿠시마현 교조와 시코쿠조선초중급학교와의 교류는, 2004년부터 2010년 4월에 재특회의 습격을 받을 때까지 지속되고 있었습니다. 이 교류는 2010년에 재특회가 습격했을 당시의 도쿠시마현 교조 서기장이자 그 공격의 대상이 된 도미타 마유미(冨田真由美, 사회과 교사) 씨가 중심이 되어 진행되고 있었습니다. 도미타 씨는 교사인생의 대부분을 교구 내에서 피차별 부락이라 일컬어진 지역이 포함된 중학교에서 근무하였고, 아이들과 그 보호자가 고통받는 일본사회의 차별구조에 대해 교사로서, 또한 교직원조합으로서, 한 사람 한 사람이 평등한 취급을 받고 교육을 받을 수 있도록 계속 노력해 왔습니다.

2009년, 그 전년에 일어난 '리먼쇼크' 대불황을 고려하여 일본노동조합총연합(이하 '연합')이 '고용과 취업·자립 지원모금'을 기획하였고, 이에 따라 연합에 가입되어 있는 일본교직원조합(도쿠시마현 교조가 가입한 교직원조합의 전국적 단체)도 '어린이 구원모금'을 기획했습니다. 이에 도쿠시마현 교조가 교육의 기회균등을 보장하는 활동으로서, 시코쿠조선초중급학교와 도쿠시마시 아동양호시설에 대한 지원금을 전달하기 위한 신청을 했습니다. 이를 연합에서 지원 결정이 내려졌기에, 도쿠시마현 교조의 도미타 씨가 2009년 8월 5일, 지원금 1,500,000엔을 시코쿠조선초중급학교에 전달한 것입니다.

재특회 관계자의 도쿠시마현 교조에 대한 습격

2010년 4월 14일 오후 1시경, 도쿠시마 시내의 도쿠시마현 교조사무실에 있던 도미타 씨는 밖에서 무슨 확성기를 사용한 것 같은, 화난 것 같은 소리가 나는 것을 들었습니다. 그러던 와중에 그 목소리는 점점 커졌고 갑자기 낯선 사람들이 우르르 사무소로 밀려 들어왔습니다. 갑자기 약 28평 방미터의 작은 도쿠시마현 교조사무실 안에서 도미타 씨와 다른 한 명의 조합 서기 여성분은, 10명 정도에 이르는 정체불명의 불법침입자(도미타씨 등은 당시 이 재특회 관계자들이 누군지를 전혀 몰랐습니다), 확성기에 의한 108.8 데시벨이나 되는 대음량(제트기 발진음 정도의 음량)으로 외치는 고함소리와 그 모습을 무단으로 계속 촬영하는 카메라에 둘러싸인 것입니다. 도미타 씨는 시코쿠조선초중급학교 교장에게 직접 지원금을 전달하는 장면이 사진으로 보도되었기에 그들 공격의 표적이 되었습니다. 이 재특회 관계자들은 십여 분에 걸쳐서 도미타 씨에게 "조선의 개" "너 조선학교에 말야, 조선학교에 돈 보냈지!" "매국노" "비국민" "사형이야, 사형!" "할복해라 이것들아!" "너희 같은 여자들은 어떻게 되든 상관없어" "어이 아줌마" "너희들 아주 혼쭐을 내주마" 등과 같은 폭언을 계속 퍼부음과 동시에, 일제히 슬로건을 외치거나 확성기로 사이렌 소리를 울리는 등 하면서 도미타 씨의 이름을 연달아 외치고 도미타 씨의 얼굴과 도쿠시마현 교조사무실 내의 모습을 계속 촬영했습니다. 도미타 씨는 이 습격 시에 어깨를 밀치거나 손이나 팔을 잡히는 폭행을 당했기에, 전치 5일을 요하는 오른쪽 전완 찰과상도 입었습니다.

이 재특회 관계자들은 도쿠시마현 교조사무실을 나온 후, 그 빌딩 앞 노상에서 도미타 씨에게 "나루토 소용돌이에 빠져 죽어라! 바다 속 부스러기가 되어 사라져라!" "또 올거야!" "매일 올거야!" 등과 같이 더 크게 고함치거나 일제히 슬로건을 외치기도 했습니다. 그리고 이 습격의 일련의 모습을 촬영한 동영상을 바로 인터넷에 공개하였고, 나아가 DVD도 만들어서 판매하여 이 폭력행동을 스스로 사회에 선전했습니다.

이 재특회 관계자들은 예고한 대로 그로부터 2주 후인 2010년 4월 28일 오전 11시경부터 도쿠시마현청 앞 노상에서 도미타 씨와 도쿠시마현 교조에 대한 추가 공격을 실시했습니다. 확성기를 사용하여 '조선학교라는 것은… 스파이 납치 반일국가 북한의 양성학교'라면서 그러한 그들이 증오하는 조선학교에 지원금을 전달한 도미타 씨에 대해 그 이름을 연달아 외치면서 "죽은 물고기와 같은 눈을 해가지고, 못생긴" "아주 혼쭐을 내줘야 한다니까요" "악마의 앞잡이" "매국노, 국가적 도적, 미친년" "북한 스파이기관인 시코쿠조선학교에 1,500,000엔을 줬다니까요?" "집 앞에서 이 시위를 해야겠네" "각오해라" "집 찾으러 간다" "항의 전화, 팩스, 메일 보내주세요. 부탁드립니다."라는 등 소리지르고, 일제히 슬로건을 외치고, 전단지를 배포했습니다.

이들은 그 모습도 촬영을 하였고, 이 동영상도 인터넷에서 공개했습니다. 2010년 4월의 이러한 일련의 공격 시, 재특회 관계자들은 도미타 씨와 도쿠시마현 교조가 '모금 사기'를 했다는 사실 무근의 언설을 퍼뜨렸고, 그 돈으로 시코쿠조선초중급학교에 지원금을 전달하였다는 거짓 주장을 늘어놓았습니다.

재특회 관계자들 공격의 영향

재특회 관계자들이 그 폭력과 거짓 선전을 인터넷에 뿌린 후, 잠시 동안 도쿠시마현 교조 사무실에는 '모금 사기'라는 등 호통치는 목소리로 매도하는 괴롭힘 전화가 자주 걸려 왔습니다. 또한 재특회 관계자들이 인터넷에 공개한 동영상에는 그 시청자들에 의해 도미타 씨와 도쿠시마현 교조를 비난 공격 하는 엄청난 양의 코멘트가 기입되었습니다. 재특회 관계자들은 의도한대로 도미타 씨를 잘 모르는 사회의 사람들에게, "도미타라는 교사는 범죄자잖아?"라고 믿게 하는 데 성공한 것입니다. 도미타 씨는 2011년에 도쿠시마현 교조의 전임 종사자(교원 근무에서 일단 벗어나 조합업무에 전념하는 것)에서 교직현장으로 복귀했으나, 학생들로부터 "선생님 동영상에 나왔죠? 그거 진짜에요?"라는 소리를 듣고 '온몸의 피가 역류할 정도로 몸이 경직'될 정도의 격렬한 충격을 받았다고 합니다. 이와 같이 도미타 씨는 재특회 관계자들이 증오하는 재일코리안에게 지원금을 전달한 것을 이유로 오랜 세월 계속해 온 교사로서의 자부심이나 인간·여성으로서의 존엄을 모두 부정당하고, 철저하게 궁지에 몰렸습니다.

불합리한 폭력과 거짓말 공격을 받은 도쿠시마현 교조는, 이 사건에 시코쿠조선초중급학교 아이들이 휘말리지 않도록 이제까지 계속해 온 교류를 스스로 그만둘 수밖에 없었습니다. 여기에서도 재특회 관계자들은 의도한 대로 차별대상인 시코쿠조선초중급학교와 그에 대한 지원을 한 도쿠시마현 교조와의 교류를 끊는 데 성공한 것입니다.

다카마쓰(高松)고등재판소의 판결

이 습격사건을 일으킨 재특회 관계자들의 대부분은 형사재판 피의자가 되어 건축물 침입죄와 위력 업무방해죄로 유죄판결을 선고받았습니다. 그리고 2016년 4월 25일, 다카마쓰고등재판소가 민사재판(손해배상청구소송)에서 다음과 같은 판단을 내렸습니다(최고재판소에서 확정).

즉, 이 재특회 관계자들의 행위에 대해 "도미타 씨와 도쿠시마현 교조가 그 차별 대상 그룹인 조선학교에 지원한 것에 분노를 느끼고, 사실확인을 하면 사실 무근인 점이 쉽게 밝혀짐에도 불구하고, 특히 나아가 '모금사기'라는 등의 꼬리표를 붙이고, 도미타 씨에 대해 집단폭행행위라 하지 않을 수 없는 행패를 부리고, 게다가 그 영상들을 인터넷상에 공개한 것"으로, 이 행동은 재특회 관계자들이 "차별 대상인 재일조선인들을 지원하는 자는 '재특회 관계자들로부터 공격을 받고 다양한 피해를 입는다는 것'을 널리 일반에 알리고, 그 지원활동에 위축 효과를 초래하는 것을 목적으로 한 것"이며 "이 사건 각 시위행동 등이 행해지고, 그 영상이 인터넷상에 공개된 후, 도쿠시마현 교조의 사무실에 악성 장난전화가 쇄도하였고 니코니코 동영상에 업로드된 동영상에는 시청자들에 의한 엄청난 수의 도미타 씨 및 도쿠시마현 교조를 향한 '비난 공격하는 코멘트가 기입된 점에서도 그 목적에 따른 효과가 있었음'을 용이하게 추인할 수 있는 바이며, 인종차별 철폐조약 제1조에 정의된 소수자의 '평등한 입장에서의 인권 및 기본적 자유를 인식하고, 향유하거나 행사하는 것을 방해 또는 해할 목적 또는 효과를 가지는 것'에 해당하며, 강한 비난을 받을 만하고 위법성이 강한 것"이라며 명쾌하게 단죄했습니다.

이 사건에서 배울 점

이 사건에서는 다음과 같은 일이 일어났습니다.

* 차별 대상을 궁지에 몰기 위해, 그 대상을 지원한 사람을 추가 공격대상으로 삼았다(이로 인해 다카마쓰고등재판소는 일본인인 도미타 씨에 대한 공격도 인종차별이라 인정했습니다).

- 그뿐만 아니라, 공격 대상을 궁지에 몰기 위해, 사실 무근의 일(오늘날은 '가짜 뉴스'라고도 불립니다)을 소리 높여 외치기까지 했다.
- 그런 가짜 뉴스 선전이 인터넷이나 거리에서 당당하게 이루어진바, 사실무 근임에도 그것을 믿은 사람들이 많이 있었다.
- 그리고 가짜 뉴스를 믿은 사람들이 '항의' 전화와 인터넷 댓글로 그 공격에 가담했다.

그 피해를 입은 도미타 씨는 중증의 PTSD에 시달렸습니다. 그러나 도미타 씨는 형사재판과 민사재판에서 몇 번이나 가해자의 무반성적인 자기정당화와 추가적인 공격 심문을 받으면서도 신념과 용기를 가지고 계속 싸웠습니다. 도미타 씨가 다카마쓰 고등재판소 법정에서 진술한 내용을 일부 소개합니다.

"나는 조선학교를 지원하고 공생 교육의 길을 개척하려고 하는 일본인에 대해, 일어나지도 않은 '모금 사기' 공격을 하는 피고들의 언동이 언론에 의한 테러행위라는 점을 이 신체와 마음으로 의도치 않게 몸소 체험했습니다. 그 피해의 심각함을 부디 알아 주셨으면 합니다. 이번 사건이 얼마나 인간으로서 존재하는 것을 부정하는 것인지, 얼마나 인간의 존엄성을 부수는 것인지, 그리고 조선학교에 대한 차별과 편견을 동영상이나 글자로 기록하고 인터넷으로 발신하는 것으로 인해 얼마나 많은 사람들을 궁지에 몰고 있는지. 도쿠시마현 교조사건은 인종차별 사건입니다. 내가 스스로의 교직 인생의 존재가치를 걸고 차별을 극복하고 공생해 나가자는 마음으로 키워 온 사람과의 연결과 신뢰. 이러한 것들은 대지에 뿌리를 내리는 나무와 같이 소중히 키워 온 것들이었습니다. 이렇게 소중한 것들을 파괴해 놓고, 평온하게 무반성으로 지내며 혐오 발언 동영상을 흩뿌리는 피고들을, 나는 도저히 용서할 수 없습니다."

도미타 씨와 도쿠시마현 교조가 이 사건에 휘말리게 하지 않으려고 시코쿠조선초중급학교에는 알리지 않고 싸웠기 때문에, 시코쿠조선초중급학교 사람들이 이 사건에 대해 알게 된 것은 민사재판(손해배상청구소송)이 다카마쓰고등재판소로 옮겨졌을 무렵이었습니다. 그 이후로는 도쿠시마현 교조와 시코쿠조선초중급학교와의 교류는 이전보다 강화되었으며, 다카마쓰고등재판소에서의 승리 판결도 함께 기뻐할 수 있었습니다. 지금은 도미타 씨의 신념과 용감한 투쟁 덕분에, 이 사건의 관계자·지원자 분들은 예전보다 강력한 공생의 끈으로 이어져 있습니다.

《참고문헌(일본어)》

冨田真由美, 「あきらめない。ヘイトクライムとたたかった2394日」, 2019年
　　　4月21日, アジェンダ・プロジェクト.

《참고문헌(한국어)》

도미타 마유미, 「포기하지 않겠다. 혐오범죄와 싸운 2394일」, 2019년 4월 21
　　　일, 아젠다 프로젝트.

야스하라 구니히로(安原邦博)

이중차별(인종차별·여성차별)과의 싸움

　이신혜(李信恵) 씨는 히가시오사카시(東大阪市) 출신으로, 글을 쓰는 일(집필업)을 하고 있는 여성입니다. 아버지는 재일코리안 1세, 어머니는 재일코리안 2세로, 스스로 자신을 2.5세라고 말합니다. 이신혜 씨는 재특회 등의 혐오시위·가두선전 현장에 취재 또는 항의를 하기 위해 직접 나가서 재특회 사람들과 대치하게 되었습니다. 이신혜 씨는 언제부터인가 재특회 등의 표적이 되었습니다. 이신혜 씨는 혐오시위·가두선전 현장에서 재특회 등 참가자에게 거명당하며 심한 폭언을 하는 것을 듣게 되었습니다. 또한 '2채널'이라는 게시판사이트에서 이신혜 씨를 심하게 모욕하는 기재가 이루어져, 이러한 기재가 '보수속보(保守速報)'라는 사이트에 요약되어 게재되었습니다. 보수속보에는 이신혜 씨에 대한 요약기사가 40개 이상 게재되었습니다. 이신혜 씨에 따르면 보수속보 사이트에서 이신혜 씨에 관한 요약기사가 하나 게재되면 트위터로 적을 때는 수천 건, 많을 때는 수만 건의 리트윗이나 코멘트가 이루어졌다고 합니다.

　이신혜 씨는 경찰에 신고도 하였으나 유야무야한 반응을 보고 경찰에 대응을 부탁하는 데 한계를 느꼈다고 합니다. 이신혜 씨는 스스로 원고가 되어 두 개의 민사소송을 제기하기로 결심했습니다. 하나는 재특회 당시 대표였던 사쿠라이 마코토 씨(桜井誠, 이하 '전 대표')와 재특회 자체에 손해배상을 요구하는 소송입니다. 또 하나는 보수속보 사이트 운영자에 대해 손해배상을 요구하는 소송입니다.

이신혜 씨는 교토(京都)변호사회의 고타키 히로코(上瀧浩子) 변호사와 오스기 미쓰코(大杉光子) 변호사를 대리인으로 선임하여 2014년 8월 18일, 오사카(大阪)지방재판소에 2개의 소송을 제기했습니다. 소송일에 이신혜 씨는 어머니로부터 받은 저고리를 입고 오사카지방재판소에 출정했습니다.

재특회 소송

이신혜 씨는 재특회와 전 대표를 피고로 하는 소송에서 전 대표가 혐오 시위·가두선전 현장이나 인터넷상에서 이신혜 씨에 대해 한 발언이 명예 훼손과 모욕 등에 해당한다고 주장했습니다.

오사카지방재판소의 2016년 9월 27일 판결은 전 대표가 이신혜 씨에 대해 허위 사실을 유포하고 있다고 한 발언은 명예훼손에 해당하며 산노미야(三宮) 부근에서의 가두선전 활동에서 "여러분, 여기 있는 조선인 아줌마 말야, 반일 기자거든요" "일본을 너무너무 싫어하는 아줌마는 그 핑크색 아줌마에요" 라는 등 말한 발언은 모욕에 해당한다고 각각 인정하여, 전 대표와 재특회에게 위자료 70만 엔, 변호사 비용 7만 엔, 합계 77만 엔의 손해배상을 지급할 것을 명했습니다.

이어서 오사카고등재판소는 2017년 6월 19일 판결에서 제1심 판결을 유지했습니다. 나아가 최고재판소는 2017년 11월 29일, 재특회와 전 대표의 상고를 수리하지 않겠다는 결정을 함으로써 이신혜 씨의 승소가 확정되었습니다.

인종차별 및 여성차별의 복합차별

오사카지방재판소의 판결은 배상을 명하는 판결의 이유로서 전 대표의 발언이 인종차별에 해당한다고 인정했습니다. 판결은 "[전 대표의 발언은] 그 발언내용이나 경위에 비추어 볼 때 원고[이신혜 씨]를 포함한 재일조선인을 일본사회에서 배척해야 한다는 식의 피고들의 독자적인 견해에 따라 재일조선인에 대한 차별을 조장하고 증폭시킬 의도로 행해진 것임이 분명하다"고 언급하며([ ] 내는 필자에 의함. 이하 동일함), 전 대표의 발언이 인종차별철폐조약(제2조 제1항 주서·제6조)의 취지에 반하는 의도를 가지고 행해진 점을 위자료 금액 산정에서 고려해야 한다고 판시했습니다. 이 판시 부분은 오사카고등재판소 판결에서도 유지되고 있습니다.

이신혜 씨는 전 대표의 발언은 인종차별일 뿐만 아니라 여성차별에도 해당하는 복합차별이라고 주장했으나 오사카지방재판소는 이러한 이신혜 씨의 주장을 인정하지 않았습니다. 그러나 오사카고등재판소에서는 완전히 바뀌어 이신혜 씨의 주장을 인정했습니다. 오사카고등재판소는 판결에서 전 대표의 발언은 "[이신혜 씨가] 여성 임에 주목하고 있으며, 그 외모 등에 관하여 모욕하는 표현을 사용하고 있고 여성차별과의 복합차별에 해당한다"고 인정한 것입니다. 일본에서 인종차별과 여성차별의 복합차별을 인정한 판결은 이 오사카고등재판소 판결이 최초입니다.

보수속보 소송

보수속보 사이트 운영자를 상대로 한 소송에서 이신혜 씨는 2채널 게재 글을 정리한 기사를 게재한 것은 명예훼손·모욕·인종차별·여성차별 등에 해당한다고 주장하여 보수속보 게시자에 대한 손해배상을 요구했습니다.

이에 대해 보수속보 운영자 측은 보수속보 기사는 2채널 정보를 정리한 것이며, 2채널 기재내용 이상의 정보를 전하는 것은 아니라고 반론하여, 명예훼손 등의 성립을 다투었습니다.

요약기사에도 새로운 불법행위가 성립함을 인정

오사카지방재판소는 2017년 1월 16일 판결에서 보수속보 측 반론을 인정하지 않고, 요약기사에 대해 2채널의 투고와는 별도의 새로운 불법행위가 성립한다고 판단했습니다. 오사카지방재판소는 보수속보 블로그 기사가 ① 표제를 원고(이신혜 씨)에 대한 인종차별에 해당하는 용어와 원고를 야유하는 취지의 문언을 추가하여 작성하고 있는 점 ② 인용한 2채널 댓글 일람 등에 대해 전체 정보량을 줄이거나, 댓글 또는 답변 트윗 순서를 재정렬하거나, 표기문자를 확대하거나 색칠하는 등의 가공을 하여 강조한 점에 착목하여, 보수속보의 블로그 글이 인용원인 2채널 댓글일람 등과는 다른 새로운 의미를 가지게 되었다고 인정한 것입니다. 그리고 보수속보의 요약기사가 인용원과는 별개의 새로운 명예훼손·모욕 등에 해당함을 인정했습니다(오사카고등재판소도 오사카지방재판소의 인정을 유지함).

인종차별과 여성차별의 복합차별 인정

보수속보 사건에서 법원은, 지방재판소 단계에서부터 인종차별과 여성차별의 복합차별을 인정했습니다.

판결에서는 우선 보수속보의 요약기사는 재일조선인임을 이유로 원고(이신혜 씨)를 모욕하고 일본 지역사회에서 배제할 것을 선동하는 것으로, 헌법 제14조 제1항의 차별적 언동해소법 및 인종차별철폐조약의 취지 및 내용에 반하는 인종차별에 해당하는 내용을 포함한다고 인정하고, 이러한 인종차별 표현이 명예훼손·모욕과 함께 불법행위로서 원고의 인격권을 위법하게 침해하였다고 인정했습니다.

그리고 이어서 보수속보 기사의 '쌍년' '아줌마' '못생긴 년' 등의 표현은 원고가 여성인 점에 착목한 표현이며, 원고가 여성임을 이유로 원고의 성별·연령·외모 등을 모욕하는 것으로서 여성 차별에 해당하는 내용을 포함한다고 인정하고, 이러한 여성차별표현이 명예훼손·모욕·인종차별과 함께 불법행위로서 원고의 인격권을 위법하게 침해하였다고 인정했습니다.

승소 확정

이상과 같이 인정한 결과, 오사카지방재판소는 보수속보 게시자에 대해, 200만 엔(위자료 180만 엔, 변호사비용 20만 엔)의 배상을 명하는 판결을 선고했습니다.

이어서 오사카고등재판소는 2018년 6월 28일 판결에서 오사카지방재판소의 판결을 유지하였고, 나아가 최고재판소는 2018년 12월 1일 상고를 수리하지 않겠다는 결정을 하여 이신혜 씨의 승소가 확정되었습니다.

이신혜 씨가 소송을 제기한 이유

이신혜 씨는 2011년 인터넷 보수계 방송국인 '채널 벚꽃' 프로그램에 출연했는데, 그 이후에 이신혜 씨 개인에 대한 인터넷상에서의 공격과 괴롭힘이 증가했다고 합니다. 2013년이 되어 재특회 가두선전을 비판하게 되고서 인터넷상에서 공격받는 수는 더욱 많아졌다고 합니다.

이신혜 씨가 느낀 고통

이신혜 씨는 보수속보에서 자신의 요약기사를 보았을 때의 심정에 대해 다음과 같이 말합니다.

"나는 태어나 자란 곳을 사랑하고 이 나라가 자신의 고향이라 생각하고 있습니다. 하지만 보수속보 기사에는 거의 모든 기사에 '일본에서 나가라' '한반도로, 조국으로 돌아가라'라는 글들이 이어졌습니다. 보수속보 기사를 볼 때마다 자신의 존재를 위협받는 것 같아 불안해졌습니다. 자신이 마치 죽임을 당한 것 같은, '죽어'라는 소리를 들은 것 같은 기분이 들었습니다."

"나는 차별을 받은 적이 없다고 스스로 생각해 왔는데, 보수속보 기사를 읽을 때마다 이 일본 안에서, 재일 조선인으로서 여성으로서, 학교에서도 지역에서도 노력해 온 것, 내가 여기에서 태어나고 자란 것과 살아가는 것조차 모두 부정당한 것처럼 느껴졌습니다. 지금까지 되도록 느끼려고 하지 않은 '차별'에 대한 고통이 있었는데, 그 딱지를 억지로 떼어 내는 듯한 통증을 느낍니다."

야스다 고이치(安田浩一)씨는 저서에서 다음과 같은 에피소드를 소개하고 있습니다.

2013년 3월 24일, 재특회 등의 참가자들에 의해 오사카 시내의 덴노지(天王寺)에서 쓰루하시(鶴橋)를 루트로 한 '일한 국교단절 대행진'이라는 제목의 시위가 행해졌을 때, 취재를 위해 시위현장을 찾은 이신혜 씨는 '혼자 취재하면 왠지 무섭고 무슨 일을 당할지 모른다'며 야스다 씨에게 부탁하여 야스다 씨 뒤에 숨으면서 시위대를 쫓았다고 합니다. "조선인 죽어라" "죽여 버려, 죽여 버려" "바퀴벌레 조선인을 내쫓아라" 등의 비열하고 듣고 있기 힘든 슬로건을 반복하여 외치는 시위가 끝난 후, 야스다 씨가 이신혜 씨에게 "이제 끝났네. 그래도 다행이네. 이름을 대며 공격당하는 일은 없었으니"라는 말을 했더니 이신혜 씨가 "나 계속 공격 당했잖아. 죽으라고, 죽여 버리겠다고 했어. 조선인을 내쫓으라고 했어. 그거 다 나한테 하는 말이잖아. 나는 계속 공격당하고 있었다고! 다행인 일은 조금도 없었어!"라고 읍소를 하였습니다.

야스다 씨는 이때 혐오발언의 '무서움'을 새삼 깨달았다고 합니다. "조선인을 죽여라"라고 해도 일본인인 자신은 진정한 의미에서 상처를 받지는 않습니다. 하지만 당사자인 이신혜 씨는 달랐던 것입니다. 철두철미하게 상처받고 있었습니다. 그 자리에 있던 모든 재일코리안은 계속 찌르는 것 같은 아픔을 느끼고 있었습니다. 그것이 혐오발언의 '무서움'입니다."

이 에피소드는 혐오발언에 노출되는 것으로 인한 피해가 거명된 경우에만 해당되지 않음을 단적으로 보여 주고 있습니다.

이신혜 씨(중앙)와 고타키 히로코 변호사(오른쪽), 오스기 미쓰코 변호사(왼쪽)
지방재판소 판결 승소를 보고한 지원자 집회에서

'나만 할 수 있는 재판'

이신혜 씨가 원고가 되어 재특회와 전 대표, 보수속보를 상대로 재판을 하는 것은 큰 용기가 필요한 일이었을 것입니다. 이신혜 씨는 소송을 하려고 결심한 이유에 대해 다음과 같이 말합니다.

(보수속보 소송에 대하여) "최근 중고생, 젊은이들은 인터넷으로 정보를 얻습니다. 신문이나 텔레비전 등은 보지 않고, 뉴스를 알게 되는 것은 요약 사이트를 통해서 라고도 들었습니다. 이러한 요약 사이트는 차별을 선동하는 것으로 가득합니다. 소수자의 아이들이 그것을 보면 어떻게 생각할까요?" "또한, 다수자의 자녀들에게도 차별적인 요약 사이트는 차별에 대한 허들을 낮추는 것으로 악영향밖에 없습니다. 아이나 여성 등 약한 입장의 사람일수록 인종차별적인 언동의 공격대상이 되기 쉽고, 인터넷상에서는 더욱 그렇습니다. 아이들을 피해자로 만들어서도 안 되고, 가해자로 만들어서도 안 된다, 이를 어떻게든 하고 싶다, 그렇게 절실하게 생각하고 있습니다."

(재특회 소송에 대하여) "나만 할 수 있는 재판이니까, 여기서 제대로 싸워야겠다고 생각했습니다. 재특회 사쿠라이 마코토 전 회장에게 '거명당한' 재일조선인 여성은 나밖에 없으니까." "스스로 선택할 수 없는 속성을 가지고 죽어라, 죽이라고 다른 사람에게 듣는 일은 없어야 할 것입니다. 힘들다는 생각이 들 때마다 거명당하며 공격받은 나만이 재판을 할 수 있으니 내 역할이라고 스스로를 설득하기도 했습니다."

이신혜 씨는 재판 중에 매우 힘든 경험을 했다고 말합니다. "재판을 준비하기 위해 증거자료를 다시 읽어보는데 거기에 나열된 것은 자신에 대한 혐오발언이어서 여러 번 피해를 다시 체감하게 됩니다" 재판기일에 전 대표가 한 가두선전 등의 동영상 DVD를 보았을 때에는 과호흡을 일으켜 주저앉아 버렸다고 합니다. 그러한 괴로운 경험을 극복한 끝에 이신혜 씨는 획기적인 판결을 얻어 낸 것입니다.

함께 싸우는 변호사의 지원

이신혜 씨는 앞의 책에서 고타키 히로코 변호사와의 만남이 자신을 지탱해 준 점을 반복해서 말하고 있습니다. 재특회 시위와 가두선전 현장에서 재특회 사람들과 대치하며 두려운 생각이 들 때에는 2010년 10월 9일에 도시샤(同志社)대학 이마데가와(今出川) 캠퍼스 앞에 밀어닥친 재특회 사람들에 맞서 혼자서 대치한 고타키 변호사의 모습을 다시 떠올린다고 합니다. "다른 사람을 위해서, 나 자신을 위해서 혼자서도 설 수 있는 용기를 받은 것이라고 생각합니다"

재특회 등과 재판으로 싸운 이신혜 씨, 재판 대리인이 된 고타키 히로코 변호사, 오스기 미쓰코 변호사 3명의 노력과 용기가 획기적인 판결로 연결되었음을 우리는 잊지 말아야 합니다.

이신혜 씨의 결의

이신혜 씨는 앞으로에 대해 다음과 같이 말합니다.

" … "죽어, 죽여 버려"라는 과격한 혐오발언뿐만 아니라 정치활동이라는 탈을 쓴 … 배외주의, 그리고 역사를 수정한다는 교과서 문제와 같은 '깨끗한 혐오발언'에 대해 어떻게 대항할지, 그것도 앞으로의 과제입니다.

또한 최고재판소 판결이 나왔을 즈음부터 입국관리법 개정이 문제가 되고 있습니다. 나는 여러 번 오사카입국관리국에 항의 활동을 하러 갔습니다. 다른 입국관리국에서도 마찬가지지만, 수용된 외국인에 대한 인권침해가 다수 이루어지고 있으며, 학대를 받거나 병에 걸려도 치료를 받을 수 없는 사람들이 많이 있습니다. 나도 이민자의 자손입니다. 수용된 외국인과 외국인이라는 입장에서는 전혀 다를 바가 없습니다. 자유롭게 날아다닐 수 있는 자신과 안에 있는 외국인으로 구별해 버리는 일본의 정책은 이상합니다. 그들은 나의 조부모 시대에 나가사키(長崎)에 있던 오무라(大村)수용소에 갇혀 있었던 조선인의 모습이 현대에 부활한 것이기도 합니다.

선거권이 없는 것은 당연하다고 계속 생각하며 살아왔지만, 역시 외국인의 참정권은 필요합니다. 무엇을 할 수 있을지 모르겠으나, 참정권 획득을 위한 운동도 하고자 생각하고 있습니다."

한아지(韓雅之)

가와사키(川崎) 혐오시위 금지 가처분 사건

타깃이 된 사쿠라모토(桜本)

　가나가와현(神奈川県) 가와사키시(川崎市) 사쿠라모토(桜本)에는 일찍이 전쟁 전부터 저임금으로 가혹한 노동을 하였던 조선인 마을이 있어, 현재도 많은 재일코리안이 거주하고 있습니다.

　2015년 1월 8일, 인터넷상에 '반일 오염이 심한 가와사키발 〈일본정화 시위〉'를 개최한다는 예고가 있었습니다. 가와사키에서는 지금까지 10번의 혐오발언 시위가 행해졌는데, 언제나 가와사키역 앞이나 번화가에서 행해진 것이었습니다. 그런데 사쿠라모토에 사는 고령의 재일코리안 여성들이 '전쟁은 차별을 낳는다'며 안보법제에 반대한 것이 기사화된 것을 계기로, 차별시위는 공격의 화살을 사쿠라모토로 돌리기 시작한 것입니다. 이날, 참가자 중 한 명이 선언했습니다. "가와사키에 사는 쓰레기, 버러지, 진드기를 구축하는 시위를 실시합니다"

　이에 혐오발언 시위에 대한 항의의 움직임도 일어, 시위 당일에는 시 내외에서 약 300명의 사람들이 집합하여 사쿠라모토 입구에 서서 혐오시위의 침입을 막았습니다.

　그런데 다음해 1월, 사쿠라모토에 대한 '일본정화 시위 제2탄'이 예고되었습니다. 그래서 격화되는 혐오시위에 반대하기 위하여 같은 1월에 '혐오발언을 허락하지 않는 가와사키 시민 네트워크'가 결성되었습니다. 찬동단체는 61단체를 넘었으며, 시민단체와 NGO, 노조, 각 정당 시의단(시의원단체, 역자 보완) 등이 가입했습니다.

1월 31일의 사쿠라모토 혐오시위 때에는 혐오발언에 반대하는 사람들이 약 1,000명이나 모였으며, 많은 시민들이 도로에 누워서 문자 그대로 온몸으로 혐오시위의 침입을 막았습니다.

혐오발언 해소법의 성립

2016년 5월 24일, 「본국외 출신자에 대한 부당한 차별적 언동의 해소를 향한 대처의 추진에 관한 법률」 이른바 '혐오발언 해소법'이 성립했습니다. 이 법률은 부당한 차별적 언동은 허용되지 않음을 선언하고, 인권교육과 계발활동을 통해 해소에 임한다고 정한 이념법입니다. 혐오발언을 명확하게 금지하는 규정이나 벌칙규정 등 혐오발언을 근절하기 위한 실효적인 규정은 없으며, 또한 보호의 대상을 적법하게 거주하는 자에게 한정하고 있는 점 등은 문제가 있습니다. 그러나 혐오발언은 해소되어야 하는 것이라고 법이 선언하는 점은 혐오발언을 근절하기 위한 대처의 첫걸음으로 높이 평가할 수 있습니다.

이 법률의 제정 시 사쿠라모토 혐오발언 피해의 실태와 피해자들의 호소가 강력한 뒷받침을 했습니다.

성립 전이었던 3월 22일, 사쿠라모토에 거주하는 재일코리안 여성 최강이자(崔江以子) 씨가, 참의원 법무위원회에서 의견진술을 하여 혐오발언에 의한 심각한 피해에 대해 절실한 생각을 말했습니다. 이 호소에 국회가 움직였습니다. 같은 달 31일, 참의원 법무위원회 국회의원 10명이 사쿠라모토를 시찰하게 된 것입니다. 지역 주민들은 "차이를 풍요로움으로 존중해 온 이 마을의 생각이 짓밟혔다"고 호소하였고, 시찰을 마친 국회의원들은 "다문화 공생에 있어서 혐오발언의 아픔을 실감했다" "혐오발언은 없어져야 한다는 점에서 모든 여야당이 일치했다" 등의 언급이 있었습니다.

혐오시위 금지 가처분 결정

그러나 혐오발언 해소법이 성립한 직후, '가와사키발! 일본정화 시위 제3탄' 개최가 예고되었습니다. 시위를 예고한 남성은 같은 해 1월의 사쿠라모토 시위에서 "앞으로 마음껏 발광할 때까지 초조해 해. 아주 조금씩 숨통을 조여줄 테니까. 한 사람도 빠짐없이 모두 일본에서 나갈 때까지 말이야. 알아 들었어?"라고 발언한 남성이었습니다.

이에 같은 해 5월 27일, 지역유지 변호사 5명은 사쿠라모토의 인근을 배회하며 큰 소리를 내고, 가두선전 차량 또는 스피커를 통한 연설을 하는 등의 행위를 못하게 하는 혐오시위 금지 가처분(법원에 의한 긴급명령) 신청을 했습니다. 그리하여 6월 2일, 요코하마(横浜)지방재판소 가와사키지부는 사쿠라모토에서의 혐오시위 금지를 인정하는 가처분 결정을 내렸습니다.

법원은 막 성립한 혐오발언 해소법을 언급하면서 타국 또는 타 지역 출신임을 이유로 차별당하고 지역사회에서 배제되지 않을 권리는, 지역사회 내의 삶의 기반인 주거에서 평온하게 생활하고 인격을 형성하면서 자유롭게 활동하고, 명예와 신용을 획득하고 이를 유지하는 데 필요한 기반을 이루는 것이며, 인격권을 공유하기 위한 전제가 되는 것으로서 강력하게 보호되어야 한다고 인정했습니다.

그리고 혐오시위에 대하여 그 차별적 언동은 인격권을 침해하는 것이며, 전적으로 차별의식을 조장하거나 유발할 목적으로 공공연히 그 생명·신체·자유·명예 또는 재산에 위해를 가할 것을 고지하고 있고 또한 가두선전 차량이나 스피커의 사용 태양으로 볼 때 위법성은 현저하고, 헌법에 규정된 집회와 표현의 자유의 범위 외인 것은 분명하다며 획기적인 판단을 한 것 입니다.

혐오시위에 대한 공원 사용 불허가

그러나 혐오시위 주최자는 장소를 바꾸어 시위를 결행하려고 했습니다. 보통 시위를 하기 위해서는 출발지로 이용할 공원을 신고할 필요가 있는데, 그 공원의 장소를 변경하여 가처분에서 빠져나가려고 했습니다.

그러나 5월 30일, 가와사키시장은 가와사키시 도시공원조례 제3조 제4항의 "공원의 이용에 지장을 미치지 않는다고 인정되는 경우에 한하여 허가한다"는 규정을 근거로, 혐오시위를 위한 공원의 사용을 불허가하는 획기적인 판단을 했습니다. 가와사키시장은 "가와사키시는 차이를 풍부함이라 서로 인정하면서 발전해 온 다문화 공생 마을로서, 부당한 차별적 언동으로부터 시민의 안전과 존엄을 지키는 관점에서 판단했다"고 코멘트했습니다.

혐오시위를 이유로 공원의 사용을 불허가한 판단은 전국에서 처음이었습니다.

혐오시위의 중단

그러나 같은 달 5일, 혐오시위 주최측은 가와사키시 나카하라(中原)평화공원 '앞'을 출발지점으로하여 '가와사키발 일본정화 시위 제3탄'의 개최를 결행했습니다. 이에 시위를 반대하는 시민 약 1,000명이 모여 플래카드를 내걸거나 '혐오 반대'라고 소리를 높이고, 시위 행진을 막기 위해 도로에 Sit in(항의를 위해 도로에 주저앉거나 눕는 비폭력 활동)을 하는 등으로 이를 저지하였고, 결국 혐오시위는 약 10미터 나아간 곳에서 중단되었습니다.

함께 살아가자

이날 최강이자 씨는 혐오시위 예고를 한 남성에게 가해자와 피해자의 관계를 끝내고 현재를 함께 살아가는 인간 대 인간으로서 다시 시작하고 싶다며 편지를 전달했습니다. 그 일부를 소개합니다. (이하, ○○는 필자에 의함)

○○씨. 당신들은 우리에게 "나가라. 돌아가라"라고 말하지만 나는 돌아갈 곳도 없고 나갈 생각도 없습니다. 차별을 그만두고 함께 살아가자는 메시지를 발신하면 "불평이 있으면 돌아가라"고 공격을 받습니다.

○○씨. 우리는 불평이 있는 것이 아닙니다. 함께 살아가자고 러브콜을 보내고 있는 것입니다.

우리가 살고 있는 이 지역사회가 누구나 살기 좋고 따뜻한 사회가 될 수 있도록 역할을 다하고 싶다, 단지 그런 마음으로 '차별을 그만두고 함께 살아가자'라고 발신하고 있습니다.

○○씨. 사쿠라모토의 아이들과 젊은이들은 ○○씨 당신들에게 '함께 살아가자. 함께 행복하게'라는 메시지를 썼습니다.

○○씨. 그 마음을 부디 받아 주세요.

그리고 우리의 관계를 다시 시작합시다.

당신이 당신답게, 내가 나답게 살 수 있는, 그런 지역사회를 나는 포기하지 않았습니다.

○○씨, 이 지역사회를 개선하고 싶다는 당신의 마음을 돕게 해 주세요. 차별이 없고 모두가 열심히 살아갈 수 있는 지역사회에서 우리와 함께 살아갑시다.

부디 우리의 이 마음을 받아 주세요.

○○씨. 함께 행복하게.

당신과 당신의 가족의 평안한 생활을, 행복한 생활을 진심으로 기원합니다.

함께.

가와사키 연안지역은 재일코리안을 비롯한 외국인, 일본계외국인과 지역주민이 협력하여 만들어 낸 마을이기 때문에, 지역 전체가 차별을 허용하지 않겠다, 혐오발언을 허용하지 않겠다는 확고한 공통인식이 형성되어 있습니다. 그러나 안타깝게도 가와사키를 표적으로 한 혐오발언의 가두선전과 시위는 여전히 계속되고 있으며, 또한 가와사키에 사는 재일코리안을 표적으로 한 인터넷상의 악질적인 괴롭힘도 계속되고 있습니다. 이에 혐오발언을 멈추고자 하는 일반시민이 '카운터'로서 달려가고, 지역유지 변호사들의 지원이 계속되고 있습니다.

혐오발언과의 싸움은 표현의 자유와의 싸움이 아니라 차별과의 싸움입니다. 차별을 근절하기 위하여, 다양한 뿌리를 가진 사람들이 행복하게 살아갈 수 있도록 혐오발언을 근절해야 합니다.

송혜연(宋惠燕)

쓰루하시(鶴橋) 혐오금지 가처분—
혐오를 용서하지 않겠다!

'쓰루하시'는 재일코리안 집단거주지구의 입구

쓰루하시는 재일코리안이 집단거주하는 오사카시 이쿠노구(大阪市生野区)의 입구입니다. 쓰루하시에는 JR 쓰루하시역·긴테쓰(近鉄) 쓰루하시역·지하철 센니치마에선(千日前線) 쓰루하시역이 있고, 서로 환승 가능한 터미널역입니다.

오사카시 이쿠노구에 재일코리안이 모여 살게 된 데에는 역사적인 경위가 있습니다. 일본이 대한제국(조선)을 병합하여 식민지화한 1910년 당시 일본에는 유학생을 중심으로 약 800명의 조선인이 살고 있었을 뿐이었으나, 일본의 식민지정책이 진행됨에 따라 조선은 피폐하고 조선인은 유랑민(타관벌이)으로 일본과 만주로 건너가기 시작합니다. 이후 전쟁에 따른 일본국내의 노동력 부족을 보충하기 위해, 모집·관알선·징용이라는 이름 아래 일본으로 조선인을 데려와 가혹한 노동을 강제합니다. 1910년에 약 800명이었던 것이, 1940년에는 약 1,200,000명, 1945년에는 약 2,100,000명으로 격증합니다.

전쟁 전, 현재의 오사카성 공원 일대에는 동양 제일의 규모를 자랑하는 오사카 포병공장(砲兵工廠)이 있었고, 1919년경부터 그 동쪽에서 이쿠노구

쓰루하시 상가 내 한국요리 판매점

쓰루하시 상가 내 치마저고리 등 한국의류 판매점

로부터 오사카만에 걸쳐 흐르는 히라노강(平野川) 개착공사가 행해집니다. 이를 위한 노동력으로서 이쿠노구에 조선인이 모아졌으며, 1922년에는 오사카·제주도를 잇는 정기 직행선 '기미가요마루(君が代丸)'가 취항하여 제주도에서 도항해 온 조선인이 추가되어 이른바 조선인 부락이라 불리는 큰 집단이 형성됩니다. 오사카시 이쿠노구는 일본 제일의 재일코리안 집단거주지역입니다. 재일코리안만 약 24,000명에 달하고, 이쿠노구 인구의 4명 중 1명 정도가 재일코리안입니다.

'쓰루하시'역 주변, 코리안타운

쓰루하시역의 고가 아래에는 '국제시장'이라 불리는 시장이 있어 다른 곳에서는 볼 수 없는 민족색이 풍부한 상점이 다닥다닥 처마를 맞대고 있습니다. 김치, 지짐이, 조기, 명태, 보쌈, 족발, 김, 고사리, 콩나물, 깻잎과 같은 식품과 식재료를 파는 가게, 화려한 치마저고리(조선의 민족의상)를 파는 가게, 우설, 갈비, 대창, 양 등 풍부한 종류의 부위와 냉면을 파는 고기집 등 지금은 일본도 국제화가 진행되어 여러 나라 사람들을 볼 수 있게 되었으나, 불과 얼마 전까지만 해도 친숙한 외국인이라 하면 한국 조선인이었기에 이 시장이 '국제'시장이라 불리게 된 것입니다.

국제시장에서 남동쪽으로 도보로 12분 정도 걸으면 소카이도로(疎開道路)[1]를 따라 미유키모리 신사(御幸森神社)[2]가 있으며, 여기에서 동쪽으로 히라노강(平野川)에 다다를 때까지가 미유키모리 상점거리(御幸森商店街)입니

---

1 전시중, 공습에 의한 시내 중심부로의 번짐을 막기 위해 만들어진 도로로, 살고 있던 사람들은 일제퇴거로 피난(소카이) 가도록 조치당하였기 때문에 '소카이도로'라 불리고 있다.
2 난바를 수도로 정한 닌토쿠(仁德)천황이 백제로부터의 도래인을 방문했을 때 휴식한 숲이 '미유키노모리'라 불리었고 그곳에 세워진 신사라 전승되고 있다.

다. 한때 '조선시장'이라 불리었고 현재는 코리안타운이라 불리는 상점가입니다. 지금은 K-POP, 한국화장품, 한국디저트, 한국음식의 메카로 알려져 주말이 되면 똑바로 걸을 수 없을 정도로 혼잡하여 이제는 대형 관광지와 같은 성황을 보이고 있습니다.

미유키모리신사에 전해 오고 있는 바와 같이 이쿠노는 고대부터 한반도와의 교류가 활발하여, '이카이노(猪飼野)'는 양돈 기술을 들여온 백제인들이 이 땅에 정착하기 시작한 것에 유래하여 붙여진 지명이며, 문헌상 일본에서 가장 오래된 다리가 '백제강(百済川, 현재의 히라노강)'에 설치되고 이후에 '쓰루노하시'라 불리어 현재 '쓰루하시' 지명의 기초가 되었습니다. 또한 쓰루하시에 있는 '히메코소신사(比売許曽神社)'에서 모시고 있는 신은 신라 유래라는 전승도 있어, 신라에서 온 도래인들 집단이 살았다고 하는 설도 있습니다. 고대의 백제·신라에서 현대의 코리안타운까지, 한반도와의 교류는 면면히 이어지고 있습니다.

혐한의 징조

이러한 쓰루하시에서도 2003년경부터 이미 혐한의 조짐은 보이고 있었습니다. JR 쓰루하시역 부지를 나오자마자 있는 JR 환상선 고가 아래 센니치마에거리를 횡단하기 위한 신호기 아래 부근에서 어딘가 음침하고 마른 남성 2~3명이 서명을 받고 있었습니다. 필자가 무심코 본 바에 의하면 '재일특권'[3]에 관한 서명이었습니다(물론 당시에는 그런 명칭은 없었고, 아무도 그런 말을 하지 않았습니다). 속으로 '이런 데서 뭐하는 거야. 장소를 생각해라.

3　노마 야스미치, 『「재일특권」의 허구-인터넷 공간이 만들어 낸 혐오발언』(가와데서방신사, 2013년)에 자세하다. 재일코리안이 세금을 납부하지 않아도 되는 특권을 가지고 있다는 등의 루머이다.

잘못하면 맞겠다'고 생각하면서 무시하고 지나갔습니다. JR 쓰루하시 앞에서 혐한을 호소하는 서명 모집을 상대해 주는 사람은 아무도 없었습니다. 협조하는 사람도 없었고, 화가 나서 윽박지르는 사람도 없었습니다. 모두 무시했습니다. 그 정도의 존재였습니다. 그 당시는.

혐오시위, 혐오 가두선전

10년 후의 간사이(関西)에서는 혐오발언 일색의 시위나 가두선전이 널리 퍼져 있었습니다. 매주 오사카·교토·고베 등 간사이의 주요 3개 도시 중 어딘가에서 혐오시위와 혐오 가두선전이 이루어지게 되었습니다. 재일코리안 집단거주지역인 쓰루하시도 혐오시위, 혐오 가두선전의 타깃이 되었습니다. '죽이겠다' '범하겠다' '때리겠다' '내쫓겠다'는 식의 사람의 생명과 신체에 대한 가해를 선동하는 말이 반복되었고, 재일코리안을 벌레나 야생동물에 비유하여 온갖 매도·모욕·비방·중상을 하는 추악한 시위·가두선전이었습니다.

혐오발언은 조선인·한국인과 같은 추상적 집단을 향한 것이기 때문에 특정 개인과 단체에는 구체적인 손해가 발생하지 않았다는 이유에서 혐오발언으로서는 위법이어도 규제가 어려울 것이라 생각되고 있었습니다. 그러나 혐오시위와 혐오 가두선전 현장에 나와 보면 우리 재일코리안들이 느끼는 것은 인격이 부정되고 무가치하다는 것뿐 아니라 천한 사람으로 취급당하는 굴욕, 언제 습격당하여 폭력으로 상처받고 죽임을 당할 수도 있다는 공포입니다. 심장박동이 빨라지고, 얼굴은 빨개지고, 입안이 바싹바싹 마릅니다. 마음은 갈기갈기 찢어지고 그 자리에 있는 것은 매우 고통스럽지만 이런 놈들에게 져서는 안 된다며 자리를 지킵니다. 인종차별주의자들은 대놓고 차별을 말하면서도 거리낌이 없고, 마치 서클활동이라도

하고 있는 양 웃으며 차별을 즐기고 있습니다. 이러한 경험은 지금까지 한 적이 없습니다. 거기서 공격받고 있는 것은 조선인·한국인이라는 추상적인 것이 아니라, 조선인·한국인인 필자와 가족, 친구들이었습니다.

2013년 2월 24일, JR 쓰루하시 앞의 혐오 가두선전에서는 주최 단체 대표자의 중학생 딸이 어른들 사이에서 마이크를 잡고서는 "나도 증오하고 사라졌으면 좋겠습니다. 계속 까불면 난징대학살이 아니라 쓰루하시대학살을 실행하겠습니다!"라고 외쳤습니다. 교복 차림의 여자 중학생이 학살을 당당하게 말하는 충격적인 장면이었습니다.

반혐오의 움직임

2013년 10월 7일, 교토(京都)조선학교 습격사건의 제1심 판결이 내려져, 교토지방재판소는 혐오발언을 '인종차별'로 인정하여 약 12,260,000엔의 고액배상과 학교주변에서의 선전활동금지를 인정했습니다. 이 판결은 2014년 12월 9일에 최고재판소에서 확정되었습니다.

2014년 7월 24일에는 유엔·자유권규약위원회가 일본정부에 대한 총괄 소견을 채택하여 인종차별, 증오와 인종적 우위를 주창하는 선전활동이나 시위를 금지하도록 권고하였습니다.

같은 해 8월 29일에는 인종차별 철폐위원회에서 총괄 소견이 채택되어, 일본정부에게 혐오발언 박멸에 적극적으로 임하도록 엄격한 권고가 내려졌습니다.

2016년 1월 15일에는 「오사카시 혐오발언에 대한 대처에 관한 조례」(오사카시 혐오 조례. 2016년 7월 1일 시행[4])가 성립되었습니다.

---

4   법률·조례는 국회·지방의회에서 가결되었을 때 성립되고 시행일에 효력이 발생한다.

같은 해 5월 24일에는 「본국외 출신자에 대한 부당한 차별적 언동의 해소를 향한 대처의 추진에 관한 법률」(혐오발언 해소법, 같은 해 6월 3일 시행)이 국회를 통과하여 성립했습니다.

이와 같이 일본국 내외에서 혐오발언을 규제하는 움직임이 높아지고 있었습니다.

K가 '쓰루하시 방범순찰'을 인터넷 예고

K는 재특회(재일특권을 허용하지 않는 시민들의 모임)의 부회장이었던 적도 있고, 교토조선학교습격사건(이 책 292면 참조), 도쿠시마현 교직원조합 습격사건(이 책 302면 참조), 스이헤이샤박물관앞(水平社博物館前) 차별가두선전사건[5]이라는 악질적인 혐오 사건을 잇달아 일으켰습니다. 간사이 각지의 혐오 시위·혐오 가두선전과 쓰루하시 대학살을 외친 혐오 가두선전 등 그 주최자 또는 주요 멤버로 알려진 존재였습니다.

이러한 K가 "2016년 12월 29일, JR쓰루하시역을 기점으로 오사카시 이쿠노구 내에서 '쓰루하시 방범순찰'을 실시한다"고 인터넷상에서 예고했습니다. 재일코리안은 범죄민족이니까 집단거주지역인 오사카시 이쿠노구에서 일본인의 경계를 환기하기 위해 순찰을 한다는 것이었습니다. 예고문 자체에도 재일코리안을 매도·모욕·비방·중상하는 말이 가득했습니다.

---

5 2011년 1월 22일, K가 나라현(奈良県) 고세시(御所市)의 스이헤이샤(水平社)박물관에서 개최되고 있던 "코리아와 일본—'한국병합'으로부터 100년"이라는 제목의 특별전시의 역사인식에 항의한다며, 동 박물관 앞에서 부락 차별적인 내용을 포함한 가두선전을 실시하여 K에 대해 불법행위에 따른 손해배상책임이 인정된 사건.

혐오시위·혐오 가두선전 금지 가처분

쓰루하시에서 다시는 혐오시위·혐오 가두선전을 허용해서는 안 됩니다. 코리아NGO센터가 K에 대해 혐오시위·혐오 가두선전 금지 가처분신청을 위해 행동을 시작했으며, LAZAK 멤버가 중심이 되어 변호단을 결성했습니다.

앞서 가와사키 가처분 결정(이 책 320면 참조)이 있었기에 이를 참고하여 주장했습니다. 코리아NGO센터에서는 매해 연간 약 200개 단체, 약 10,000명에 대해 이 장 시작 부분에서 언급한 쓰루하시 역사 등을 현장학습하는 필드워크를 계속해 오고 있으며, 필드워크는 코리아NGO센터의 핵심사업 중 하나였습니다. 이 범위 내에서 혐오시위·혐오 가두선전이 이루어질 때에는 코리아NGO센터 사업의 평온을 해치게 됩니다. 따라서 JR 쓰루하시부터 코리아타운에 이르는 범위에서 혐오시위·혐오 가두선전이 금지되어야 한다는 가처분을 신청했습니다.

우리의 주장은 받아들여졌고 오사카(大阪)지방재판소는 2016년 12월 20일, 코리아NGO센터 사무소 반경 600미터 범위 내에서 혐오시위·혐오 가두선전을 금지하는 가처분 결정을 내렸습니다.

혐오 전단지 배포·혐오명칭 사용금지 가처분

혐오시위·혐오 가두선전이 금지되자 K는 이번에는 혼자 혐오 전단지를 붙이기 시작했습니다. 행동이 평온하면 혐오시위·혐오 가두선전에 해당되지 않아 가처분을 위반하지 않는다고 생각한 것 같습니다. 게다가 '조선인이 없는 일본을 목표로 하는 모임'(조없모)이라는 장난치는 것 같은 단체명을 쓰며 찾아오는 것입니다. 차별을 즐기는 자세를 여기서도 엿볼 수 있습니다. 그리고 질리지도 않고 또, "2019년 12월 29일에 JR 쓰루하시역을 기점으로 오사카시 이쿠노구내에서 '쓰루하시 방범순찰'을 실시한다"고 인터넷상에 예고했습니다.

아무리 행동이 언뜻 보기에 평온하더라도, '조선인이 없는 일본을 목표로 하는 모임'이라는 그 자체로 차별적인 단체명을 사용하고 혐오 전단지를 배포하면서 '쓰루하시 방범순찰'을 하면 쓰루하시 거리가 시끄러워질 것이 당연히 예상되었습니다. 쓰루하시에 재일코리안에 대한 차별을 대대적으로 들여오면 코리아NGO센터 사업의 평온을 해치게 됩니다. 이는 혐오시위·혐오 가두선전 때와 다르지 않습니다.

우리는 다시 가처분을 신청하여 2019년 12월 24일 '조선인이 없는 일본을 목표로 하는 모임'을 사용하거나 혐오 전단지를 붙이는 등 하여 차별을 하여서는 아니 된다는 결정을 받았습니다.

마치며

지금은 쓰루하시에서 혐오시위·혐오 가두선전, 혐오 전단지의 배포는 이루어지지 않고 안녕을 유지하고 있습니다. 고대부터 이어진 한국과 일본의 우호적인 교류는 오늘도 계속되고 있습니다. 이쿠노구는 중국인·태국인·베트남인 주민들이 증가하여, 거리에도 이국풍 식당들이 늘어나고 있습니다. 정말이지 다문화 공생, 국제색이 풍부한 도시로 성장하고 있습니다. 점점 더 재미있는 도시가 되고 있습니다.

임범부(林範夫)

혐오 괴롭힘 재판—
직장에서 차별·편견을 받지 않을 권리

2015년 8월 31일 재일코리안 여성 계약직사원 A씨가 근무하는 후지주택주식회사(이하 '후지주택')와 그 창업자이자 대표자인 B회장을 상대로 소송을 제기했습니다. 원고가 된 A씨와 그 변호단은, 재판의 이름을 '혐오 괴롭힘 재판'이라 명명하여 재판투쟁을 벌이고 있습니다. 후지주택에서 무슨 일이 일어난 걸까요?

사건의 개요

A씨가 근무하는 후지주택은 분양주택·주택유통 등의 사업을 영위하는 도쿄증권거래소 1부(현재 "프라임 시장")에 상장된 부동산회사입니다. A씨는 2002년부터 후지주택(A씨가 입사한 당시의 명칭은 후지공무점주식회사)에서 현재에 이르기까지, 오랫동안 CAD 오퍼레이터(설계사 지시하에 설계도면을 만드는 업무)로서 근무하고 있습니다. A씨는 계약이 자동갱신되고 있던 점과 계약직 사원에 대해서도 복리후생이 잘 되어 있는 점, 유급휴가를 취득하기 쉬운 점 등, 후지주택은 한창 육아 중인 A씨에게는 근무하기 편한 직장이라고 생각하고 있었습니다.

그런데 2008년경부터 후지주택에서는 부동산업무와는 아무런 관련이 없는 문서가 배포되기 시작하였고, 2013년경부터는 전 직원에게 매일 문서가 배포됩니다. 배포된 문서는 신문이나 잡지, 인터넷상에서 배포되고 있는 기사(기사에 대한 코멘트 등도 포함)·서적 등이며, 그 내용은 예를 들면 아래와 같은 것이었습니다.

① 혐오발언에 해당하는 것

"일어나라 일본 시절의 사람들은 훌륭하다. 재일이 지배하는 매국언론은 이 훌륭한 사람들이 말라 죽도록 조롱했었다. 재일은 죽어라"(YouTube "나카야마 교코, 우즈베키스탄과 일본 이야기"의 시청자 코멘트란)

"죽어라" "나가라" "조국으로 돌아가라" 등의 혐오발언은 존엄을 해치고 차별적 의식을 조장하는 것으로 결코 허용되지 않습니다. 그러나 후지주택에서는 이러한 문서도 배포되고 있었던 것입니다.

② 중국·한국·조선의 국민성·민족성을 비난하는 것

"왜 한국인은 제3국에서 저렇게 반일활동에 열심인 것일까? 그건 한국인의 습성에서 유래한다. 한국인끼리 싸울 때에는 상대방의 말은 귓등에도 듣지 않고 오로지 자신의 주장만을 큰소리로 말한다. 나아가 주변 사람들에게 호소하여 자기 편을 늘리려고 한다. 직접 상대방과 당당히 싸우는 것이 아니라, 제3자에게 호소하여 동정표를 얻어 숫자로 상대방을 누르려 하는 것이 한국식 싸움이다. 그들은 자기 편을 늘리기 위해 '자기 주장이 얼마나 맞는지'에 대해 온갖 거짓말을 늘어놓으면서 손짓 발짓을 동원하고 경우에 따라서는 울면서 주변에 호소한다." (마쓰키 구니토시(松木國俊) 「『위안부 문제』는 한국과의 외교전쟁이다」, WILL, 2013년 7월호)

이 외에도 중국, 한국, 조선의 국민과 뿌리를 가진 사람들에게 "거짓말쟁이" "비열" "야생동물" 등의 말로 인격공격을 하는 내용이 포함된 문서가 다수 배포되었습니다.

③ 역사수정주의

'종군위안부 강제연행의 허위, 종군위안부란 고소득 전시 매춘부입니다'(Yahoo! 지식인 기사)

이처럼 역사연구에서 밝혀진 사실을 부정하고 피해자 할머니들을 더욱 폄하하는 내용의 문서가 다수 배포되었습니다.

④ 일본국적이나 일본에 뿌리를 가진 자를 찬양하고 타국보다 우월하다는 것을 언급하는 것

"일본의 올바른 역사와 중국, 한국 등 반일국의 진실을 알면 알수록 일본국에서 일본인으로 태어나기를 정말 다행이라는 생각이 듭니다"(2013년 5월도 경영이념 감상문. 직원이 성명을 공표하며 B회장의 문서 배포 행위에 감사를 표하는 내용)

인종차별 철폐조약은 인종적 차이에 따른 우월성의 어떠한 이론도 과학적으로 잘못된 것으로, 인종차별을 정당화할 수 없다고 선언하고 있으며, 타국보다 자국이 우월하다고 언급하는 것 또한 인종차별에 해당한다고 되어 있습니다(인종차별 철폐조약 전문·제4조 등 참조).

⑤ '재일특권' 가짜뉴스

"재일특권의 있을 수 없는 공제내용에 놀랐습니다. 지방세도 소득세도 없고 게다가 문제가 되고 있는 최저생계비에 대한 불법수급으로 돈까지 받고, 일본은 재일코리안에게 정말 살기 좋은 나라일 것입니다. 이들을 정상적인 일본인들이 지탱하고 있는 것이나 마찬가지이니, 역차별과 같은 상황을 낳는 특권은 없애야 합니다. 일본인을 위한 일본이었으면 좋겠습

니다"(쿄모토 가즈야(京本和也) 씨의 Facebook 기사【확산 희망】"'재일특권·외국인특권'의 공적 증명―외국인만 세금이 저렴하여 가계가 편하다"라는 내용의 문서에 대한 사원의 감상문).

당연히 후지주택은 외국적인 A씨의 급여에서 소득세 등을 원천징수하고 있으니, 위 이야기가 완전한 허위임을 알면서도 배포하였습니다.

이상과 같은 문서들이 연일 후지주택 사내에서 배포된 것입니다.

배포문서의 표지에는 왼쪽 위에 크게 '배포'라고 인쇄되어 있고, 발신인은 '회장', 수신인은 '전 임직원 여러분(포함: 계약사원, 파견사원, 파트타임, 맨션관리원 전원)'이라는 기재가 이루어진 후에 배포되고 있었습니다. 또한 이러한 문서들은 우선 사내의 각 부서에 배포된 후, 부서 내의 사무직원이 인원 수에 맞추어 복사하여 부서 내 각 직원의 책상에 놓거나 직접 전달하는 형태로 배포되고 있었습니다. 이와 같이 배포된 문서는 B회장이 개인적으로 직원에게 배포한 것이 아니라 '사내문서'로서 배포되고 있었던 것입니다.

나아가 위에 인용한 각 문장에는 B회장이 밑줄이나 ○표를 첨가하여 회장이 '감명을 받은' 부분이 강조되어 있는 것이었으며, "문장 중의 밑줄과 ○표는 제가 그었습니다"라고 되어 회장이 밑줄 등을 그은 것임이 알려져 있었습니다.

A씨가 입은 정신적 고통

이런 문서가 연일 배포되는 직장에서 일하는 A씨는 얼마나 고통스러웠을까요?

후지주택에서 사원들은 명찰을 달고 근무해야 했고, 민족명을 사용하며 근무하던 A씨도 당연히 명찰을 달고 있었습니다. 배포문서에는 A씨의 직속상사 등 A씨와 접점이 있는 직원의 감상문도 여러 개가 실려 있었으며, A씨는 "직장 동료가 한국·조선인 등에 대한 비방 중상을 하고 있다. 그들은 재일한국인인 나도 미워하거나 멀리하고 싶어 하는 게 아닐까?" "직장 동료들이 '재일특권'이라는 것이 존재한다고 믿으면 어떻게 하지?" 등의 생각이 들어 공포와 불안, 격렬한 스트레스를 매일 느끼면서 근무할 수밖에 없는 상황이었습니다.

법원에 제출한 진술서에서 A씨는 다음과 같이 말하고 있습니다.

"공격의 대상으로 재일한국인인 자신이 놓여 있는데, 아무것도 할 수 없는 자신의 무력함, 때때로 올라오는 사람에 대한 증오가 눈물이나 구역질이 되어 흘러넘칠 것 같은 경우가 있습니다" "'재일특권'의 이야기라면서 마치 '재일'이 부정하게 일본에 존재하고 있는 양 쓰인 경우도 있어, 그러한 문서를 회사에서 볼 때마다 가슴이 찢어질 것 같습니다."

2013년 5월에는 A씨가 도저히 참을 수 없던 문서가 사내에 배포되었습니다. 그것은 어떤 직원이 B회장에게 증정한 만화로, 그 스토리는 제2차 세계대전을 '자학적으로' 가르치는 교사가 재일코리안임을 말하지 않고 있던 여학생의 승낙 없이 그 여학생이 재일코리안이라는 사실과 그 민족명을 교실에서 공개하고, 반 친구들이 그 여학생에게 한반도에 대한 식민지 지배를 사과하지만 그 여학생이 스스로 "일본군 통치하에서 아시아의 근대화가 이루어진 것도 사실입니다!"라고 식민지 지배를 긍정적으로 말한다는 것이었습니다.

A씨는 초등학교 고학년에 민족명을 사용하기로 하는 '본명' 선언을 했는데, 그때 반 친구들이 "차별에 지지 마세요" "제대로 본명으로 부르고자 합니다"라는 말을 해 주어 A씨의 '본명' 선언은 '본명'으로 솔직하게 사람들과 지내고자 생각할 수 있게 된 소중한 추억이 되었습니다. 그러나 모든

직원에게 배포된 이 만화는 재일코리안에게 매우 민감한 문제이며, 동시에 A씨 자신의 인생에서 중요한 계기가 된 '본명' 선언의 기억을 짓밟고 재일코리안의 존재와 식민지 지배의 역사를 정당화하는 저자의 주장을 위해 이용한 내용이었습니다.

결심한 A씨

후지주택에서의 문서 배포가 연일 계속되고, 참기 힘든 정신적 고통을 느낀 A씨는 신문광고에 기재되어 있던 근로상담 핫라인에 전화를 걸었습니다. A씨의 전화상담을 받은 필자는, A씨의 직장 환경을 떠올리며 가슴이 아팠습니다. 또한 같은 재일코리안으로서 정말 남의 일로 생각되지 않았습니다. "자신의 민족적 뿌리가 모욕을 받거나 회사와 그 대표자의 사상신조를 근로자에게 강요하는 일이 없어야 한다. 직장에서 차별·편견을 받는 일이 없어야 한다. 기업에 근무하는 모든 사람이 활기차게 일할 수 있는 직장환경을 만들어야 한다." 필자는 이러한 생각으로 필사적으로 수화기에 귀를 기울이며 A씨의 상담내용을 듣고 있었습니다.

그 후, 필자는 당일에 핫라인을 담당하고 있던 다른 변호사들과 함께 직접 A씨를 만나, 사내 배포문서를 확인하면서 여러 번 미팅을 거듭했습니다. A씨는 앞으로도 후지주택에서의 근무를 희망하고 있어 소송을 제기하는 것은 희망하지 않았기 때문에, 우선은 후지주택에 대한 환경개선신청이라는 형태로 문제제기를 했습니다.

그러나 후지주택은 "문서 배포는 불법이 아니다"라는 답변만 할 뿐, 문서 배포는 이후에도 중단되는 일 없이 계속되었습니다. 또한 A씨가 오사카(大阪)변호사회에 대해 인권구제신청을 했더니 직속 상사를 통해 "회사가 주는 300만 엔을 받고 힘들지 않은 직장으로 옮길래?"라며 퇴직을 권유

받기에 이르렀습니다. 그리하여 A씨는 부득이 소송을 제기하여 사법에 구제를 요청한 것입니다.

제소 후 더욱 심해진 직장환경

A씨가 소송을 제기한 것은 각 신문사 등에서 보도되었습니다. 이에 따라 후지주택 사내에서는 직원들을 대상으로 한 재판설명회가 열렸는데, 배포문서가 중단되는 일은 없었습니다. 오히려 A씨 개인을 조직적으로 공격하는 내용의 문서나 감상문까지도 전 사원을 대상으로 배포되기 시작합니다. 전 사원에게 배포된 A씨의 제소에 관한 직원의 감상문은 다음과 같은 내용이었습니다.

"돈으로 배상을 요구하는 것이 아니라 환경을 개선해 주었으면 한다는 등의 호소였다면 괴로웠겠구나라는 생각이 들었을 수도 있었을텐데, 요구하는 것이 엄청난 거액의 돈이라서 올바르게 민족성을 발휘하고 계시다는 생각이 듭니다"

"솔직히 청구자체가 부당한(≒권리침해조차 인정할 수 없는) 소송임에도 불구하고 기자회견을 하고 사실이 아닌 것을 마치 사실인 양 세상에 유포하는 수법은 바로 이웃나라가 잘 하는 수법이라 분노를 느끼지 않을 수 없었습니다"

"모처럼 회장님이 일본을 위하여, 미래의 일본을 담당할 아이들을 위하여 목숨을 걸고 에너지를 쏟아 주고 계신데, 이게 뭐냐며 화가 나서 때려눕히고 싶은 심정입니다. … 쓰레기와 관여할 필요도 없고 기사거리가 될 뿐이니 상대하지 말고 앞에 계시는 고객님이 기뻐해 주실 수 있도록 차분한 마음으로 열심히 업무에 임하겠습니다."

"무엇보다 놀란 것은 그 사원이 아직 사내에 있다는 것입니다. 어떤 정신상태로 어떤 심경으로 일하고 있는지? 전혀 이해할 수 없습니다. 그 일을 알고 나서, 소송에 대한 각 일보와 감상문이 전 사원에게 배포되고 있는 것이 웃기고, 또한 당황하지도 겁먹지도 않으니 정말 대단하다고 생각합니다."

이러한 내용에도 B회장이 ○와 밑줄을 그어서 배포하고 있었습니다. A씨가 근무를 계속하고 있는 것을 알면서, B회장은 굳이 공식적인 문서로서 위와 같은 문서도 연일 배포한 것입니다.

사내에서의 재판설명회에서는 A씨의 개인명까지 밝혀지지는 않았지만, 누가 제소했는지에 대해 대략 특정을 할 수 있을 정도의 정보가 사내에서 공유된 것으로 보입니다. A씨는 소송을 제기한 것으로 인해 사내에서 조직적·집단적인 공격의 대상이 되어 버렸습니다. A씨는 이러한 직장의 상황을 견디지 못하고, 사내 화장실에서 구토할 정도로 정신적으로 내몰려 있었습니다.

B회장의 문서배포의 의도

문서를 배포한 사실에 대해서는, 후지주택과 B회장 모두 대체로 다툼은 없었고, 재판의 쟁점은 그 행위의 위법성에 있었습니다. B회장은 이러한 문서를 업무시간 내에 배포한 이유에 대해 재판에서 다음과 같이 주장했습니다.

"일본 역사의 음의 부분을 더욱 강조하는 한편, 양의 부분을 과소평가하여 자국을 폄하하는 편협한 역사인식(이른바 '자학사관')이 장기간 성행하여 중요한 사실(史實)에 대해 교육현장 및 국제사회에서도 잘못된 인식이 확산되어 있다" "앞으로의 일본을 짊어지는 아이들이 자학사관에서 해방되고 자국과 자기자신에게 자부심과 자신감을 가졌으면 한다" "전술한 바와 같은 생각을 가진 피고 B는, 자신이 창업하여 경영하고 있는 피고회사의 임원, 직원들에게도 일본의 문화·도덕·역사에 대해 올바른 지식과 인식을 확산하는 것을 통해, 그것이 피고회사를 넘어서 사회에 조금이라도 전해지고, 나아가 거기에서 교육 방법이 조금이라도 개정되어 가는 등 하여 미력하나마 일본 아이들의 장래를 밝게 할 수 있는 약간의 도움이 되었으면 한다는 진지한 목적·의도에서 사내 배포를 해 왔다."

또한 B회장은 아래와 같이 말하며 이 배포행위는 자신의 표현의 자유의 범주라고 주장했습니다. "타인이 작성한 자료의 배포는 피고 B의 생각의 표현 그대로는 아니지만, 피고 B가 읽고 감명을 받은 자료를 읽어 주길 바라고 그 취지를 전달하고 싶다는 생각으로 직원들 수중으로 전달하고 있는 것이며, 그러한 의미에서는 피고 B에 의한 정보 내지 의견의 발신행위이며, 피고 B의 표현의 자유의 범주에 속하는 행위로 평가되어야 한다."

즉, B회장은 일본 아이들을 '자학사관'에서 해방시키기 위해 사내에서 문서를 배포하는 표현행위를 한 것이며 그 표현의 자유는 최대한 보장되어야 한다는 것이었습니다.

그리고 후지주택도 배포문서에 기재되어 있는 문언은 A씨에 관한 내용이 아니기 때문에, A씨와의 관계에서 명예훼손 등이 될 수 없고, A씨 개인에 대한 불법행위가 될 수 없다, 공간물을 직장에서 배포했을 뿐 위법이 아니라고 주장한 것입니다.

오사카지방재판소(제1심)의 판단

오사카지방재판소 사카이(堺)지부 제1민사부[나카가이토 겐지(中垣内健治) 재판장]는 후지주택과 B회장의 이러한 주장을 물리치고, 2020년 7월 2일 후지주택과 B회장에 대해 연대하여 110만 엔의 손해배상을 지급하도록 명했습니다.

법원은 후지주택에서의 문서배포 행위에 대해 "근로계약에 따라 근로자에게 실시하는 교육으로서는 근로자의 국적에 따라 차별적 취급을 받지 않을 인격적 이익을 구체적으로 침해할 우려가 있고, 그 방식과 정도가 이미 사회적으로 허용할 수 있는 한도를 넘었다고 하지 않을 수 없으며, 원고의 인격적 이익을 침해하기 때문에 위법"이라고 판단했습니다.[1]

또한 제소 후에 원고 A씨를 공격하는 문서를 사내에서 배포한 행위에 대해서는, "구제를 요구하여 본건 소를 제기한 원고 … 에 대한 보복임과 동시에, 원고를 사내에서 고립화시킬 위험성이 높으며, 원고의 재판을 받을 권리를 억압함과 함께 그 직장에서 자유로운 인간관계를 형성할 자유와 명예감정을 침해하는 것이라 보아야 하며, 위법임은 명백하다"고 하여 후지주택과 B회장의 행위를 단죄했습니다.

이와 같이 1심판결은 직장에서의 근로자의 인격적 이익을 중시할 것을 명확히 제시하고, 후지주택 및 B회장의 각 행위가 위법임을 판시하였습니다.[2]

---

[1] 법원은 사용자의 사내에서의 문서배포 행위가 위법이 되는 기준에 대해 "사적 지배관계인 근로계약에서 사용자가 실시하는 문서배포를 통한 교육이 그 배포의 목적이나 필요성(해당 기업의 설립목적이나 업무수행과의 관련성), 배포물의 내용과 양, 배포방법 등의 배포방식, 그리고 수강의 임의성(근로자의 수령 거절 가부와 그 용이성) 및 그에 대한 자유로운 의견표명이 기업 내에서 허용되고 있었는지 등 근로자가 그로 인해 입은 부담이나 불이익 등의 제반사정에서 종합적으로 판단하여, 근로자의 국적에 따라 차별적 취급을 받지 않을 인격적 이익을 구체적으로 침해할 우려가 있고, 그 태양, 정도가 이미 사회적으로 허용할 수 있는 한도를 넘는 경우에는 위법이 된다고 보아야 한다"고 판결 중에 언급하고 있다.

[2] 후지 주택은, 문서배포 행위 외에도 2013년부터 2015년 사이에 취업시간 중에 사원들에게 회사차량을 할당하여 교과서 검정에서 합격된 도서의 견본을 전시하는 '교과서 전시회'에 가도록 하였으며, 교과서 설문조사의 기입방법(「東京書籍×」「育鵬社○」) 등을 미리 지시하여 특정 교과서가 채택되도록 설문조사에 기입할 것을 원고를 포함한 모든 직원에게 적극적으로 권고했다. 이러한 행위에 대해서도 법원은 "업무와 관련이 없는 정치활동이며, 근로인 원고의 정치적 사상·신조의 자유를 침해하는 차별적 취급을 수반하는 것으로, 그 침해의 방식, 정도가 사회적으로 허용할 수 있는 한도를 넘는 것이라 하지 않을 수 없으며, 원고의 인격적 이익을 침해하기에 위법이라 보아야 한다"고 판단했다.

오사카고등재판소(항소심법원)의 판단

후지주택과 B회장은 제1심 판결에 불복하여 오사카고등재판소에 항소했습니다.

A씨도 제1심 판결이 후지주택 및 B회장이 인종차별 철폐조약이나 혐오발언 해소법이 대상으로 하는 차별적 언동에 해당하는 기재를 포함한 문서를 배포한 점을 명확하게 인정하지 않은 일 등을 이유로 항소했습니다. 또한 제1심 판결에서 문서배포 행위 등이 위법으로 판명되었음에도 불구하고, 후지주택 및 B회장이 사내에서의 문서배포 행위를 계속하고 있기 때문에, 새로이 문서배포의 금지를 요구하는 가처분도 신청했습니다.

오사카고등재판소 제2민사부(시미즈 히비쿠(清水響) 재판장)는 2021년 1월 18일 다음과 같이 판시하여 후지주택 및 B회장에 대해 제1심 판결보다도 손해배상액을 증액하여 132만 엔의 지급을 명했습니다. 또한 문서배포 금지 및 가처분도 인정했습니다.

"원심 피고들은 원심 원고에 대한 관계에서 민족적 출신 등에 근거한 차별적인 언동이 직장에서 행해지는 것을 금지하는 것만으로는 부족하고, 그러한 차별적인 언동에 이르는 원천이 되는 차별적 사상이 스스로의 행위 또는 타인의 행위에 의해 직장에서 양성되어 인종간의 분단이 강화되는 일이 없도록 배려할 의무가 있는 것으로 보는 것이 상당하다. 민족적 출신 등은 개인의 인격에 관련되는 일이며, 직원인 원심 원고에게는 사법(私法)상 법적 보호에 상당하는 이익으로서 자신의 민족적 출신 등과 관련되는 차별적 사상을 양성하는 행위가 이루어지고 있지 않는 직장 또는 그러한 차별적 사상이 방치되지 않은 직장에서 근로할 인격적 이익이 있다." "이와 같이 해석하는 것은 … 헌법 제14조, 인종차별 철폐조약 및 차별적 언동 해소법의 취지에 부합한다고 보아야 할 것이다"

또한 "우월적 지위에 있는 원심 피고들이 본건 소송의 제기를 비난하는 다른 직원 등의 의견을 원심 원고뿐만 아니라 사내 직원들에 대하여 널리 알리는 것은 원심 원고에게 직장에서 강한 소외감을 주고 고립화시키는 것임과 동시에, 본건 소송을 통한 구제를 억압하는 것이라 할 수 있다" "직장 환경의 개선을 요구하는 근로자인 직원이 사용자를 호소하는 본건과 같은 경우에는 사용자 측은 더욱이 해당 직원이 불필요하게 위축되지 않고 재판을 받을 수 있도록 배려할 책임이 있다고 해야 할 것이다"라고 판시했습니다.

이상과 같이 항소심 판결은 "민족적 뿌리 등에 관한 차별적 사상을 양성하는 행위가 이루어지고 있지 않는 직장, 차별적 사상이 방치되지 않는 직장에서 일하는 근로자의 인격적 이익"과 "직장에서 억압되지 않고 재판을 받을 수 있는 인격적 이익"을 인정한 점 등에서 제1심 판결을 웃도는 것으로, 후지주택과 B회장이 A씨의 인격적 이익을 침해했다며 강력하게 단죄한 것이었습니다.

혐오 괴롭힘의 개념

'혐오 괴롭힘(헤이트 해러스먼트)'이라는 말은 A씨·변호단·재판 지원을 하고 있는 '혐오 괴롭힘 재판을 지지하는 모임'의 구성원이 만든 말이며, 일본에서는 아직 익숙하지 않은 말일 수 있습니다. '해러스먼트'라는 말에서 여러분의 뇌리에 가장 먼저 떠오르는 것은 '섹슈얼 해러스먼트(성희롱)'가 아닐까요? 성희롱이란 "직장에서 행해지는 성적인 언동에 대한 그 고용한 근로자의 대응에 따라 해당 근로자가 그 근로조건에 대해 불이익을 받거나, 해당 성적 언동을 통해 해당 근로자의 취업환경을 해치는"(고용기회균등법 제11조) 일입니다. 직장에서의 성적인 언동 등에 대해 피해자가 굴하지 않고 목소리를 냄으로써 그것이 성희롱이라는 위법적인 것임을 세상에 알렸습니다.

혐오 괴롭힘도 마찬가지입니다. 차별적인 직장환경에 놓여 있던 A씨가, 자신의 직장환경을 개선하고자 결심하여 행동을 개시했습니다. 그리고 그 싸움이 이렇게 법원의 판단을 가져다주었고 나아가 사회운동으로 확대되었습니다. A씨가 사법의 판단을 물은 의의는 매우 컸습니다.

재판은 상고심으로 이어지고 있지만, A씨와 우리 변호단, 그리고 혐오 괴롭힘 재판을 지지하는 모임의 구성원 모두, A씨의 직장환경을 개선하기 위해 싸울 뿐만 아니라, 이 재판을 통해 '혐오 괴롭힘'이라는 개념이 널리 사회에 침투하여 모두가 차별적인 언동을 받지 않고 활기차게 일할 수 있는 사회가 될 수 있도록 진력하고자 합니다.

부 기

후지주택과 B회장은 항소심 판결에 불복해서 최고재판소에 상고, 상고 수리신청을 했습니다만, 2022년 9월 8일 최고재판소는 상고를 기각하고, 상고심으로서 수리하지 않겠다는 결정을 하였습니다. 이에 따라 후지주택과 B회장에 대해 손해배상을 명령함과 동시에, 문서배포의 정지 및 가처분을 인정한 항소심판결이 확정되었습니다.

김성희(金星姬)

정치인의 발언

● 이 책에서도 다룬 혐오발언 문제는, 특히 2000년대 후반부터 2010년 대에 걸쳐서 표면화되었습니다. 또한 몇 년 전까지 한국사회와 한국인을 비웃는 것 같은 혐한서적이 서점의 눈에 띄는 곳에 놓여 있는 것이 드물지 않은 상황이 이어졌습니다. 현재(2021년)도 한국에 대한 적개심을 부추기는 단행본이나 잡지가 계속 출판되고 있으며, 인터넷·SNS에서는 눈을 가리고 싶어지는 댓글을 많이 볼 수 있습니다. 물론 이들에 대해서는 항상 냉정한 인식을 호소하는 움직임도 있으나, 자극적인 혐한론이 눈에 띈다는 점은 많은 사람들이 느끼고 있지 않을까요?

그러나 이러한 상황이 만들어진 것은 결코 자연의 흐름이 아니라 일본의 정치상황이나 사회상황이 연관되어 있습니다. 일본의 정치 및 사회의 분석에 대해서도 다양한 견해가 있는데, 1990년대 후반 이후의 일본정치의 동향(Back Rush)을 다루는 것이 유익할 듯합니다. 그리하여 이 칼럼에서는 1990년대 후반 이후의 일본 정치인들의 발언과 정치가 발한 메시지를 중심으로 현재의 일본사회에서 유력해진 한국·조선에 대한 견해가 만들어진 원인을 생각해 보고자 합니다(이하, 정치인의 직책은 각 발언·담화 당시의 직책임).

● 일본이 1995년에 가입한 인종차별 철폐조약(모든 형태의 인종차별 철폐에 관한 국제조약) 제4조는 조약 가입국에 대하여 국가 또는 지방의 공공당

국 또는 기관이 인종차별을 조장·선동하는 것을 인정하지 않도록 요구하고 있으며, 또한 공직자에 의한 인종차별의 조장·선동 등에 대처할 것을 요구하고 있습니다. 또한 정치인은 선거에서 당선된 사회의 대표자이며, 그 발언도 사회의 대표자에 의한 것이니, 정치인 발언의 영향력은 일반인의 발언과는 차원이 다릅니다. 따라서 본래 정치인은 솔선하여 인종차별 철폐를 지향한 정책을 추진하고, 차별을 허락하지 않는 발언을 적극적으로 실시하는 것이 요구되는 바입니다.

그러나 실제로는 일본에서는 혐오발언을 규제하는 정치의 움직임이 느리고, 정치인의 문제발언은 2000년대 후반경 이후에 혐오발언이 과격화하는 원인이 되었습니다. 이 책의 초판에서는 2000년의 이시하라 신타로(石原慎太郎) 도쿄도지사(東京都知事)의 '삼국인(三国人)' 발언, 2003년의 아소 타로(麻生太郎) 외무대신의 "창씨개명을 조선인이 희망했다"는 발언을 거론했습니다. 그 후로도 문제발언은 잇따라 터졌으며, 심한 경우에는 정치인 자신이 인종차별을 조장·선동하는 발언을 하는 경우도 있었습니다. 2013년 5월에는 니시무라 신고(西村眞悟) 중의원 의원이 일본유신회(日本維新の会) 당의원회(党代議士会)에서 "한국인 매춘부는 엄청 많다. 오사카 번화가에서 한국인에게 '위안부'라고 하면 된다"며 민족·여성 차별발언을 하여 큰 문제가 되었습니다.

● 혐오발언이 과격화된 요인으로 이른바 '관제(官製)혐오'를 들 수도 있습니다. 관제혐오란 국가 자체가 외국인을 적시하거나 차별적인 정책을 하는 것을 말합니다. 이 책에서 다룬 조선학교의 고등학교 무상화 제도에서의 배제 문제는 관제혐오를 상징하는 예라고 할 수 있습니다.

● 1990년대 후반 이후, 역사수정주의 사고방식을 가진 정치인의 기세

도 활발해졌습니다. 이 역사수정주의란 일본의 식민지 지배와 아시아 태평양 전쟁에 대한 책임을 축소하여 보여줌으로써 일본이 과거에 저지른 이러한 행위들의 평가를 역전시키려는 움직임을 말합니다. 그리고 이 역사수정주의는 1993년의 고노 요헤이(河野洋平) 내각관방장관의 위안부 문제에 관한 담화, 1995년의 전후 50년 국회 결의와 무라야마 도미이치(村山富市) 내각총리대신 담화(무라야마 담화)의 주요 대상으로 전개되었습니다.

2013년 5월에는 당시의 하시모토 도오루(橋下徹) 오사카(大阪)시장이 "(전쟁시 군대에) 위안부 제도가 필요한 것은 누구나 알 수 있다"라는 발언을 했습니다. 이 발언에 앞서 하시모토 도오루씨가 "일본은 패전국. … 패전의 결과로서 침략이었던 점은 받아들여야 한다. 주변국에 막대한 고통과 손해를 준 것은 확실하다. 반성과 사과는 해야 한다."고 발언한 것에 대해, 당시의 이시하라 신타로(石原慎太郎)·일본유신회 공동대표가 "그 전쟁을 침략이라고 규정하는 것은 자학일 뿐이다. 역사에 관한 무지함."이라 말했습니다.

비슷한 시기(5월 12일)에 다카이치 사나에(高市早苗) 자유민주당 정조회장도 텔레비전 토론프로그램에서 과거의 식민지 지배와 침략을 사죄한 무라야마 담화에 대해 "침략이라는 문언을 넣은 것에 대해서는 납득하지 못하고 있다"고 발언하여 문제가 되었습니다.

과거의 식민지 지배에 관한 발언에서도, 2015년에 전후 70년을 맞아 발신된 아베 신조(安倍晋三) 내각총리대신 담화(전후 70년 담화)에서는, '식민지 지배'와 '침략' 등의 표현은 일본의 행위로서가 아니라 누가 그것을 했는지를 애매하게 한 일반론으로서 언급되는 데 그쳤습니다. 이는 무라야마 담화, 1998년의 한일공동선언, 무라야마 담화를 기본적인 표현으로서 답습한 2005년의 고이즈미 준이치로(小泉純一郎) 내각총리대신의 전후 60년 담화와 비교해도 큰 후퇴라 하지 않을 수 없습니다. 게다가 전후 70년 담화에서는 1931년의 만주사변과 1933년의 국제연맹 탈퇴가 일본의 '나아가야 할 방향'을 잘못 가게 했다고 하는 한편, 일본이 제국주의를 향한 길을 크게 전진하여 한반도에 대한 지배를 강화하게 된 '러일전쟁'에 대하여 "식민지 지배하에 있던 많은 아시아인과 아프리카 사람들에게 용기를 주었습니다"라고 말하고 있습니다. 이처럼 전후 70년 담화는 만주사변 이전의 일본에 의한 대외침략, 한반도의 식민지 지배를 긍정하는 내용으로 되어 있어, 실질적으로 일본정부의 견해 전환을 도모하고자 하는 것이었습니다.

● 이러한 정책이나 발언·담화가 있고, 한일관계나 조일관계가 악화되는 가운데, 재일코리안에 대해 적대적·차별적인 말을 하여도 사회적으로 비판·비난 받지 않는 상황이 만들어지고 있으며, 이것이 혐오발언을 하는 사람들의 행동을 조장하고 있습니다.

위에서 언급한 정치인의 발언들은 역사인식 문제를 통해 일본의 역사와 문화의 정당성을 강조하고 거기에 맞지 않는 것을 배제하려는 생각이 배경에 있다고 생각되고, 그러한 생각이 일본에서 지배적이 되고 있습니다. 그러나 그렇게 되면 일본의 식민지 지배와 아시아태평양전쟁의 영향을 받아 고향을 떠나와 일본에서 살게 된 재일코리안의 역사는 전혀 관심을 받지 못하고 오히려 눈엣가시와 같은 존재로 비치지 않을까요?

그것이 나타난 것으로서 2020년 1월 아소 다로 씨에 의한 "2000년에 걸쳐 동일한 민족이 동일한 언어로 동일한 하나의 왕조를 유지하고 있는 국가는 전 세계에 일본밖에 없다"고 한 발언이 있습니다. 또한 고이케 유리코(小池百合子) 도쿄도지사는 도지사 취임 이후 2017년부터 2021년 현재까지, 역대 도지사가 해 온 관동대지진 당시 조선인 학살 희생자의 추모식전에 대한 추도문 송부를 중단해 버렸습니다.

원래 역사란 일본이라는 국가나 한국이라는 국가가 정하는 것이 아니며, 또 스스로에게 유리한 것이면 좋다는 것은 아닐 것입니다. 하나의 국민의 입장뿐만 아니라 다양한 입장에서 부정적인 역사를 포함한 냉정하고도 자기반성적인 역사의 고찰이 자유롭게 펼쳐질 필요가 있으며, 역사인식 공유를 향한 행보는 항상 계속되어야 합니다. 정치인은 본래 자유롭고 다양한 역사연구를 장려하고 역사인식 공유를 위한 노력을 해야 한다고 생각합니다.

때마침 2021년에 개최된 도쿄올림픽·패럴림픽에서는 다양성과 조화를 외쳤는데, 올림픽·패럴림픽에 맞춘 구호로 끝날 것이 아니라 평소부터 국가의 역사관으로는 담아낼 수 없는 다양한 존재에 대한 시점을 갖는 것이 혐오발언을 허용하지 않는 진정한 다양성이 아닐까요?

변공율(邊公律)

★ 재일코리안 관련 간략연표 ★

1910년   한국병합, 조선총독부 설치

한국병합에 관한 조약 제1조 "한국 황제 폐하는 한국 전부(全部)에 관한 일체 통치권을 완전하고도 영구히 일본국 황제 폐하에게 양여한다"

> 조선은 일본영토(식민지)가 되고, 조선인은 일본국민(일본신민)이 됨

1919년   2·8 독립선언

3·1 독립운동

대한민국 임시정부를 중국 상하이(上海)에 설립

1923년   관동대지진 조선인 학살

1939년   국민징용령 공포

조선인 노동자 모집 시작

1942년 관 알선 시작. 1944년 국민징용령을 조선에서도 발동

창씨개명령 공포(1940년 시행)

1944년   조선인 징병제 실시

조선에서 여자정신근로령 공포

1945년   8월 14일

일본이 포츠담선언을 수락

8월 15일

일본국민에게 발표
10월
재일본조선인연맹(조련) 결성
11월
조선건국촉진청년동맹(건청) 결성
12월
중의원의원선거법 개정, 조선인·대만인의 참정권을 정지함

> 중의원의원선거법 부칙 "호적의 적용을 받지 않는 자의 선거권 및 피선거권은 당분간 이를 정지한다"

1946년
1월
신조선건국동맹(건동) 결성
11월
건청·건동이 합류하여 재일본조선거류민단(민단) 결성(후에 '재일본대한민국거류민단'으로 개칭)

1946년
조선성명복구령(미육군사령부 군정청 법령)

1947년
5월 2일
외국인등록령 시행
재일코리안은 '외국인'으로 간주되어 국적란에는 '조선'이라 기재
5월 3일
일본국헌법 시행

> 외국인등록령 제11조 "(전략) 조선인은 이 칙령의 적용에 대해서는 당분간 이를 외국인으로 간주한다"

1948년
한신교육(阪神教育) 투쟁
대한민국 건국
조선민주주의인민공화국 건국

1949년 조련에 「단체등규정령」을 적용하여 강제 해산

1950년 공직선거법 제정

> 공직선거법 부칙 제2항에서 "호적법(1947년 법률 제224호)의 적용을 받지
> 않는 자의 선거권 및 피선거권은 당분간 정지한다"고 하여 조선인·대
> 만인의 참정권을 인정하지 않음

6·25전쟁 발발

1951년 재일본조선통일민주전선(민전) 결성(1955년 '총련'으로 이어짐)
출입국관리령 제정

1952년 일본과의 평화조약(샌프란시스코 강화조약) 공포·발효

> 일본과의 평화조약 "일본국은 조선의 독립을 승인하고 … 조선에 대한
> 모든 권리, 권원 및 청구권을 포기한다"
> 법무성 민사국장 통달 "강화조약의 발효에 따라 조선인 및 대만인은
> 내지(內地)에 거주하는 자들을 포함하여 모두 일본국적을 상실한다"

외국인등록법 제정

「포츠담선언의 수락에 따라 발하는 명령에 관한 건에 근거한 외무성 관계
제 명령의 조치에 관한 법률」(법률 제126호, 약칭 '법 126) 제정

> 법률 제126호 제2조 6항 "달리 법률에서 정한 바에 따라 그 자의 재류
> 자격 및 재류기간이 결정될 때까지 계속 재류자격을 가지지 않고 본국
> 에 재류할 수 있다" (본 항이 정하는 법적 지위를 '법 126-2-6'이라 부름) 재류자격
> 을 보유하지 않은 채 일본에 거주하는 것을 인정한다는 것인데, 안정
> 된 거주는 아니었음.

1955년 재일본조선인총연합회(총련) 결성

1958년 북한으로의 귀국운동이 시작됨

1959년 일본과 조선 적십자 간에 귀환협정 체결, 니가타(新潟)에서 첫번째 선박 출항

고마쓰가와(小松川) 사건

1965년 대한민국과 일본국 간의 기본관계에 관한 조약(한일조약) 체결

1966년 대한민국과 일본국 간의 일본에 거주하는 대한민국 국민의 법적지위와 대우에 관한 협정(한일법적지위협정) 발효

> '협정영주' 대상자는 1945년 8월 15일 이전부터 신청 시까지 계속하여 일본국에 거주하고 있는 자, 이에 해당하는 자의 직계 비속으로서 1945년 8월 15일 이후의 효력발생일로부터 5년 이내에 일본국에서 출생하고, 그 후 신청 시까지 계속하여 일본국에 거주하고 있는 자. 또한 이로 인해 영주를 허가 받은 자의 자녀. 한국과 맺은 두 국가 간 조약이었기 때문에 '협정영주'는 '한국' 표시인 자에게만 인정되었고 '조선' 표시인 자에게는 인정되지 않았다.

1968년 스마타협곡(寸又峽) 사건

1969년 송두회(宋斗會) 일본국적확인소송 제기(1980년 패소 판결)

1970년 히타치(日立) 취직차별재판(1974년 승소 판결)

1973년 한국중앙정보부(KCIA)가 도쿄(東京)의 호텔 그랜드팰리스에서 김대중 전 대통령을 납치함

1975년 사할린 잔류자 귀환청구재판 제소(1989년 소송 취하로 종료됨)

1976년 김경득(金敬得)이 사법시험에 합격하였음에도 불구하고 사법연수원 입소를 거부당함

1977년 최고재판소 결정에 따라 최초의 외국적 사법연수생이 됨

1979년   국제인권규약을 일본이 비준→비준으로 인해 주택금융공고·공영주택·공
단주택 등의 국적조항 철폐
김현균(金鉉鈞) 국민연금의 지급을 요구하며 소송을 제기함
1983년 도쿄 고등재판소가 사회보험청에 국민연금의 지급을 명함

1980년   한종석(韓宗碩)이 외국인등록 갱신 시 지문날인을 거부함→지문날인 거부운
동이 확산됨

1981년   난민의 지위에 관한 협약에 일본이 가입→가입으로 인해 아동부양수당, 국
민연금 등의 국적조항 철폐

1982년   「출입국관리 및 난민인정법」 시행
출입국관리령을 「출입국관리 및 난민인정법」으로 하고, 그 안에서 '특례영
주' 제도가 규정됨

> 1965년의 한일법적지위협정에 따라 협정영주 자격이 인정되지 않았
> 던 자('조선' 표시의 자)를 대상으로 '법 126-2-6'과 특정재류 및 그 자녀들
> 을 '특례영주'로 하고, 특례로서 신청을 하면 일반영주 자격을 부여하
> 였다. 단, 퇴거강제사유 등의 처우 면에서 협정영주보다 불안정한 영
> 주자격이었다.

1984년   부계 혈통주의에서 부모 양계 혈통주의로 국적법 개정
제1회 원코리아 페스티벌 개최

1988년   서울올림픽 개최
사할린 잔류한국인의 한국으로의 영주귀국 시작

1989년   배건일(裵健一)이 입주차별재판을 제소 (1993년 승소 판결)
니시니혼식산(西日本殖産)이 우토로(ウトロ) 지구 주민들에 대해 토지명도청
구소송 제기(2000년 최고재판소에서 주민 패소 확정)

1990년   김정규(金正圭) 등 참정권 소송 제기

1995년 최고재판소에서 패소하였으나, 외국인 참정권은 입법으로 가능하다는 판단을 최고재판소가 제시함

1991년

'재일한국인 3세 이하 자손의 법적지위에 관한 한·일 외무장관간 합의각서' 서명

「일본국과의 평화조약에 따라 일본의 국적을 이탈한 자 등의 출입국관리에 관한 특례법」(입관특례법) 공포

> 입관특례법에 따라 재일코리안은 '특별영주' 자격을 가지게 되었고, 퇴거강제사유가 내란죄나 외환유치(外患誘致) 등으로 제한되어 손자 이후에도 영주자격을 부여받게 되었다.

이학래(李鶴来) 등 BC급전범 소송 제기(1999년 최고재판소 패소 확정)

1992년

영주자·특별영주자에 대한 지문날인제도 폐지(2000년 외국인에 대한 지문날인제도 전폐. 2007년 11월에 16세 미만인 자, 특별영주자 등을 제외한 외국인의 지문·얼굴 사진 채취 시작)

1993년

송신도(宋神道) 종군 '위안부' 재판 제소(2003년 최고재판소 패소 확정)
위안부 조사 결과 발표에 관한 고노 요헤이(河野洋平) 내각관방장관 담화(고노 담화)

1994년

정향균(鄭香均) 도쿄도 관리직 재판 제소(1997년 도쿄 고등재판소 승소. 2005년 최고재판소 역전 패소)

1995년

무라야마 토미이치(村山富市) 내각총리대신 담화 "전후 50주년의 종전기념일을 맞아"(무라야마 담화)

1998년

오부치 게이조(小渕恵三) 내각총리대신과 김대중 대통령이 '한일공동선언― 21세기를 향한 새로운 한일 파트너십' 발표
민주당·신당평화(현 공명당)가 영주외국인 지방선거권 부여 법안을 국회에 제출

2000년

공명·자유 양당이 「영주외국인 지방선거권 부여 법안」을 국회에 제출

이시하라 신타로(石原慎太郎) 도지사의 '삼국인' 발언

재일코리안 장애인 무연금 소송 제기(2005년 오사카(大阪) 고등재판소가 헌법 위반
이 아니라며 청구를 기각. 최고재판소에서 패소 확정)

2001년

여당 3당의 프로젝트팀이 법무대신에 대한 신고만으로 일본국적을 취득할
수 있게 하는 「특별영주자 등의 국적취득 특례에 관한 법률안」(가칭)의 요강
안을 정리함

재일코리안 법률가협회 설립(2002년 재일코리안 변호사협회로 개칭)

2002년

FIFA 월드컵 한일 공동개최

북·일 정상회담

북·일 평양선언. 납치 문제가 의제에 오름.

2003년

'겨울연가'가 NHK위성방송에서 방송됨

고토구(江東区) 에다가와(枝川)의 조선학교에 대하여 도쿄도가 토지명도 청구
소송 제소(2007년 합의에 의해 해결)

재일코리안 1세 5명이 노령연금과 관련하여 구 국민연금법의 국적조항은
헌법 제14조에 위배된다며 제소(2005년 5월 25일 오사카 지방재판소는 헌법위반이 아
니라며 청구기각. 2007년 12월 25일 최고재판소에서 패소 확정)

고베(神戸) 가정재판소가 양영자(梁英子)의 조정위원 취임을 일본국적이 없음
을 이유로 거절

2004년

이준희(李俊熙) 입주차별재판 제소

(2006년 오사카 고등재판소는 집주인에 대한 청구를 일부 인정하고 중개업자에 대한 청구를
기각함)

코리아NGO센터 설립

(재일한국민주인권협의회, 민족교육촉진협의회, 원코리아 페스티벌 실행위원회, 3개 단체가
통합. 2010년 코리아인권생활협회와 합병)

영주외국인 지방선거권 부여 법안이 국회 심의에 들어갔으나 성립되지 못함

재일코리안 여성 5명이 노령연금과 관련하여 구 국민연금법의 국적조항은
헌법 제14조에 위배된다며 제소(2007년 2월 23일, 교토(京都) 지방재판소는 헌법위반
이 아니라며 청구 기각. 2009년 2월 3일 최고재판소에서 패소 확정)

오사카부 다카쓰키시(高槻市)의 어린이 50명이 시를 상대로 '학교 어린이회'의 폐지 등에 따른 손해배상 청구소송(다카쓰키 마이너리티 교육권 소송)을 제기 (2008년 1월 23일 오사카 지방재판소가 청구 기각. 2010년 2월 19일 최고재판소 패소 확정)

2005년　고이즈미 준이치로(小泉純一郎) 내각총리대신의 종전 60년 담화

2006년　민단·총련의 5·17 공동성명(후에 민단이 백지 철회)
김명준(金明俊) 감독의 다큐멘터리 영화『우리 학교(ウリハッキョ)』가 부산국제영화제에서 공개됨(홋카이도(北海道) 조선초중급학교의 일상을 취재한 작품)

2007년　우토로 지구 문제에서 한국정부가 일부 지원하고 주민들이 토지를 구입하는 것으로 지권자(地権者)와 합의
중고 통합학교 '코리아 국제학원'의 설립을 결정
재일코리안 9명이 노령연금과 관련하여 구 국민연금법의 국적조항은 헌법 제14조에 위배된다며 제소(2010년 9월 8일 후쿠오카(福岡) 지방재판소가 청구기각, 후에 상고 기각)
한국 헌법재판소가 재외국민의 국정선거권과 국민투표권을 인정하고 2008년 12월 31일까지 공직선거법을 개정하도록 국회에 명하는 결정을 내림

2008년　1월
일본 민주당 의원들이 '영주외국인주민 법적지위향상 추진의원연맹' 결성. (5월 20일 영주외국인에게 지방선거권을 인정하는 제언 발표)
2월
본서 초판 간행
4월
하시모토 도오루(橋下徹) 오사카부지사가 (재단법인)아시아·태평양 인권정보센터(휴라이츠 오사카)에 대한 재정적·인적 지원의 중단을 제시함
고베시립 중학교가 시교육위원회의 지시에 따라 한국인 교원의 학년부주임 임용을 취소함

2009년　사법연수생의 국적요건이 채용요강에서 삭제됨
12월 4일 재특회 등의 구성원 10여 명이 구 교토조선제일초급학교에서 혐오시위. 2010년 1월, 3월에도 혐오시위가 이루어짐

2010년 우토로 지구의 약 1/3의 토지를 매입

3월

「공립고등학교에 관한 수업료의 부정수 및 고등학교 등 취학지원금의 지급에 관한 법률」(고교무상화법) 성립(조선고급학교 10개 학교가 신청하였으나 2년 이상이나 심사결과가 나오지 않는 상태가 지속됨)

4월

재특회에 의한 도쿠시마현(德島県) 교직원조합 습격사건

6월

구 교토조선제1초급학교에서의 혐오시위에 대해 손해배상 청구소송을 교토지방재판소에 제기. (2014년 2월 최고재판소에서 확정)

8월 10일

스가 나오토(菅直人) 내각총리대신의 한국합병 100년 담화

2011년 3월 '조선학교와 함께하는 사람들 몽당연필' 설립(공동대표 권해효, 이지장, 안치환), 7개 조선학교 모금 1억 원 전달(2011년 9월)

8월 30일

한국 헌법재판소가 종군위안부 문제와 한국인 원폭피해자 문제 2건에 대해 한국정부가 일본정부와의 외교협상을 게을리한 것에 따른 기본권 침해를 인정하는 결정을 내림

2012년 5월 24일

한국 대법원에서 전시 중에 '징용공'으로 일하던 원고가 신닛테쓰스미킨(新日鐵住金, 현 일본제철) 등을 상대로 제기한 손해배상 청구소송에서 원고 패소한 제2심 판결을 파기·환송하는 판결을 내림(2013년 서울 고등법원의 환급심에서 원고의 청구를 인용하는 판결을 내림. 신닛테쓰스미킨이 대법원에 상고함. 2018년 10월 30일 환송상고심에서 원고의 청구인용 판결이 확정됨)

6월 22일

니콘살롱에서의 '위안부' 사진전 중지 통고에 대해, 도쿄지방재판소가 계약에 따라 니콘살롱의 사용을 인정하는 가처분 결정을 내림(2015년 12월 25일 도쿄지방재판소에서 니콘살롱의 사용을 인정하는 원고청구 인용판결)

7월 9일

「외국인등록법」 폐지, 개정 입관법 시행

12월
일본정부가 조선고급학교를 취학지원금 지급대상으로 지정하지 않겠다(무상화 대상에서 제외하겠다)는 방침을 군힘

2013년 1월
오사카조선학원(大阪朝鮮学園)이 고등학교 무상화 소송을 제기
2월
시모무라(下村) 문부과학대신이 각지의 조선고급학교를 고교무상화 대상으로 삼지 않는 부지정처분을 내림

2014년 6월 시민단체, 기독교단체 등이 "우리학교'와 아이들을 지키는 시민모임' 결성. 이후 일본대사관 앞 금요행동 진행.
8월 18일
이신혜(李信恵)가 ①재특회와 전 대표, ②보수속보사이트 운영자를 상대로 명예훼손·모욕 등에 의한 손해배상 청구소송을 오사카 지방재판소에 각각 제기(2016년 9월 27일 소송①에 대하여 오사카 지방재판소가 원고의 청구를 일부 인용하는 판결을 내림. 2017년 1월 29일 최고재판소 확정. 2017년 9월 27일 소송②에 대하여 오사카 지방재판소가 원고의 청구를 일부 인용하는 판결을 내림. 2018년 12월 1일 최고재판소 확정)
11월 13일
'군마(群馬)의 숲 공원'에 설치된 조선인 강제연행 희생자 추도비 '기억 반성 그리고 우호의 추도비'를 관리하는 시민단체가 군마현의 설치갱신 불허가처분에 대하여 마에바시(前橋) 지방재판소에 처분 취소를 요구하며 제소 (2018년 2월 14일 마에바시 지방재판소에서 추도비 설치갱신 불허처분을 취소하는 원고 청구 인용 판결을 내림. 2021년 8월 26일 도쿄 고등재판소에서 원고의 청구를 기각하는 역전패소 판결이 내려짐. 최고재판소 확정)

2015년 8월 14일
아베 신조(安倍晋三) 내각총리대신의 종전 70년 담화
8월 31일
후지주택 주식회사 사원이 회사에 대한 손해배상 청구소송(혐오 괴롭힘 재판)을 오사카 지방재판소 사카이(堺) 지부에 제기(2020년 7월 2일 오사카 지방재판소 사카이 지부에서 원고의 청구를 일부 인용하는 판결이 내려짐. 2021년 11월 18일 오사카 고등재판소에서 손해배상청구의 일부에 더하여 문서배포 금지의 추가청구 일부를 인용하는 판결.

362

최고재판소 확정)

11월 8일

인터넷상에서 예고되었던 '반일 오염이 심한 가와사키(川崎)발 '일본정화 시위' 결행

12월 28일

한일 '위안부 문제 합의'

2016년   우토로 지구 '마을 만들기 사업' 시작

1월 18일

「오사카시 혐오 발언에 대한 대처에 관한 조례」 공포·시행

4월 25일

도쿠시마현 교직원조합 습격사건에 대하여 다카마쓰(高松) 고등재판소가 재특회 관계자들에게 손해배상을 명하는 판결을 내림(최고재판소 확정)

5월 24일

「일본 외 출신자에 대한 부당한 차별적 언동의 해소를 위한 대처의 추진에 관한 법률」(혐오발언 해소법) 성립

6월 2일

요코하마(橫浜) 지방재판소 가와사키 지부가 가와사키시 사쿠라모토(桜本) 지구에서의 혐오시위 금지를 인정하는 가처분 결정을 내림

6월 5일

가와사키시 나카하라(中原) 평화공원 앞을 출발 지점으로 하는 '가와사키발 일본정화 시위 제3탄' 결행

2017년   5월

박근혜 대통령 탄핵, 파면에 따른 대통령 선거에서 문재인이 당선. 문재인 정권 발족

7월 28일

조선고급학교 무상화 소송에서 오사카 지방재판소가 원고의 청구를 인용하는 판결(2018년 9월 27일 오사카 고등재판소 역전 패소 판결. 2019년 8월 최고재판소 확정)

2018년   한국 평창 동계올림픽 개최

조선학교에 대한 지방자치단체의 보조금 정지에 반대하는 변호사회 성명과 관련하여 재일코리안, 일본인 변호사에 대한 대량 징계청구

3월 6일

「세타가야구(世田谷区) 다양성을 인정하여 남녀공동참가와 다문화공생을 추진하는 조례」 공포(4월 1일 시행)

4월 20일

전 재특회 간부를 조선학교에 대한 명예훼손죄로 약식기소

10월

오사카시가 '위안부상(像)'을 둘러싸고 미국 샌프란시스코시와 자매결연 취소

10월 15일

「도쿄도 올림픽 헌장(憲章)에서 강조된 인권존중 이념의 실현을 목표로 하는 조례」 공포·시행

11월 21일

한국정부, 2015년 '위안부 문제 합의'에 따른 '화해·치유 재단'의 해산 표명

12월

한일 '레이더 조사 문제'를 둘러싼 대립

12월

가와사키시, 혐오발언에 대한 일본 최초의 벌칙부 조례 성립(2019년 7월 시행)

12월 21일

재일코리안 소년에 대한 익명의 혐오 블로그에 대해 모욕죄로 인한 약식 명령

12월 25일

신숙옥(辛淑玉)에 대한 혐오 트윗에 대해 도쿄지방재판소가 손해배상을 명하는 판결을 내림

12월 27일

「구니타치시(国立市) 인권을 존중하고 다양성을 인정하는 평화로운 마을 만들기 기본 조례」 공포(2020년 4월 1일 시행)

2019년

4월 27일

남북정상회담

7월

일본정부, 반도체 소재의 한국향 수출 규제 → 한국 국내에서의 일본제품 불매운동

8월

'아이치 트리엔날레'에서 '표현의 부자유전' 중지. 10월 8일 전시 재개

11월 1일

「오사카부 인종 또는 민족을 이유로 하는 부당한 차별적 언동 해소 추진에 관한 조례」공포·시행

12월 24일

오사카지방재판소에서 오사카시 쓰루하시(鶴橋)에서 혐오 전단지 배포 등의 금지를 인정하는 가처분 결정

2020년

1월

다문화 교류 시설 '가와사키시 교류관(川崎市ふれあい館)'에 재일코리안 학살을 선언하는 '연하장'이 송부됨(동년 12월 3일 범인에 대해 위력업무방해로 인한 징역 1년의 실형 판결이 내려짐)

6월 18일

「고베시 외국인에 대한 부당한 차별의 해소와 다문화 공생사회의 실현에 관한 조례」공포(2021년 4월 1일 시행)

11월 1일

오사카시 재편과 관련된 주민투표에 외국인 주민의 참가가 인정되지 않음

2021년

1월 8일

한국 서울중앙지법, '위안부' 피해자들이 일본정부를 상대로 한 손해배상 청구소송에서 원고들의 청구를 인용

4월 21일

한국 서울중앙지법, 또 다른 '위안부' 피해자들이 일본정부를 상대로 한 손해배상 청구소송에서 원고들의 소를 각하

DHC 회장이 회사 웹사이트에서 인종 차별 표현

6월

도쿄도에서의 '표현의 부자유전' 개최가 가두선전 차량 등을 통한 항의행동 등에 의해 중지됨

7월 8일

'표현의 부자유전·그 후'(나고야시)의 개최가 회장에 도착한 우편물에 장착되어 있던 폭죽 폭발로 인해 회장이 임시휴관이 되어 중지

7월 9일

오사카 지방재판소가 '표현의 부자유전' 회장 사용을 인정하는 가처분 결정을 내림. 7월16일부터 18일까지 개최함

후기

   재일코리안 관련 재판이 이렇게 많구나 … 이 책의 개요를 알았을 때 나의 첫인상은 이러했습니다. 형사사건, 민사사건, 밀접한 생활상 트러블과 법 제도에 대한 항의, 전후 계속되고 있는 문제 및 지금 막 임박한 피해를 방지하는 문제 등 넓은 범위에 이르고 있습니다. 그리고 모든 사건의 근저에 있는 것이 '차별'입니다. 많은 사람들이 소송 같은 건 가능하면 평생 엮이고 싶지 않다고 생각하시겠지요. 그러나 재일코리안들은 일본사회에서 살아가면서 여러 차별을 당하고, 그것이 배경이 되어 때로는 재판을 받고 때로는 구제를 요구하기 위해 소송을 하고 있습니다.

   소송을 해도 반드시 구제되는 것은 아니다, 오히려 지는 경우가 많다…, 이 또한 이 책을 읽으시고 드신 감상일 수 있습니다. 안타깝게도 재일코리안에게 법원이 인권보장의 마지막 보루가 되어주고 있지 않다고 느끼는 사건이 적지 않습니다. 그래도 참정권이 없는 재일코리안에게 있어서 재판은 일본사회에서 살아가기 위한 중요한 법적 도구(수단)입니다. 차별을 없애기 위해, 그 희망을 걸고, 우리는 이 도구를 사용합니다. 재판은 때때로 법정에서 끝나는 것이 아니라 재판을 통해 사회에 대한 호소를 울리는 경우도 있습니다. 재판이 재판 이상의 효과를 가져다주는 경우도 있습니다.

이 책을 읽고 재일코리안의 전후 역사를 느끼신 분도 계실 것입니다. 전후에 재일코리안들이 일본사회에서 어떻게 살아왔는지, 그 생활이 재판의 배경에서 엿보임과 동시에, 살아서 당도한 결과와 뒤틀린 여파가 재판에 나타나 있습니다. 게다가 이번 증보개정판은 초판으로부터 14년을 거쳐 출판되기에 이르렀는데, 그간에 교육과 혐오발언의 장이 신설될 정도로 재판이 축적되었습니다. 이는 이 분야에서 차별이 문제가 되고 있다는 뜻입니다. 유감스럽게도 재일코리안에 대한 차별은 줄기는커녕 늘고 있거나 혹은 일부에서 강해지고 있습니다. 보다 근원적으로 말하자면, 역사인식이나 그것을 바탕으로 한 일본과 코리안의 관계에서 장벽이 더욱 높아지고 있다는 것이기도 합니다. 전시 중이나 종전 직후에 사실인식에 큰 격차가 있거나 서로 반발하는 감정이 있는 것은 어떤 의미에서는 어쩔 수 없는 일입니다. 하지만 전쟁이 끝나고 평화를 향한다면, 사실과 역사를 인식하는 방법의 거리를 좁혀 서로 이해해 나갈 필요가 있습니다. 그럼에도 불구하고 서로 이해할 장을 빼앗기고, 대화를 거부하며 일방적으로 결정하고, 사실(史實)에 대한 인식이 멀어져 가는 그런 현상 때문에 심히 걱정됩니다.

그래도 이 십수 년 동안 재일코리안 이외의 여러 소수자 사람들이, 또는 불합리함을 느낀 사람 한 사람 한 사람이 목소리를 낼 수 있는 장이 늘어난 점, 그 점에서 나는 희망을 품고 있습니다. 입장이 달라도 느끼는 고통, 분노, 추구하는 것 —평등이나 사람으로서의 존엄— 은 재일코리안과 동일할 것이라 생각하기 때문입니다. 이 책은 재일코리안 재판을 모은 것이지만, 재판을 통해 추구하고 있는 것은 재일코리안만의 것이 아닙니다. 자신의 존엄과 정체성을 어떻게 생각하고 어떻게 유지해 나갈 것인지는 재일코리안이 아니더라도 누구나 직면할 수 있는 문제입니다.

이 책을 통해 재일코리안에 대해 알아주셨으면 하고, 이 책이 당신 가까이에 있는 재일코리안의, 그리고 당신 자신의 존엄과 정체성에 대해 생각하는 계기가 되었으면 합니다.

재일코리안 변호사협회 전(前) 대표

강문강(姜文江)

집필자

재일코리안 변호사협회 회원(가나다순)

강문강(姜文江) 가나가와현변호사회

구량옥(具良鈺) 오사카변호사회

긴 류스케(金竜介) 도쿄변호사회

김봉식(金奉植) 오사카변호사회

김성희(金星姬) 사이타마변호사회

김영철(金英哲) 오사카변호사회

김철민(金哲敏) 도쿄변호사회

김희조(긴 요시토모, 金喜朝) 오사카변호사회

배 훈(裵薰) 오사카변호사회

변공율(邊公律) 효고현변호사회

사이 무네키(崔宗樹) 도쿄변호사회

송혜연(宋惠燕) 가나가와현변호사회

야스하라 구니히로(安原邦博) 오사카변호사회

양영자(梁英子) 효고현변호사회

윤영화(尹英和) 오사카변호사회

윤철수(尹徹秀) 제2도쿄변호사회

은용기(殷勇基) 도쿄변호사회

이무철(李武哲) 후쿠오카현변호사회

이박성(李博盛) 후쿠오카현변호사회

임범부(林範夫) 오사카변호사회

장계만(張界滿) 제2도쿄변호사회

한아지(韓雅之) 오사카변호사회

재일코리안 변호사협회 고문

다카기 겐이치(高木健一), 제2도쿄변호사회

　1944년 중국 안산시(鞍山市) 출생. 도쿄대학 법학부 졸업. 오랜 세월에 걸쳐 아시아·태평양 지역 전후보상 문제에 임하였다. 저서로『종군위안부와 전후보상－일본의 전후책임』, 삼일서방, 1992.,『사할린과 일본의 전후책임[증보개정판]』, 가이후샤, 1992.,『전후보상의 논리－피해자의 목소리를 어떻게 들을지』, 렌가서방신사, 1994.,『지금 왜 전후보상인가』, 고단샤현대신서, 2001 등.

※ 소속 변호사회는 모두 일본어판 집필 당시의 것임.

재일코리안 변호사협회(Lawyers Association of ZAINICHI Koreans: LAZAK)

2001년, 정주외국인의 지방선거권 법안이 일본국회에서 심의되고 있던 가운데, 이 법안에 반대하는 국회의원들이 신고에 의한 일본국적 취득 법안을 제창한 것을 계기로 같은 해 5월, 재일코리안 변호사 28명이 결집하여 '재일코리안 법률가협회'를 결성.

2002년, '재일코리안 변호사협회'로 개칭. 재일코리안에 대한 차별철폐, 재일코리안의 민족성 회복(민족교육 보장 등), 정치적 의사결정 과정에 참여할 권리의 확보(참정권·공무취임권), 모든 소수자의 권리 자유 옹호 등을 설립 취지로 한다.

2007년 12월, 재일코리안의 인권 옹호에 대한 공헌이 인정되어 대한민국 국가인권위원회가 대한민국인권상을 수여했다.

2023년 4월말 현재 회원수 143명(일본 전국 52개 지방변호사회 중 19개 회에 회원이 등록).

웹사이트: https://lazak.jp/(일본어)

https://lazak.jp/ko/(한국어)

간행서적: 『한국헌법재판소 중요판례 44 사회를 바꾼 위헌판결·헌법불합치판결』, 일본가조출판, 2010., 『헌법재판소 한국현대사를 말하다』(번역, 저자 이범준), 일본가조출판, 2012., 『Q&A 신·한국가족법[제2판]』, 일본가조출판, 2015., 『혐오발언은 어디까지 규제할 수 있는가』, 가게서방, 2016., 『재일코리안 변호사가 본 일본사회의 혐오발언―차별의 역사에서 인터넷피해·대량징계청구까지』, 아카시서점, 2019.

역자

박인동
- 고려대학교 (법학사 및 박사과정 수료)
- 제30회 사법시험 합격
- 와세다대학 (M.B.A.)
- 일본 동경변호사회 회원 (2007-2014)
- 일본변호사연합회 국제교류위원회 간사 (2008-2014)
- 주일 한국기업연합회 법률고문
- 일본 민단 생활법률상담센타 전문위원
- (재)한일산업·기술산업협력재단 감사
- 김·장 법률사무소 변호사

감수자

명순구
- 고려대학교 법학전문대학원 교수
- 고려대학교 법학사, 법학석사
- 프랑스 파리1대학교 법학박사, 프랑스 교수자격
- 고려대학교 교무처장, 법과대학장, 법학전문대학원장
- 프랑스 교육문화훈장(팔므 아카데믹) 기사장